Inke Hummel
Julia Theeg

Wir erwachsenen Trennungskinder

Inke Hummel
Julia Theeg

Wir erwachsenen Trennungskinder

Prägende Kindheitserfahrungen verstehen und eigene Wege gehen

Mit einem Vorwort von
Jana Hauschild

BELTZ

FSC www.fsc.org MIX Papier aus verantwortungsvollen Quellen FSC® C089473

Klimaneutral Papier ClimatePartner.com/13732-1910-1001

Dieses Buch ist erhältlich als:
ISBN 978-3-407-86705-6 Print
ISBN 978-3-407-86710-0 E-Book (EPUB)

1. Auflage 2023

Lektorat: Judith Roth, Frankfurt
Einbandgestaltung: www.stefanielevers.de (Gestaltung),
www.stephanengelke.de (Beratung)
Bildnachweis: ©Vogel – Turaev/stock.adobe.com,
©Papierriss (Gundlage) – oz/stock.adobe.com

Herstellung und Layout: Sarah Veith
Satz: Publikations Atelier, Dreieich
Druck und Bindung: Beltz Grafische Betriebe, Bad Langensalza
Beltz Grafische Betriebe ist ein klimaneutrales Unternehmen (ID 15985-2104-100).
Printed in Germany

Weitere Informationen zu unseren Autor:innen und Titeln
finden Sie unter: www.beltz.de

Inhalt

Vorwort: Scheiden tut weh

von Jana Hauschild

Als ich Kind war, erfreuten meine Freundinnen und ich uns an einem Hüpfspiel: Zwei schwangen im großen Bogen ein Seil, in der Mitte standen drei bis vier von uns und hüpften darüber. Jeder Sprung wurde mit einem gesungenen Wort unterlegt: »Verliebt. Verlobt. Verheiratet. Geschieden.« Bei welchem Wort man das Seil berührte, sollte einem die Zukunft voraussagen. Ein Patzer bei »verliebt« erntete Gekicher und wurde mitunter mutwillig herbeigeführt. Doch niemand wollte bei »geschieden« hängen bleiben und wenn es doch passierte, war die Stimmung getrübt.

Nur wenige Jahre später fühlte sich das Thema Scheidung für mich sehr real an. Ich hatte mehrere Jahre große Angst davor, dass meine Eltern sich trennen könnten, vor allem wenn sie sich mal stritten. Es war eine Phase zwischen Kindheit und Pubertät, in der ich viel nachdachte und verunsichert war. Auslöser waren vermutlich mehrere Dinge. Spätestens in der Grundschule hatte ich erfahren, dass so etwas überhaupt passieren kann, dass Eltern plötzlich nicht mehr diese Einheit bilden, wie ich es bisher immer kannte: Freunde hatten geschiedene Eltern. Inzwischen hatte ich auch mitbekommen, dass meine Mama schon mal verheiratet gewesen war und sich hatte scheiden lassen. Mein Bruder ist aus dieser ersten Ehe, ich entsprang der neuen Partnerschaft mit meinem Papa. Mein Bruder war also ein Trennungskind – dieser Gedanke beklemmte mich und war auch für mich plötzlich zum Greifen nahe. Jugendzeitschriften, die ich damals mit viel Hingabe las, griffen das Thema immer wieder auf und verstärkten meine Sorgen. Die schiere Vorstellung löste Angst in mir aus. Ich begann abends im Bett zu grübeln: Bei wem würde ich wohnen wollen? Wie würde mein Alltag aussehen? Was, wenn da ein Stiefvater oder eine Stiefmutter einzieht? Fragen, die mich umtrieben und völlig nervös machten. Zum Glück trat der Ernstfall nie ein, und das Szenario blieb nur ein sehr unangenehmes Gedankenspiel. Die Phase verging, meine Erinnerung daran ist allerdings noch sehr klar.

Trennungskinder sind viele

Doch für viele Kinder und Jugendliche ist die Elterntrennung Realität. Zwischen 2018 und heute wurden bundesweit jährlich im Schnitt 145 000 Ehen geschieden, beziffert das Statistische Bundesamt.[1] Etwa jede zweite Scheidung betraf auch minderjährige Kinder.[2] Im Jahr 2021 lebten rund 122 000 Jungen und Mädchen in den Familien, die auseinandergingen. Zählt man alle Trennungskinder aus der Statistik des Bundesamtes seit 1985 zusammen, sind es mehr als fünf Millionen Menschen, die als Kinder oder Jugendliche erlebt haben, wie die Ehe ihrer Eltern zerbrach – und damit ihr Zuhause. Und das sind nur jene Kinder aus amtlich verzeichneten Ehen. Über all diese Jahre leben aber auch (zunehmend) viele Paare ohne Trauschein zusammen, haben gemeinsam Kinder – und gehen nicht seltener eines Tages getrennte Wege als jene mit Ring am Finger. Mit jedem einzelnen von ihnen kann ich mitfühlen, und doch nur *versuchen,* ihre Lebenslage damals wie heute zu begreifen und nachzuvollziehen.

Klar ist: Kindheit und Jugend sind Phasen, in denen Menschen diese Welt erst kennen- sowie sich und ihre Mitmenschen verstehen lernen. Es ist die Zeit, in der wir Muster entwickeln, wie wir miteinander umgehen, wie wir denken und fühlen. Die Identität, also unser Bild davon, wer wir sind, bildet sich in diesen wichtigen Jahren heraus. Und welche Form und Richtung all diese psychischen Eigenschaften von uns annehmen, hängt maßgeblich davon ab, was wir in diesen jungen Jahren erleben. Schon ein Umzug kann Kinder nachhaltig verunsichern! Also ist es nicht nur denkbar, sondern sogar unausweichlich, dass die Trennung der Eltern Spuren bei den Kindern hinterlässt. Die Eltern sind immerhin die ersten Menschen, die wir bedingungslos lieben. Das sind *die* Vorbilder, unsere Ankerpunkte und Beschützer im Leben. Mit diesen Menschen, die es in die Welt gesetzt haben, ist das Kind natürlich tief verwurzelt. Eltern sind für Kinder eine Einheit, ein unzerlegbares Wesen. Wenn diese Entität auseinanderbricht, rüttelt das am kindlichen Weltbild und ihrem Urvertrauen.

Geschieht dieser Bruch, kann er Verhaltensmuster, Gefühlsregungen und Denkweisen, die bis ins Erwachsenenalter anhalten, prägen. Das können günstige Eigenheiten sein, wie eine ausgeprägte Selbstständigkeit, um den Elternteil zu entlasten, der einen allein großzieht. Oder auch ungünstige, wie sie in Vielzahl in diesem Buch zur Sprache kommen. Der Selbstwert kann Schaden nehmen, massive Gefühle wie Wut, Schuld oder Trauer begleiten Betroffene, wenn unbearbeitet, möglicherweise durchs Leben und lenken sie auf Pfade, die ihnen nicht guttun. Das übersteigerte Bedürfnis nach Harmonie oder überbordende Hilfsbereitschaft zollen irgendwann ihren Tribut.

Die Trennung der Eltern kann auch die anderen Beziehungen innerhalb der Familie verändern, also wie sich Mutter und Kind beziehungsweise Vater und Kind künftig gegenüberstehen oder auch wie nahe sich Geschwister in der Folge sind. Ebenso wird die Bindung zu den Großeltern, zu Tanten, Onkels oder Cousinen und Cousins auf eine Probe gestellt. Das gesamte Familiengefüge sortiert sich nach einer Trennung neu, nicht wenige Kontakte bröckeln dann.

Trennungskinder sind widerstandsfähig

Die Psychologin Judith Wallerstein aus den USA legte wohl den Grundstein dafür, dass Scheidungskinder überhaupt in den Fokus der psychologischen Forschung gelangten. In ihrer Langzeitstudie, die über Jahrzehnte angelegt war, entdeckte sie bei den von Scheidung betroffenen Kindern und Jugendlichen einen *Sleeper Effect.*[3] Demnach wirke es bei vielen Kindern und Jugendlichen kurz nach der Trennung so, als hätten sie den Cut gut verkraftet, doch als sie älter wurden, erste ernsthafte Beziehungen eingingen oder eigene Familien gründeten, kamen unverarbeitete Themen von früher wieder hoch. Der Befund von Wallerstein ist nicht unumstritten, ihre Stichprobe war nur sehr klein und bestand ausschließlich aus Frauen.[4]

Auch bezeugen Expertinnen und Experten von Asien bis Amerika: Die Mehrheit der Kinder und Jugendlichen kommt auf lange Sicht wohlbehalten und psychisch gesund durch die Trennung oder Scheidung der Eltern. Das betonen zum Beispiel die US-Psychologen Brian D'Onofrio und Robert Emery 2019 in einem Essay für das Fachjournal *World Psychiatry*: »Die meisten Kinder, deren Eltern sich trennen, sind widerstandsfähig und zeigen keine offensichtlichen psychologischen Probleme.«[5] Sie betonen aber auch, dass selbst die psychisch starken jugendlichen und erwachsenen Trennungskinder von schmerzhaften Gefühlen und Erfahrungen berichten und sich immer wieder sorgen. Solche Stimmen werden auch in diesem Buch zu Wort kommen.

Natürlich: Man kann nicht jede Spur, die ein massiver Bruch innerhalb der Familie bei Kindern und Jugendlichen verursacht, vermessen und beziffern. Die meisten Kinder wachsen recht unbelastet auf, auch in getrennten Familien, dennoch gibt es eben auch jene, die es nicht gut verkraften – verletzte Kinderseelen, die herbe Enttäuschungen und prägende Verluste erleiden mussten.

Trennungskinder sind verletzlich

Trennungssituationen können also sehr wohl den Nährboden für psychische Erkrankungen bei den jungen Seelen bereiten. Die Wahrscheinlichkeit, an einer Depression oder Angststörung zu erkranken, ist bei Kindern und Jugendlichen aus Trennungsfamilien erhöht, ebenso die Neigung zu Suizidgedanken und -versuchen. Auch haben sie eher Probleme im Umgang mit Alkohol und Drogen. Das ergab eine Übersichtsstudie, für die ein Forschungsteam aus Österreich die Daten aus 54 internationalen Studien und damit von mehr als 500 000 Teilnehmer:innen aus Scheidungs- sowie unentzweiten Familien zusammengetragen und verglichen hat.[6]

Immerhin: In der Zeit zwischen 1990 und 2017, aus der die erhobenen Daten stammen, ging die Zahl der psychischen Beschwerden unter Trennungskindern Jahr für Jahr zurück. Vermutlich, weil Scheidungen und Trennungen heute keine Seltenheit mehr sind, weniger stigmatisiert werden, und folglich die Kinder und Jugendlichen weniger Vorbehalten begegnen, seltener wie sonderbare Wesen behandelt und ausgeschlossen werden. Möglicherweise gibt es mittlerweile ein größeres Bewusstsein dafür, dass auch die Kinder im Trennungsgemenge verstärkt Zuwendung brauchen.

Wichtig ist auch: Eine Scheidung oder Trennung ist selten *der* Grund dafür, dass eine psychische Erkrankung ihren Lauf nimmt. Und sie ist nie der alleinige Auslöser, nie die alleinige Ursache dafür. Immer ist es ein Zusammenspiel zahlreicher weiterer Faktoren, das ins Stolpern bringen kann. In Trennungsfamilien häufen sich zum Beispiel oftmals belastende Faktoren, die die Kinder zusätzlich herausfordern. Das bestätigt auch eine repräsentative Untersuchung aus Deutschland, die 2021 veröffentlicht wurde. Forscher:innen analysierten dabei die Daten von 2466 Erwachsenen, die in der Kindheit die Trennung ihrer Eltern miterlebt hatten. Ihr Befund: »Die Trennung der Eltern war nicht mit einer erhöhten Rate psychischer Beeinträchtigungen […] assoziiert, wenn keine anderen Formen von Kindheitsbelastungen vorlagen.«[7] Seelische Spuren hinterließ die Trennung beispielsweise sehr wohl, wenn gleichzeitig ein Elternteil oder Geschwister psychisch erkrankt war, Familienmitglieder im Übermaß Alkohol oder Drogen nahmen oder Gewalt gegen die Kinder oder die Mutter ausgeübt wurden. Kinder und Jugendliche aus Trennungsfamilien erlebten häufiger solche weiteren Formen von Kindheitsbelastungen: »Gerade diese Kumulation von belastenden Kindheitserlebnissen scheint es zu sein, die mit Beeinträchtigungen im Erwachsenenalter zusammenhängen.«[8]

Erkrankt beispielsweise ein Elternteil psychisch und führt das zur Trennung oder löst die Trennung selbst eine Krise bei Mutter oder Vater aus, leidet das Kind auf vielen Ebenen mit. Beide Szenarien führen dazu, dass die bereits angespannte Lage noch problembehafteter wird und allzu oft die Kinder mit ihren Bedürfnissen in den Hintergrund treten. Zahlreiche Untersuchungen zeigen, dass vor allem der Umgang der Eltern miteinander ausschlaggebend dafür sein kann, wie es den Kindern und Jugendlichen in diesen Familien geht. Ist die Lage zwischen Mutter und Vater sehr konfliktbeladen, wird viel und möglicherweise auch unfair gestritten oder wird es gar handgreiflich, dann lastet das auf den Kinderseelen besonders schwer. Zugleich bleibt den Eltern oft keine Kapazität, sie überhaupt als Mitbetroffene in der Situation wahrzunehmen.

Die Psycholog:innen aus Österreich benennen in ihrer großen Erhebung[9] vier weitere mögliche Pfade, auf denen die Scheidung sich auf die seelische Gesundheit der Kinder auswirken kann:

- Die Trennung der Eltern führt auch automatisch zu einer Trennung von einer bislang existenziellen Bezugsperson, entweder Vater oder Mutter. Das kann das Bindungsverhalten, das sich im Kindesalter entwickelt und maßgeblich dafür ist, wie wir später in Partnerschaften, Arbeitsbeziehungen oder Freundschaften handeln, in Schieflage bringen. Ein unsicherer Bindungsstil könnte die Folge sein. Studien zufolge ist der beispielsweise eng verknüpft mit Depressionen und Suchterkrankungen.

- Die Trennung führt aber auch zu veränderten sozialen und ökonomischen Möglichkeiten, sprich: zumeist weniger Sozialkontakte und weniger Geld in der Haushaltskasse – weil eine Hälfte der Familie künftig fehlt. Expert:innen sprechen von einem niedrigen sozioökonomischen Status, der ebenfalls durch zahlreiche Erhebungen mit psychischen Beschwerden in Verbindung gebracht wurde.
- In früheren Jahrzehnten war Scheidung hierzulande verpönt und Familien, die dennoch entzweigingen, mussten eher als heute mit einem Stigma leben. Stigmatisierung kann emotionalen Stress begünstigen und somit auch seelische Beschwerden.
- Der Stress, den die Trennung und ihre Begleitumstände im Kind auslöst, lässt sich unter anderem an der Menge von Cortisol im Körper ermessen. In stressigen Zeiten schießt unser Körper dieses Stresshormon in die Blutbahnen. Kurzfristig ist das sinnvoll und hilfreich: Es schärft die Sinne, macht handlungsfähig. Bleibt der Cortisolspiegel im Körper aber dauerhaft auf hohem Niveau, leistet das sowohl körperlichen als auch psychischen Beschwerden Vorschub. Der Körper ist irgendwann von dem dauerhaften Alarmzustand überfordert, geradezu ausgelaugt.

Diese Effekte können einzeln, gepaart oder auch alle gemeinsam auftreten, mit entsprechenden Auswirkungen.

Trennungskinder erheben ihre Stimmen

Wenn man die betroffenen Kinder von einst heute als Erwachsene befragt, bringen viele ihre seelischen Leiden oder ungünstigen Verhaltens- und Denkmuster von heute in enge Verbindung mit der Kluft, die sich einst durch ihre Kernfamilie zog. In diesem Buch kommen einige von ihnen zu Wort. Sie erzählen, was die Trennung mit ihnen gemacht hat. Die Männer und Frauen schauen gemeinsam mit Inke und Julia auf ihr Leben zurück: Damals Kinder, heute Erwachsene, die zum Teil inzwischen mit einer eigenen Familie leben. Als ihre Eltern auseinandergingen, schrieben wir in den meisten Fällen die 80er- und 90er-Jahre. Die nun erwachsenen Trennungskinder berichten, welche Eigenheiten, Päckchen oder auch enorme Lasten sie seither mit sich herumschleppen, aber auch, welche sie schon loswerden konnten. Einige haben sich bis zu den Gesprächen mit Inke und Julia nicht weiter mit dem Familienbruch auseinandergesetzt und kamen trotzdem nicht umhin, in der Rückschau die Wirkung dieses Ereignisses bis ins Heute deutlich zu erkennen – und zu spüren.

Ihre Interviewpartner:innen trafen sie auf öffentlichen Foren oder in beruflichen Beratungssituationen. Viele hatten schon Therapieerfahrung, einige auch (noch) gar nicht. Sie sollen kein umfassendes Abbild davon sein, wie es Trennungskindern als erwachsene Menschen ergeht. Ihre Lebensläufe und -geschichten sind vielmehr wichtige Beispiele dafür, wie verheerend sich die Trennung von Eltern auf die Kinder auswirken kann – vor allem, wenn es an bestimmten Dingen mangelt. Sie zeigen, wie viel Feingefühl und Aufmerksamkeit es braucht, damit Kinder und Jugendliche diese einschneidende Lebensphase möglichst unbeschadet durchstehen. Und wie viel schieflaufen kann. Es bedarf der Aufmerksamkeit von uns allen: Eltern, Großeltern, anderen erwachsenen Familienmitgliedern, Hausärztinnen und Kinderärzten, Erzieher:innen in Kindertagesstätten sowie Lehrer:innen. Sie alle haben mit den Kindern zu tun, ihre Aufmerksamkeit und Zugewandtheit kann ein Puffer sein, in einer Zeit, die wie ein Schlag auf die Kinder eintrifft.

Für erwachsene Trennungskinder, die diese Unterstützung nicht hatten, bleibt dennoch die Möglichkeit, offene Wunden zu heilen. Manchen tun dann Gespräche gut, andere greifen zu Zettel und Stift, einige durchdenken die Themen und wieder andere benötigen professionelle Hilfe. Dieses Buch kann helfen herauszufinden, was benötigt wird, und vielleicht auch eine Versöhnung mit der Vergangenheit anstoßen.

Elterntrennung: Die Zeit heilt nicht alle Wunden

Prägung, Erinnerung, Befreiung

von Inke Hummel

Erinnerung, 1987, Flensburg:
Streiten. Lautstark. Es riss mich heftig aus dem Schlaf. Mein Kinderzimmer war dunkel. Ich spürte sofort Angst und Unsicherheit. Die Geräusche kamen von meinen Eltern. Ich konnte keinen Fuß aus meinem Bett setzen. Ich konnte nicht nachschauen, was da vor sich ging. Oder ging ich doch? Ich habe Bilder im Kopf von dieser Nacht, aber ich weiß nicht, ob ich sie wirklich gesehen oder mir zusammengereimt habe.

Meine Eltern trennten sich kurz vor meinem zehnten Geburtstag. Es ging ihnen als Paar schon lange nicht gut, weil sie nicht mehr in die gleiche Richtung schauen und Lösungen für entstandene Probleme finden konnten. Mein Vater mochte keine Beratung oder Unterstützung von außen annehmen, um an der Ehe zu arbeiten. Mama war die Hilfesuche allein angegangen, doch ohne ihn hatte es einfach keinen Sinn. Irgendwann sah meine Mutter keinen anderen Weg mehr als zu gehen.

Die Trennung meiner Eltern ist 36 Jahre her. Ich bin heute erwachsen, habe einen Mann, drei eigene Kinder, und doch bin ich ein Trennungskind geblieben. Nur weil Eltern sich trennen, wenn ihre Kinder noch jung sind, ist das zwar nur ein Faktor ihres Lebens, aber möglicherweise ein prägender. Erwachsene Trennungskinder sind laut oder leise, sportlich oder Leseratten, freigebig oder kleinlich, zufrieden oder unglücklich. Alles ist möglich. Und doch bleibt da diese Vergangenheit, dieser Schnitt in der Familiengeschichte. Ein Davor und ein Danach.

Dass eine Elternbeziehung endet, ist dabei nicht unbedingt dauerhaft beeinträchtigend.[10] Doch die Umstände der Trennung, zum Beispiel die Art des Streitens oder Kontaktpausen und Beziehungsverluste, können Kinder prägen – in vielen Fällen nachhaltig. Erwachsene, die wie ich als Kinder oder Jugendliche eine Elterntrennung durchgemacht haben, sehen diese fast immer als einen wichtigen Einfluss auf ihre eigene Entwicklung an: »Manchmal hört sie [die Scheidung] nie auf.«[11] Der US-amerikanische Psychiater Beal und die ebenfalls aus den USA stammende Journalistin Hochman stellen in ihrer Langzeituntersuchung psychischer Spätfolgen von Scheidungen fest: »Noch erwachsene Scheidungskinder beschreiben oft, daß sie das Gefühl hätten, Opfer zu sein.«[12]

Eine Trennung kann eine Krise sein. Und leider gibt es hierfür keinerlei typische Abläufe oder Rituale für Kinder, anders als beispielsweise beim Tod einer Bezugsperson, wo Trauerrituale zur Verarbeitung existieren und heutzutage auch ausgebildete Trauerbegleiter: innen für Kinder zur Unterstützung hinzugezogen werden können. Es gibt zwar seit einigen Jahren auch in Beratungsstellen oder psychotherapeutischen Praxen mitunter Angebote für Kinder und Jugendliche, deren Eltern sich getrennt haben. Aber der Zugang zu diesen ist immer abhängig davon, ob es eine Bezugsperson gibt, die sich darum bemüht. Familiär ist es sehr unterschiedlich, wie gut Kinder und Jugendliche Hilfe dabei bekommen, ihre Gefühle verarbeiten zu können. Bleiben die Kinder allein damit, kann der Umbruch lange nachwirken.

Es gibt natürlich gute Gründe für Eltern, sich zu trennen. Wenn

Erwachsene sich für Kinder entscheiden, ist das kein Versprechen, als Eltern immer ein Paar zu bleiben. Aber es ist wichtig, aus der Kinderperspektive auf Elterntrennungen zu schauen – und damit aus deiner damaligen Perspektive. Du bist als Trennungskind teilweise sicher anders aufgewachsen als andere. Wenn deine Eltern nicht mehr Partner:innen waren, kann das einen Einfluss auf dich als Kind gehabt haben – besonders wenn sie sehr zerstritten waren und ein oder sogar beide Elternteile nach der Trennung ihrer Fürsorgepflicht nicht ausreichend nachkamen oder nachkommen konnten.

Mögliche langfristige Folgen von Elterntrennungen

Starkes Stresserleben hat, gerade im Kindes- und Jugendalter und besonders wenn dessen Verarbeitung sinnvoll unterstützt wird, meist Konsequenzen. Beal spricht in diesem Zusammenhang von der Bedeutung des »Familienstils«[13], also der Art des Umgangs miteinander. Werden Kinder etwa emotional alleingelassen, können Kinder ihren Entwicklungsaufgaben schlechter nachkommen. Und am tragischsten ist es, wenn sie eine wichtige Bezugsperson verlieren, zum Beispiel die Mutter oder der Vater ganz aus ihrem Leben verschwindet – und sie nicht einmal das Angebot einer neuen Bezugsperson erhalten.

Ich als erwachsenes Trennungskind bin schon ein gutes Stück auf dem Weg gegangen, die Einflüsse von damals abzuschütteln. Als Teenagerin begann ich, mich langsam mit den Problemen auseinanderzusetzen, indem ich Tagebuch schrieb. Als junge Erwachsene gewann das Thema rund um meine eigene Heirat und meine Mutterschaft an Wichtigkeit, weil ich mehr und mehr spürte, wie sehr mich manches noch immer belastete, da es nicht aufgearbeitet war. Davon wollte ich mich befreien und ich bin teilweise noch mit therapeutischer Hilfe dabei.

Als mein Vater 2017 im Sterben lag, hatte ich schon einige Weichen gestellt. In der Situation mussten besondere Gedanken aus mir heraus und sortiert werden. Ich schrieb für das Netzwerk *Bindungs(t)räume* einen Blogtext darüber, wie ich die Beziehung zu meinem Vater empfand, wie sehr ich kämpfte und vor allem wie schmerzhaft es war, dass sein Tod mich aus Eigenschutz so wenig berühren konnte. Die emotionale Taubheit erschreckte mich. Denn eigentlich bin ich kein emotional gleichgültiger Mensch. Es war eine ungesunde Strategie.

Ich bin's, das Trennungskind

Eine Tatsache in meinem Leben, die ich schon mehrfach als abgehakt betrachtet hatte. »Jetzt bin ich durch damit. Jetzt macht das nichts mehr mit mir.« Und dann holt es mich doch wieder ein.

Ich werde jetzt 40. Die Trennung meiner Eltern liegt über 30 Jahre zurück. Viele Momente aus dieser ersten Zeit sind in mein Gedächtnis eingebrannt und haben mein schüchternes, stilles Kinderwesen mitbestimmt. […]

Es schmerzte mich fürchterlich, dass jahrelang kein einziger meiner Briefe, die ich mit viel Liebe geschrieben, mit Stickern und Stiften verziert hatte, jemals beantwortet wurde und auf Nachfrage die Erklärung kam: »Ich schreibe eben nicht gerne.« Es wäre so wichtig gewesen für mich als Kind, für mich als Teenie, der sich Zeit genommen und versucht hatte, sich zu öffnen, in Kontakt zu bleiben. Über viele, viele Kilometer hinweg.

Es war so traurig, dass der Papa nie eine Frage stellte zu meinem Leben, meinen Freunden, meinen Hobbys, weil ich beim Antworten irgendwo die Mama hätte erwähnen können. Stattdessen herrschte Stille, fast immer. Ich wurde älter, aber blieb immer das Kind für ihn. Er kannte mich nicht, wusste nichts mehr von mir; und ich schwieg. […]

Ja, es gab Erklärungen von anderen – und welche, die ich mir in meinem Kopf zurechtgelegt hatte; und doch war er der Erwachsene, der sich um sich und mich hätte kümmern sollen, sich Hilfe hätte suchen sollen, damit es hätte gelingen können mit der Eltern-Kind-Bindung. Es liegt in der Hand und der Verantwortung der Eltern, dass die Beziehung Boden hat. […]

Jetzt sitze ich hier, den Anruf im Ohr, vor dem man sich immer fürchtet, und weine. Nicht vor Trauer über einen wahrscheinlich sehr bald bevorstehenden Abschied. Sondern vor Verzweiflung, weil es nicht in meiner Hand lag, dass ich hier und heute keine Verbindung mehr spüre.

Bitte: sollte kein Weg an einer Trennung vorbeigehen, versucht die Verbindung zu euren Kindern nicht zu verlieren. […] Die Kinder können nichts für eure Schmerzen! Sie brauchen euch.[14]

Auf meinen Blogartikel wurde der SWR aufmerksam und lud mich in eine Talkshow[15] ein, in deren Folge es weitere Gelegenheiten zum Austausch mit anderen erwachsenen Trennungskindern oder auch Eltern in Trennung gab. Eine junge Mutter schrieb mir, dass sie sich aufgrund meiner Geschichte im *Nachtcafé* endlich getraut hat, sich an ihren Vater zu wenden, zu dem der Kontakt nach der Trennung der Eltern verloren gegangen war – und dass sie sich nun wiedersehen würden. Es meldete sich auch eine Frau, die beschrieb, wie schwer ihr der Trennungsalltag mit dem Exmann fiele, dass aber mein Einblick in die Kinderseele ihr die Kraft und Zuversicht gegeben habe, sich weiter ganz stark einzubringen, den Kindern zuliebe.

Auch in einer meiner Beratungen nahm ein Vater Bezug auf den Blogtext und sagte, dass ihn dieser bestärke, um jeden Preis einen guten Kontakt zu seinen Kindern halten zu wollen und auch eine Therapie zu planen, um sich offen mit der gescheiterten Ehe auseinanderzusetzen. In Privatnachrichten auf Twitter öffneten sich

Fremde und Bekannte, die erleichtert waren, endlich über ihre Erfahrungen als erwachsene Trennungskinder sprechen zu können und sich nicht so »anders« zu fühlen.

Es war zu spüren, dass wir erwachsenen Trennungskinder viele sind. In diesem Buch kommen einige davon zu Wort, teilweise unter Pseudonym, da sie immer auch die Geschichte ihrer ganzen Familie erzählen.

Dafür lohnt sich die Preisgabe und Beschäftigung mit solch sehr privaten Geschichten: Andere – heute erwachsene Trennungskinder oder Erwachsene in Trennung – lassen sich inspirieren, finden Motivation, sich mit ihren prägenden Kindheitserfahrungen auseinanderzusetzen. Und sie finden Motivation, es mit ihren eigenen Kindern und auch Partner:innen und letztendlich auch mit sich selbst anders zu machen. Besser. Bindungs- und beziehungsorientierter.

Heute arbeite ich als Familienbegleiterin und zum Glück sind Fragen nach dem Kindeswohl oft die ersten, die Eltern in meinen Beratungen stellen, wenn es um Trennungssituationen geht. Es scheint mehr Bewusstsein dafür vorhanden zu sein, dass Kinder eine Trennung nicht »irgendwie schon verarbeiten«, sondern dass man sie gut im Blick haben muss. Leider war und ist das nicht bei allen Trennungskindern so.

Die Selbstzweifel bleiben

von Julia Theeg

Ich bin Kinder- und Jugendlichenpsychotherapeutin, Traumatherapeutin und Dozentin. In meinem Arbeitsalltag erlebe ich erwachsene Trennungskinder, die mir begegnen als Patient:innen, Eltern, Kolleg:innen. Ich darf ihre Geschichten und Biografien oft dann kennenlernen, wenn der Alltag nicht mehr rundläuft, wenn Ängste das Leben bestimmen oder Konflikte zu heftig werden. Hinter ihren belastenden Gefühlen stehen häufig Selbstzweifel und Ängste, die von verinnerlichten Glaubenssätzen herrühren wie *Ich bin nicht in Ordnung* oder *Ich bin nicht liebenswert.* In den vielen Interviews, die Inke und ich mit erwachsenen Trennungskindern führen durften, erlebten wir Selbstwertprobleme und Ängste als Grundthema ihrer Gefühlswelt, ihres Verhaltens und letztlich auch ihrer Beziehungen.

Selbstwertprobleme und Verlustängste zeigen sich etwa in Partnerschaften, wenn eigene Bedürfnisse und Wünsche zurückgestellt werden. Das erwachsene Trennungskind hat möglicherweise das Muster verinnerlicht *Meine Meinung zählt nicht* und zieht sich mehr und mehr zurück. Selbstwertprobleme können aber auch Streit befeuern, weil die Erfahrung noch so tief sitzt, dass man nur, wenn man sich lautstark und wütend äußert, überhaupt gesehen wird: »Ich bin eh nichts wert, deswegen werde ich so oft übersehen. Also muss ich möglichst laut sein und dafür kämpfen, überhaupt gesehen zu werden.«

Meine Lieblingsfrage als Therapeutin ist dann: »Kennen Sie diese Ängste und Selbstzweifel von irgendwoher?« Dieser Teil der Zusammenarbeit ist oft schmerzlich, die Erkenntnis, dass dieses Gefühl, nicht wertvoll zu sein, sich nicht geliebt zu fühlen, oftmals aus der eigenen Kindheit entsprungen ist. Das können ganz unterschiedliche Erlebnisse sein. Auch wenn ich oft sage: »Sie können mir das ruhig erzählen, ich habe fast alles schon gehört und kann es aushalten«, so bin ich doch jedes Mal wieder berührt, welche Spuren Erlebnisse aus der Kindheit an Menschen hinterlassen. Ich möchte hier nicht alles aufzählen, was man Kindern antun kann. Die Erfahrungen aus meiner praktischen Arbeit und den Interviews zu diesem Buch zeigen, dass das Leid der erwachsenen Trennungskinder häufig verbunden ist mit sehr konfliktreichen Elterntrennungen, die mit Gewalt oder emotionaler Vernachlässigung einhergingen.

Es geht mir in meiner Arbeit und auch in diesem Buch nicht darum, zu bewerten, wie schlimm die Erlebnisse aus unserer Sicht sind, sondern darum, aufzuspüren, wie die heutigen Erwachsenen diese Kindheitserlebnisse überwinden konnten und was sie heute tun können, um befreiter zu leben.

Das Buch richtet sich an erwachsene Trennungskinder, das heißt aber nicht, dass nicht auch viele andere Menschen diese Themen kennen und möglicherweise von unseren Sichtweisen profitieren können.

Prägungen aus der Kindheit verstehen

Der renommierte Bindungsforscher John Bowlby hat immer wieder darauf hingewiesen, dass es die grundlegende Natur des Menschen ist, Bindungen einzugehen und zu versuchen, sie aufrechtzuerhalten.[16] Wenn Kinder Elterntrennungen miterleben, ist das Zuhause so, wie sie es bisher kannten, oft nicht mehr vorhanden, und das ruft bei Kindern Ängste, Unsicherheiten und auch Wut hervor. In der Regel gehen diese Gefühle zur Elterntrennung vorüber, schwächen sich wieder ab und lösen sich im Verlauf der Entwicklung auf, wenn die Kinder merken: »Meine Eltern sind weiterhin für mich da, sie kümmern sich.«

Doch wozu tragen einige Trennungskinder auch als Erwachsene noch die Spuren der Elterntrennung in sich? Welche Gründe gibt es dafür, dass sie an sich zweifeln, sich seit der Trennung ihrer Eltern weniger wertvoll fühlen, obwohl das in der Regel schon so lange her ist? Wenn die Elterntrennung sehr konfliktreich ist, die Eltern nicht im Sinne der Kinder handeln, sondern Kinder zwischen den Eltern stehen oder auch die Beziehung zu einem Elternteil sich stark verändert oder ganz abbricht, können die Bedürfnisse der Kinder verletzt werden. Das kann auch passieren, wenn die Elterntrennung zwar immer wieder angekündigt, jedoch nicht vollzogen wird. Auch in einer solchen On-off-Beziehung kann eine Bindungsunsicherheit entstehen und die psychischen Bedürfnisse der Kinder können verletzt werden. Nicht selten wünschten sich die Kinder eine Elterntrennung, um endlich eine Klarheit zu bekommen.

Exkurs: Was sind psychische Grundbedürfnisse?

Eine gesunde psychische Entwicklung gelingt am besten, wenn unsere psychischen Grundbedürfnisse erfüllt werden. Doch welche sind das? In der psychologischen Fachliteratur gibt es verschiedene Ansätze, diese zu umreißen. Ich beziehe mich hier auf die Forschungsergebnisse und Ausführungen des renommierten Psychotherapeuten Klaus Grawe. Er beschreibt vier elementare psychische Grundbedürfnisse[17]:

- Bindung und Sicherheit
- Orientierung und Kontrolle
- Selbstwerterhöhung
- Lustgewinn bzw. Unlustvermeidung

Gerade in den ersten Lebensjahren werden diese Grundbedürfnisse von den Eltern oder engen Bezugspersonen erfüllt. Im Laufe des Lebens gewinnen außerhäusliche Erfahrungen durch Schule, Freundschaften und Hobbys immer mehr an Bedeutung. Eine gute Integration in diese Lebensbereiche gelingt, wenn die Bedürfnisse von Kindern geachtet wurden. Werden diese verletzt oder dauerhaft nicht befriedigt, kann dies zu einer »Schädigung der psychischen Gesundheit und des Wohlbefindens führen«[18].

Wenn also im Rahmen der Elterntrennung oder auch bei anderen schmerzhaften Erlebnissen diese psychischen Grundbedürfnisse über eine lange Zeit verletzt werden, dann kann das für die Kinder sehr schmerzhaft sein. Oft entwickeln sie in Folge automatisch Strategien, um mit diesen Verletzungen umzugehen. Manche Kinder fühlen sich verantwortlich und helfen besonders viel, einige Kinder stellen ihre Bedürfnisse zurück und setzen eine Maske der Fröhlichkeit auf, weitere Kinder versuchen, die Harmonie herzustellen und Streit zu schlichten, und wieder andere sind gereizter und reagieren sogar aggressiv. Diese Verhaltensweisen der Kinder sollten als Hinweis verstanden werden, dass es den Kindern nicht gut geht und sie die Trennung ihrer Eltern mit Sorge und Angst belastet. Werden die Warnsignale nicht erkannt, erfahren Kinder nicht die Zuwendung, die sie brauchen, können sich diese Muster verfestigen und bis ins Erwachsenenalter bestehen bleiben.

In den Interviews zu diesem Buch haben uns viele erwachsene Trennungskinder berichtet, dass sie gerne »rauswollen aus den alten Mustern«. Denn häufig hindern alte Strategien die Erwachsenen daran, Konflikte zu führen, ihre Meinung zu vertreten oder ihre eigenen Grenzen zu achten.

Den Schmerz anerkennen

Wenn du an die Trennung deiner Eltern denkst, was löst das heute in dir aus? Konntest du die Zeit gut verarbeiten? Wenn du dich erinnerst, spürst du aktuell noch Trauer, Angst oder Wut? Merkst du möglicherweise Folgen in deinem Alltag, weil du Sorge hast, dass deine Partnerschaft nicht hält? Oder du dich gar nicht binden magst, weil du so viel Angst davor hast, wieder verletzt zu werden?

Auch wenn du deine Vergangenheit nicht ändern kannst, kannst du lernen, dein Leid und deinen Schmerz anzuerkennen. Häufig versuchen wir, belastende Gefühle zu umgehen, indem wir möglichst lachen, obwohl wir weinen könnten, oder laut losbrüllen, obwohl wir eigentlich Angst haben.

Das ist natürlich sehr verständlich, weil es schmerzhaft sein kann, sich den alten Erlebnissen zu stellen. Doch wenn du bei den Fragen gemerkt hast, dass du heute noch Belastungen spürst, ist es sinnvoll, dich mit deiner Vergangenheit auseinanderzusetzen. Das kann dich davor schützen, Strategien weiterzuführen oder zu entwickeln, die zwar vorerst deine Gefühle weniger schmerzhaft erscheinen lassen, doch langfristig dich in deinem Alltag einschränken. Eine solche Strategie ist beispielweise die, allen helfen zu wollen, aus Angst, sonst dir nahestehende Personen zu verlieren – ohne dabei die eigenen Grenzen zu beachten.

Eigene Wege gehen

Dieses Buch beschreibt die Wege vieler erwachsener Trennungskinder. Einige kommen hier zu Wort, vielen mehr haben wir zugehört, mit ihnen in ihre Vergangenheit gespürt, zusammen gelacht und oft waren wir tief beeindruckt von ihren Wegen raus aus alten Mustern. Wir haben viel Dankbarkeit erfahren, dass wir ihnen zugehört haben, genauso wie Inke und ich dankbar dafür sind, dass uns so viele erwachsene Trennungskinder ihre Geschichte erzählten. Einige haben uns hinterher geschrieben, dass sie die Trennung ihrer Eltern anhand unserer Fragen noch einmal ganz anders sehen konnten. Sie hatten das Gefühl »Nicht ich bin falsch, sondern es hat gute Gründe, warum mein Selbstwertgefühl bis heute noch so angeschlagen ist«.

Diese Erkenntnis kann ein Befreiungsschlag sein, ermöglicht es, nach vorne zu schauen, sich von alten Themen zu lösen und ganz eigene Wege zu finden. Diese Wege können ganz unterschiedlich sein. Mögliche Ziele sind: Vertrauen und die Sicherheit in Beziehungen (wieder) zu finden, sich selbst und den anderen zu vertrauen, Ängste und Selbstzweifel nicht die Oberhand gewinnen zu lassen.

Wahrscheinlich wird dich nicht jedes Thema in diesem Buch persönlich betreffen, nicht jedes Gefühl, Verhalten oder jede Beziehungsschwierigkeit wirst du kennen. Dieses Buch ist eine Einladung, dich mit deiner Vergangenheit auseinanderzusetzen und dir aus den Schilderungen anderer erwachsener Trennungskinder mitzunehmen, was du für deinen eigenen Weg gebrauchen kannst. Wenn du merkst, dass die Auseinandersetzung mit den alten Themen noch zu schmerzhaft ist oder sie deinen Alltag sehr belastet, scheu dich nicht, dir professionelle Hilfe zu suchen. Oder du schilderst erst einmal deinem Hausarzt oder deiner Hausärztin deine Probleme und ihr könnt gemeinsam schauen, welche Form der weiteren Unterstützung du benötigst.

Wie dir unsere Impulse helfen können

Du wirst im Buch einem Autorinnen-Ich begegnen, da Inke und ich sehr eng zusammengearbeitet haben. Berichtet dieses Ich aus Familienberatungen, handelt es sich um Impulse von Inke. Erzählt es hingegen aus dem therapeutischen Alltag, dann liest du an dieser Stelle von mir, Julia.

Die Themen in diesem Buch betreffen dich und deine Beziehungen. Egal, in welchem Beziehungsgeflecht du lebst, jede Partnerschaft wird von Individuum zu Individuum ausgemacht – weshalb wir uns hier auf die Beschreibung des Grundelements »Zweierbeziehung« beschränken.

Dieses Buch kann dir ein Kompass sein, du darfst dir Ziele setzen und diese in ganz kleine Etappen unterteilt angehen. Du darfst bei der Umsetzung deiner Veränderungswünsche (und beim Lesen dieses Buches) immer wieder Pausen einlegen. Du darfst weinen, lachen, wütend sein, dich allein oder auch verbunden fühlen. Du darfst Menschen einladen, diesen Weg mit dir zu gehen, ihnen Teile des Buches vorlesen oder davon berichten. Oder du nutzt es ganz für dich allein.

Immer wieder im Text werden dir *Impulse für dich* begegnen: Fragen zum Weiterdenken und Übungen wollen dich hier anregen, erste Schritte der Veränderung zu wagen. Wo stehst du und was möchtest du verändern? Gerne darfst du dir auch immer wieder bewusst machen, dass auch kleine Schritte für dich großen Mut bedeuten. Wenn du die *Impulse* in diesem Buch bearbeiten möchtest, schaue unterwegs immer wieder darauf, was du schon alles geschafft hast.

Impulse für dich

- Womit bist du heute zufrieden? Was gibt dir Energie?
- Welche Bewältigungskraft hat dich durch die Trennung deiner Eltern getragen? Welche kannst du heute spüren?
- Welche Menschen unterstützten dich damals, welche heute?
- Welche deiner Stärken (wie Mut, Ausdauer, Lebenslust) können dich durchs Buch begleiten?
- Für welche Aspekte im Zusammenhang mit der Trennung deiner Eltern bist du vielleicht sogar dankbar? Wobei bist du auch stolz auf dich?

Erster Teil

Blick auf meine Gefühle

Geringer Selbstwert

Jeder Mensch hat einen Blick auf sich selbst und bewertet sich automatisch, ohne dass ihm das immer bewusst ist. Dieser Eindruck bestimmt das Selbstwertgefühl. *Wie sehe ich mich?* Diese innere Sicht beeinflusst das Wohlbefinden und die Kraft, mit der jeder durchs Leben geht. Die Grundlage für die Entwicklung des Selbstwertgefühls sind die Erfahrungen in den ersten Lebensjahren. Ein stabiles Urvertrauen zwischen Kind und Eltern ermöglicht es dem Kind, ein positives Selbstbild zu entwickeln und Zutrauen in die eigenen Fähigkeiten zu bekommen. Das stärkt!

Kein Platz für eigene Wertschätzung

Eine Elterntrennung kann das seelische Wohlbefinden trüben, das für ein gutes Selbstwertgefühl notwendig ist. Es kann besonders dann längerfristig vermindert sein, wenn mit der Trennung starke Belastungen einhergehen, wie beispielsweise heftiges Streiten, fehlende Verlässlichkeit oder mangelnde elterliche Unterstützung der Kinder. Denn Orientierung und Kontrolle sind neben Bindung und Selbstwerterhöhung menschliche Grundbedürfnisse. Kinder sollten sich in der Beziehung zu ihren Eltern sicher fühlen, sie als vorhersehbar erleben.

Ist das nicht so, kann sich die stärkende Selbstüberzeugung *Ich bin liebenswert. Ich werde gesehen. Ich bin ein wertvoller Mensch. Ich bin wichtig. Ich reiche aus. Ich kann etwas!* in ein verunsicherndes Grundgefühl von *Ich bin nicht genug. Ich kann nichts!* verändern. Das Kind empfindet sich folglich als fehlerhaft und betrachtet sich übertrieben selbstkritisch.

Benötigen Eltern im Zuge einer Trennung ihre Kräfte für sich selbst oder reden zum Beispiel aufgrund eigener Verletzungen schlecht über das andere Elternteil, kann es beim Kind zu Loyalitätskonflikten kommen. Gerade kleine Kinder können noch nicht einordnen, dass nicht sie die Probleme der Eltern verursachten, und entwickeln Schuldgefühle.

Die Trennung selbst kann außerdem Fragen wie *Haben sie sich gegen mich entschieden? Bin ich nicht liebenswert? Bin ich schuld an der Trennung?* im Kind aufkommen lassen. Wenn Eltern selbst, Bezugspersonen, Berater:innen oder Therapeut:innen die Situation nicht einordnen oder begleiten, können sich diese Einstellungen manifestieren und sich auf die Beziehungsfähigkeit der Kinder auswirken. Ist das bei dir so gewesen, kann es unter Umständen so sein, dass du dich weder in der Eltern-Kind-Beziehung noch in anderen Beziehungen als wertvoll empfunden hast oder empfindest.

Ich bin nicht wertvoll. Ich mache so viele Fehler. Solche inneren Sätze, die Kinder häufig nicht aussprechen, sondern fühlen, sind Hinweise auf ein geringes Selbstwertgefühl. Parallel kann ein starkes Schamgefühl entstehen (teilweise auch zusätzlich befeuert durch veränderte Lebensbedingungen und finanzielle Einschränkungen): *Andere sehen, dass ich nicht wertvoll bin und viele Fehler mache.* Das schwächt das Selbstwertgefühl dann noch mehr: *Ich bin nicht in Ordnung, wie ich bin.*

Erinnerung von Inke:
Ich kannte die Ängste, was andere wohl über mich denken könnten. Mir fehlte die Selbstsicherheit, darüberzustehen, viel zu häufig. Jedes kleine Zeichen, das vielleicht nicht mal eines war, verunsicherte mich: War jemand sauer? Hatte ich etwas Blödes getan? Verriet jemand anvertraute Geheimnisse weiter? Lief diese Freundschaft bald aus? Mein Wunsch nach Verbindung war groß. Meine emotionale Abhängigkeit und meine Angst vor erneutem Verlust ebenso.

Ein vermindertes Selbstwertgefühl hat großen Einfluss auf die weitere Entwicklung eines Kindes und auf seinen Alltag. Was es empfindet, wirkt in sein Denken und schließlich auch in sein Handeln hinein. Möglicherweise bewirkt das geringe Selbstwertgefühl sogar, dass ein Kind beginnt, jegliche Gefühle zu vermeiden. Besonders wenn Eltern eigene Verletzungen erlitten haben und aufgrund mangelnder Ressourcen kindliche Gefühle nicht ausreichend begleiten konnten, kann es sein, dass deren Kinder den inneren Satz *Meine Gefühle sind unwichtig, ich bin unwichtig* mitnehmen. Das heißt dann, solche Kinder teilen sich weniger mit oder entwickeln psychosomatische Beschwerden wie beispielsweise Bauchschmerzen.

Erlebt das Trennungskind die Elternbeziehung als geprägt von Machtausübung, Kampf oder Ablehnung, kann das Einfluss darauf haben, wie wenig es an seine Selbstwirksamkeit und an ein Leben unter eigener Regie und die Kontrollierbarkeit des Miteinanders glaubt. Dies überträgt sich im Alltag von Kindern oder Jugendlichen dann möglicherweise auf Freundschaftsbeziehungen, auf die Leistungsfähigkeit in der Schule und führt manchmal auch zu psychischen Erkrankungen wie Angst oder Depression. Ein Teufelskreis aus schlechten Erfahrungen kann entstehen. Und nicht selten bleibt das dauerhafte Gefühl, wertlos zu sein.

Mobbing – Verstärktes Leiden in der Schule und danach

Hast du als Kind erfahren, dass du gesehen wurdest, dass deine Anliegen wichtig sind, empfindest du dich selbst als wertvoll und selbstwirksam. Überzeugungen wie *Ich kann was* und *Ich schaffe das* sind dann in Lern- und Leistungssituationen handlungsleitend, sorgen dafür, dann man sich etwas zutraut und selbstsicher reagiert.

Wie erlebst du dich, besonders in Interaktion mit deiner Familie? Hast du keine stärkenden Erfahrungen gemacht, kann dein Selbstbild schlechter, dein Selbstwert geringer sein. Du hast dann eine eher negative Einstellung zu dir selbst. Solche Erfahrungen werden häufig auf alle anderen Lebensbereiche generalisiert.

Kinder lernen Beziehung in Beziehung zu ihren Eltern. Dazu gehört auch, üben zu dürfen, Hilfe in Anspruch zu nehmen sowie das Erlernen einer konstruktiven Streitkultur. Für Mitglieder von Trennungsfamilien gehört all dies häufig nicht zu ihrer Erlebniswelt. Mehrere Gespräche mit erwachsenen Trennungskindern für dieses Buch haben ein solches Bild bestätigt.

Teilweise sind die heute erwachsenen Trennungskinder im Jugendalter in der Schule oder der Freizeit Mobbingopfer geworden, wie nicht nur das Interview mit Nike zeigte. Mobbing trifft Scheidungskinder gleich häufig wie Kinder aus unentzweiten Familien. Aber beispielsweise Anzeichen für verringerte finanzielle Möglichkeiten nach der Trennung können natürlich ein Auslöser für den Beginn von Ausgrenzung sein. Ein geringer Selbstwert kann dazu beitragen, dass die/der Betroffene in der Opferrolle verharrt und sich keine Hilfe sucht. Gleichzeitig summieren sich die Belastungen möglicherweise für alle Familienmitglieder und die Eltern haben wenig Kapazitäten, das Kind emotional zu begleiten – was den Leidfaktor noch mehr steigert.

Nadine wurde als Halbwaise größtenteils bei ihren Großeltern groß. Ihre beruflich sehr eingespannte Mutter heiratete erneut, als das Mädchen im Einschulungsalter war, und bekam eine weitere Tochter. Die Großmutter unterstützte Nadine dabei, kochen zu lernen, aber sonst erfuhr das Mädchen keinerlei familiäre Wärme. Stattdessen erlebte sie verbale und auch körperliche Gewalt: Die Oma fand sie zu dick, ihre Mutter schlug sie mit der Hand oder einem Kochlöffel und auch der alkoholkranke Stiefvater ohrfeigte sie. Die Streitkultur unter den Erwachsenen war ebenfalls desaströs und das Mädchen hatte kein Vorbild für ein beziehungsstarkes Miteinander. Als Nadine

13 Jahre alt war, trennte sich ihre Mutter endlich von ihm, doch an der Mutter-Tochter-Beziehung änderte das nichts.

»Ich bin nicht gut genug. Ich mache alles falsch. Ich bin hässlich, überempfindlich und weine zu schnell«, zählt Nadine spontan auf, als ich sie frage, was sie damals über sich dachte. Mit diesem geringen Selbstwertgefühl war sie ein leichtes Opfer für ihre Mitschüler:innen an der weiterführenden Schule. Zunächst öffnete Nadine sich zu Hause und suchte Unterstützung, doch ihre Mutter und die Oma taten ihre Sorgen ab. »Ist ja kein Wunder!«, sagten sie zu ihr. Hilfe oder auch nur Trost bekam sie nicht.

Ihre Glaubenssätze und auch ihre eher zurückhaltende Art nahm sie mit ins Erwachsenenalter. Auch als Erwachsene musste sie noch zweimal Mobbingsituationen durchstehen.

Es kämpften zwei Pole in ihr, die heute immer noch wirken: Einerseits befürchtet sie immer noch, dass sie so verkehrt sei, dass das abwertende Verhalten der anderen gerechtfertigt wäre. Außerdem fragt sie sich, ob sie es wert ist, Hilfe in Anspruch zu nehmen. Andererseits schafft sie es immer besser, die Schuldanteile der Mobber zu sehen und sich stärker zu fühlen. »Ich spüre das in meiner Beziehung, aber auch im beruflichen Umfeld«, erzählt Nadine, »denn ich stehe viel mehr für mich ein, stelle mich weniger infrage.« Geschafft hat sie es bis hierhin durch die Erfahrung als Mutter, denn im Umgang mit ihrem Sohn erlebt sie sich endlich als gut, richtig, aktiv und wertvoll. Allerdings ist das Gefühl nicht konstant, sondern sehr wackelig.

Um Mobbing standhalten zu können, sind neben einem guten Selbstwertgefühl einige weitere Voraussetzungen nötig. Das Wissen, wie man Streitigkeiten sinnvoll auflöst, oder eine gute Einbindung in Beziehungen hätten auch für Nadine vorbeugend sein können. In Trennungsfamilien kann das fehlen. Nadines Entwicklung und ihre Probleme wurden nicht gut begleitet. Gerade Konfliktfähigkeit und Bindungssicherheit sind wichtig im Umgang mit Mobbing.[19]

Das Erleben von Mobbing ist besonders für Trennungskinder eine starke weitere Belastung.[20] Und das kann bis ins Erwachsenenalter hinein so bleiben.

Kinder und Jugendliche mit einem geringen Selbstwertgefühl haben außerdem eher den Eindruck, sie seien es nicht wert, sich Unterstützung zu holen. Oder sie hadern mit der Inanspruchnahme von Hilfe, weil es ihnen noch mehr den Eindruck von Schwäche vermittelt. Hilfe zu suchen ist aber das Wichtigste beim Mobbing. Nadine hat damit bis heute Probleme: »Ich weiß nicht, ob ich eine Therapie machen soll. Es gibt so viele Menschen, denen es schlechter geht als mir. Denen nehme ich dann den Platz weg.«

Aus meiner pädagogischen Beratungspraxis kann ich berichten, dass ein geringer Selbstwert nicht nur dazu führen kann, dass jemand ein leichtes Opfer für Mobbing wird, sondern unter Umständen auch selbst zum Täter oder zur Täterin. Das wäre dann eine ungesunde Strategie, um das eigene Wertigkeitsgefühl zu erhöhen: Sie oder er macht eine andere Person nieder, Dritte stehen dabei zur Seite und schenken Rückhalt und Wohlgefühl. Eine Teenagerin in einer meiner Beratungsfamilien wendete diese Methode an und erst eine tragische Selbstverletzung ihres Opfers brachte sie dazu, dieses Muster zu erkennen und schließlich mit therapeutischer Hilfe zu bearbeiten.

Eine ähnliche Erinnerung habe auch ich:

Nach meinem Schulwechsel in Klasse 6 fand ich mich in einer Klasse wieder, in der es ein mobbendes Mädchen gab. Die Opfer wurden reihum gesucht, und manchmal traf es auch mich, zum Beispiel auf der Chorfahrt, zu der ich als Neue mutig mitgekommen war. Keiner sprach dort mit mir, einen ganzen Tag lang. Alle behandelten mich, als sei ich Luft. Es tat weh. Ich rief meine Mutter über das Telefon der Jugendherberge an, zog dessen Kabel über den Verwaltungsflur, hockte dort auf dem kalten Boden und weinte und weinte und wollte nach Hause. Doch ich blieb. Mama wollte mich nicht abholen. Sie dachte, ich schaffe das schon – und ich glaube, sie wusste auch nicht, wie sie mich holen sollte. Sie besaß kein Auto, hatte nie den Führerschein gemacht und fragte ihren Freund nur sehr ungern nach Fahrdiensten. Sie wollte nach der Trennung unabhängig sein.

Im Erwachsenenalter können derlei Mobbingerfahrungen nachwirken und psychische Erkrankungen mit begünstigen. Ein lange Zeit eher geringer Selbstwert kann dich misstrauisch und unsicher machen. Norman Wolf dazu: »Es ist wichtig, Spätfolgen als solche zu erkennen, damit wir sie einordnen und entsprechend mit ihnen umgehen können.«

Sandra, ein weiteres erwachsenes Trennungskind, das später noch ausführlicher zu Wort kommt, berichtet: »Wenn irgendwo ein Grüppchen steht und redet, denke ich auch heute immer noch, sie reden schlecht über mich. Ich schäme mich sofort, ohne klaren Grund.«

Kennst du solche Gefühle heute noch? Du kannst etwas dagegen tun. Jede gemeisterte Anforderung stärkt, und ist sie auch noch so klein. Wichtig ist, dass du auch die Bewältigung kleinerer Herausforderungen für dich wertschätzt. Du darfst dich gerne loben und dich selbst wichtig nehmen. Gibt es Dinge im Alltag, die du vielleicht schon umsetzt und kannst und bisher gar nicht so betrachtet hast? Die Freundin, der du deine Meinung gesagt hast? Den Vortrag auf der Arbeit, den du gehalten hast? Oder wie Nadine, die ihrem Chef in einer Gehaltsverhandlung unerwartet selbstbewusst antworten konnte.

Impulse für dich

- Schaffe dir ein Umfeld, das dich nicht zu sehr, aber doch ausreichend fordert: Suche dir zum Beispiel ein Hobby, mit dem du Neuland für dich entdecken kannst. Ich bin unsicher, aber ich mache es!
- Gibt es einen Freund oder eine Freundin, der oder die dich stärkt? Was würde er oder sie dir sagen, wenn du dir ein neues Dafür-muss-ich-noch-was-tun-Hobby suchst?
- Möglicherweise würden dich Freunde auf deine schon bewältigten Schritte hinweisen. Welche sind das? Und welchen Satz würden sie sagen: Du schaffst das? Oder: Du bist stark?

Stärkend kann auch sein, dich selbst und deine Meinung bewusster in den Fokus zu stellen:

- *Ich sehe das anders als Sie!* (eigene Bedürfnisse wichtig nehmen und äußern)
- *Ich war zuerst dran!* (höflich auf sein Recht pochen)
- *Ich finde das an Ihnen toll!* (sich trauen, Fremden Komplimente machen)

Aber lass dir Zeit. Ein Schritt nach vorne löst manchmal auch einen Schritt zurück aus. Lass dich nicht irritieren: Nimm die Schritte nach vorn in den Blick, halte sie schriftlich fest und mache sie dir immer wieder bewusst! Die Schritte zurück dürfen da sein, versuche, sie nicht so schwer zu nehmen und dich gedanklich möglichst wenig mit ihnen zu beschäftigen. So kannst du nach und nach deinen Selbstwert als erwachsenes Trennungskind steigern.

Wege zur Steigerung des Selbstwerts

Eine Trennungssituation, die in dir als Kind das Bedürfnis wachsen ließ, du müsstest deinen eigenen Wert wiederherstellen und absichern, kann dazu geführt haben, dass du um jeden Preis gefallen wolltest – auch ohne Mobbingerfahrung. Vielleicht bist du deshalb auch zum (zwanghaften) Helfer oder einer Helferin geworden, um dich so anerkannt zu fühlen. Im Kapitel *Helfen ohne Grenzen* (in Teil II *Blick auf mein Verhalten*) kannst du dir da genauer auf die Spur kommen.

Manchmal wäre ich gerne häufiger wie eine Insel; das heißt manchmal wäre ich gerne öfter glücklich, ohne mich davon abhängig zu machen, dass es die anderen sind. Manchmal hab ich diese Inselsucht.

@HummelFamilie, Twitter – Inkes Twitteraccount

Es gibt ganz unterschiedliche Strategien, um den Selbstwert zu steigern. Einige sind kurzfristig verständlich, weil sie erst mal dafür sorgen, dass man sich wohler fühlt, beispielsweise wenn Trennungseltern die Ressourcen fehlen, ihrem Kind anderweitig sichere Gefühle zu vermitteln. Langfristig sind manche Strategien aber nicht hilfreich, wenn nämlich erwachsene Trennungskinder sie immer noch nutzen und unter ihnen leiden. Das können beispielsweise Harmoniebedürftigkeit bzw. Konfliktscheu sein, das Spielen einer Rolle (oder Aufsetzen einer Maske) oder der ständige Versuch, Anerkennung über Leistung zu erhalten – Verhaltensweisen, die wir in späteren Kapiteln noch genauer beleuchten. Das Problem an ihnen ist, dass du dabei deine eigenen Bedürfnisse hintanstellst, um anderen zu gefallen und dich so wertvoller zu fühlen.

Auf diese Art entwickelt sich oft keine dauerhafte, echte Zuneigung von anderen, und auch konstante Selbstliebe entsteht schwerlich. Dadurch hat sich das schlechte Selbstwertgefühl unter Umständen kontinuierlich verstärkt. Solch eine Spirale kann sich bis ins Erwachsenenalter ziehen.

Nike, Anfang 40, wuchs bei einem alkoholkranken Vater auf. Seine Sucht versuchten sie und ihre Mutter ständig zu verstecken. Die Atmosphäre war gewaltvoll. Als Nike drei Jahre alt war, kam es zu einer ersten Trennung, aber rund um die Einschulung des Mädchens gab die Mutter ihrem Exmann eine zweite Chance. Doch der Alkoholismus blieb.

»Meine Mutter war oft voller Angst und kam dann zu mir ins Kinderbett gekrochen«, erinnert Nike sich, »Als ich neun war, verkündeten sie mir wieder ihre Trennung. Der Auszug brachte mir kurz Erleichterung, aber der Alltag war dann alles andere als easy. Meine Mutter nahm zwei Jobs an, um das Leben als Alleinerziehende finanzieren zu können, und ich wurde zum Schlüsselkind. Meinen Vater sah ich kaum, wenn doch, brachten beide Eltern mich in Loyalitätskonflikte, weil es zwischen ihnen viel Groll gab. Ich versuchte, mich anzupassen, aber die Belastung war groß. Ich übernahm immer mehr Alltagsaufgaben und Verantwortung, zum Beispiel Behördengänge. Heute macht mich das selbstständig, aber damals war es überfordernd und stahl mir Raum für mich. Niemand war da, um mir bei Sorgen zuzuhören. Besonders als Jugendliche nicht.«

In Nikes Familie legten alle Wert darauf, nach außen hin zu strahlen: schöne Autos, schlanke Körper, kluge Köpfe. Sie selbst rutschte jedoch in die Rolle der Außenseiterin: »Ich galt als anders. Obwohl ich ein ganz normalgewichtiges Kind war, hörte ich von meiner Oma die Frage, von wem ich bloß meine Fettleibigkeit hätte. Ab diesem Moment fing ich an, mich selbst kritisch zu betrachten.«

Heute sieht Nike ihr Verhalten als ungesund an: »Ich war eine Art Zwei-Seiten-Kind. Innen traurig und an der Fassade die Fröhliche. Doch mein eigener Eindruck, nicht wertvoll zu sein, bestimmte immer mehr meine Tage. Es wurde egal, ob ich normalgewichtig war oder nicht, denn meine Familie sah mich eh als fett an. Also begann ich, mehr zu essen, als gut war, und wurde immer mopsiger. In der Schule gab es ein Mädchen, das mich immer wieder angriff. In einer Pause stand sie mit anderen auf dem Gang und sagte: ›Oh, die Erde bebt. Nike kommt!‹, und alle haben gelacht. Solche Vorfälle rund um meine Figur gab es etliche und sie haben mich immer schnell aus der Fassung gebracht.«

In ihrer Klasse hatten einige auch Mitleid mit ihr, aber von allem wurde ihr das Gefühl vermittelt, in einem unguten Sinne ›anders‹ zu sein – sie war das erste Trennungskind in ihrer Klasse. Sie schämte sich, und weil ihr Vater im Ort sehr bekannt war, wussten viele nicht nur vom Scheitern seiner Ehe, sondern auch von seiner Alkoholkrankheit. Die Sehnsucht des Mädchens nach einer heilen Welt mischte sich mit Schamgefühlen für die eigene Situation. Bei ihren Klassenkameraden versuchte sie, eine Art Clown zu sein, um an Beliebtheit zu gewinnen und so ihren Selbstwert zu erhöhen. Doch das Elementarste fehlte: wenigstens eine nahe Bezugsperson zu Hause, die ihr Sicherheit und Unterstützung gab.

»Anfangs weinte ich mich noch über die Gemeinheiten der anderen bei meiner Mutter aus, doch die Gespräche waren keine Hilfe. ›Du bist schon okay … aber ich lass mich ja nicht so gehen wie du, Nike!‹, bekam ich zu hören. Im Grunde war meine komplette Kindheit, meine Jugend immer wieder von dieser Ambivalenz bestimmt: Zutrauen, Unterstützung, liebe Worte und dann wieder fehlende Ressourcen für Unterstützung bei meiner Mutter und niedermachende Sätze meines Vaters. Vor allem rund um die Schule machte er mich klein, indem er stets mit seinem Wissen angab und mich verhöhnte,

weil ich seine Erklärungen nicht verstehen konnte. Mein Selbstwertgefühl verschlechterte sich immer mehr. Und blieb so, denn niemand half mir damals dabei, das zu verändern.«

Viele Kinder und Jugendliche müssen sich mit Ärger mit Gleichaltrigen bis hin zu Mobbing und auch mit anderen Herausforderungen auseinandersetzen. Ihr Zuhause sollte ein Ort sein, an dem ihre Eltern sie auffangen, unterstützen und bestärken, damit sie all dies meistern können und keinen Schaden am Selbstwertgefühl nehmen.

Nike fehlte, erst recht nach der Trennung, solch eine Basis. Ihre Eltern sahen weder den Stress mit den Mitschülerinnen noch Nikes Selbstwertprobleme. Stattdessen erfuhr sie auch aus dem Familienumfeld Abwertung. So wuchs in Nike die Selbstüberzeugung, ein mangelhafter Mensch zu sein.

Neue Beziehungspartner:innen ihrer Eltern kamen und gingen. Eine neue Familie entstand auf keiner Seite. Nike fühlte sich allein, nicht gesehen, beständig wertlos und recht beziehungslos. Ihre Eltern hatten bereits vor der Trennung jeweils große Probleme mit sich selbst gehabt, und ihre Möglichkeiten, für Nike zu sorgen, wurden auch im weiteren Verlauf nicht besser. Sie entwickelte Auffälligkeiten von anhaltender Traurigkeit über Selbstzweifel bis hin zu einem sehr negativen Selbstbild. Der Vater blieb suchtkrank, ihre Mutter stark ängstlich und auf sich bezogen, vermutlich verbunden mit eigenen Selbstwertmängeln.

Nike passte sich lange an, fühlte sich im Sorgen für ihre Mutter wertvoll, aber ansonsten ganz und gar ohnmächtig. Sie koppelte auf langfristig schädigende Weise ihren eigenen Wert daran, ihrer Mutter zu helfen. So fühlte sie sich einerseits doch wertvoll, andererseits entstand für sie das Gefühl von Kontrolle und Selbstwirksamkeit. Beides jedoch nur kurzfristig. Eine solche Fürsorgeüberforderung steht im Widerspruch zu den Entwicklungsaufgaben im Jugendalter, nämlich sich wirksam zu fühlen und sich von den Eltern abzulösen, und kann im schlimmsten Fall in eine psychische Erkrankung wie Depressionen oder Angststörungen münden. So erging es auch Nike. Für eine gesunde Entwicklung war kein Platz. Ihr Leiden zwischen den Fronten ging nach innen, sie wurde depressiv.

Erst als junge Erwachsene machte Nike eine Art Befreiungsschritt, indem sie zu ihrem damaligen Freund zog, um die Mutter und vor allem die gefühlte Verantwortung ein Stück weit loslassen zu können: »Es war eine Flucht. In mir war Wut ein großes Gefühl geworden: Wut auf die Verbote im Teenageralter, Wut auf das Pflichtgefühl meinen Eltern gegenüber, Wut auf die ewige Kritik an mir, Wut auf meine Mutter, die offen litt und nichts änderte. ›Das Beste ist, ich nehme mir einen Strick!‹ – dieser Satz ist mir wie ins Gehirn graviert. Ich blieb meiner Mutter gegenüber ständig in einem Verpflichtungsgefühl. War ich bei einer Freundin, zog es mich bald nach Hause. Ich musste auf meine Mutter aufpassen.«

Es nicht wert zu sein, dass die Mutter leben möchte, war ein Gefühl, das Nikes Selbstwert lange niederdrückte.

»Dieses ›Du musst gar nicht auf mich Rücksicht nehmen‹ habe ich voll ausgestrahlt und die anderen haben es ausgekostet«, beschreibt sie ihre ersten Liebesbeziehungen. Es dauerte dann zwei weitere Jahrzehnte, bis sie – nach mehreren depressiven Episoden – mit therapeutischer Hilfe gelernt hatte, sich realistischer zu sehen und sich selbst Gutes zu tun. »Ich empfinde es so, dass ich es endlich schaffe, mich anderen zuzumuten. Meine Gefühle und ich sind es wert, dass andere sie beachten.« Nike braucht immer noch Mut, aber spricht in ihrer jetzigen Partnerschaft endlich offen aus, was sie braucht. Sie fühlt, dass sie es wert ist, gesehen zu werden.

Lernen, mich zuzumuten. Auch mal eine Zumutung sein. Mut, in Beziehung echt zu sein. Und erfahren, dass die Freundschaft bleibt.

@zwominuszehn, Twitter

Aus dem erschütterten Selbstwertgefühl entstanden Verhaltensweisen, die uns wie schon angesprochen im Buch noch häufiger begegnen werden. Nike kennt sie fast alle. Als Kind halfen ihr diese Strategien, sich besser zu fühlen, aber als Erwachsene waren sie ihr dabei hinderlich, sich wirklich konstant wertzuschätzen. Aber Nike hat das bearbeitet und nimmt sich endlich Raum für ihre Leidenschaften. Nach dem Beenden einer 13-jährigen, kinderlos gebliebenen Beziehung, in der auch ihr Bestreben nach einem verbesserten Selbstwertgefühl die Paarebene vermehrt belastete, hat sie nun endlich einen wertschätzenderen Blick auf sich.

Hast du als heute erwachsenes Trennungskind im Leben mit deinen getrennten Eltern derartig Selbstwert verschlechternde Erfahrungen gemacht, kannst du als erwachsene Person eher etwas dagegen tun. Denn dann werden sowohl die emotionelle Verbindung als auch alltägliche Abhängigkeiten zu Mutter und Vater in der Regel geringer. Besonders Zeit für dich selbst und für neu entdeckte Talente können dich stärken.

Natürlich ist es ein langer Weg, sich selbst mehr schätzen zu lernen und sein eigenes Selbstwertgefühl zu steigern. In diesem Buch sind an vielen Stellen Anregungen enthalten, wie du erste Schritte gehen kannst. Impulse für dich, kleine Übungen und Fragen zu deinen eigenen Zielen, können dir dabei helfen, deine Wünsche zu formulieren und deine Themen in den Fokus zu nehmen.

Manchmal gibt es aber auch gute Gründe, noch nicht in die Veränderung zu gehen. Wenn du merkst, dass du bei unseren Fragen noch nicht bereit bist, dein Thema anzugehen, nimm auch dieses Gefühl ernst. Dann ist vielleicht noch nicht der richtige Zeitpunkt gekommen und dein Gefühl oder Thema darf noch etwas dableiben.

Falls du an dieser Stelle merkst, »Doch, ich möchte mich selbstbewusster fühlen, ich möchte meine Meinung mehr zum Ausdruck bringen und mich annehmen, so wie ich bin«, lass dich auf unsere folgenden Anregungen ein:

Impulse für dich

- Was hättest du als Kind gebraucht?
- Wenn du mit deinem heutigen Wissensstand deinem früheren Ich etwas Hilfreiches sagen könntest, was wäre das?
- Was erinnert dich heute immer wieder an die alten Themen und was brauchst du, um sie loszulassen?

Wie geht es dir mit der Beantwortung der Fragen? Falls sich dir der Kopf dreht, gar dein Magen schwummerig geworden ist – halte inne! Es ist ganz wichtig, dass du in deinem eigenen Tempo voranschreitest.

Fühlst du dich hingegen angeregt und willst noch mehr entdecken, fahre fort mit den folgenden Fragen und Übungen:

- Was tust du heute, um unabhängig zu werden von deinen alten Geschichten?
- Wobei hast du dich in letzter Zeit so richtig frei gefühlt?

Nimm dir gerne einen Zettel und Stift und formuliere für dich deine persönlichen Ziele:

- Angenommen du könntest deine alte Geschichte etwas mehr loslassen, welche Ziele hast du für dich?
- Wie stellst du dir deine Persönlichkeit vor, wenn du dich wertvoller fühlst?
- Was wäre anders, wenn ich meine Geschichte loslassen könnte?
- Wie würde ich mich fühlen, wenn ich beispielsweise Kritik erhalte?
- Wie würde ich mich verhalten, wenn mir etwas nicht passt?

Impulse für dich: Dein Zukunfts-Ich

- Stell dir vor, du hast deine formulierten Ziele zu 20 Prozent erreicht. Wie hast du das geschafft? Welche Fähigkeit, die du schon besitzt, hast du zur Erreichung deiner Ziele genutzt? Wie hat sich dein Leben verändert? Wie sieht dein Zusammenleben mit deinen engsten Bezugspersonen aus? Wie mit deinen Freund:innen? Was ist in deinem Arbeitsleben anders?
- Du darfst dich deinen Zielen immer weiter annähern: Wie sieht dein Leben aus, wenn du deine Ziele zu 50 Prozent erreicht hast? Wie bei 100 Prozent?

Diese Fragen sind ein Gedankenspiel, es gibt keinen Zwang, kein Muss. Allein die Vorstellung davon, wie es sein könnte, kann ein guter erster Schritt sein, auch wenn du für die Umsetzung deine ganz eigene Zeit benötigst und selbst wenn du einiges gar nicht umsetzen kannst. Das ändert nichts an deinem Wert. Du bist gut so, wie du bist, und tust das, was du tun und schaffen kannst.

Verlustangst

Werde ich verlassen? Bin ich sicher? In den ersten Lebensjahren gewinnt das Kleinkind – so alles rund läuft – ein Sicherheitsgefühl, das ein Grundvertrauen entstehen lässt. Dies ist die Basis dafür, dass Menschen sich auf neue Erfahrungen einlassen, sich im Laufe ihrer Kindheit von den Eltern lösen, neue Beziehungen eingehen und ein eigenes Leben aufbauen.

Die bunte menschliche Gefühlspalette zu erleben – Ängste gehören dabei genauso dazu wie Freude, Trauer, Wut – und zu lernen, mit all ihren Farben umzugehen, ist Bestandteil der kindlichen Entwicklung, beschäftigt uns aber auch als Erwachsene noch.

Sehr kleine Kinder fühlen sich verlassen, wenn ihre Bezugspersonen aus dem Raum gehen. Sie haben keine Idee davon, dass diese auch außer Sicht weiterexistieren. Ab dem Alter von etwa einem Jahr können Kinder begreifen, dass ihre Eltern zurückkehren werden. Im Laufe der Entwicklung erwerben Kinder das Vertrauen, dass ihre Bezugspersonen sich kümmern und dass sie wiederkommen.

Ein sicherer Hafen

Dieses Urvertrauen, das die Basis für das Kind bildet, um die Welt zu entdecken, entsteht, wenn Eltern die Bedürfnisse ihrer Kinder feinfühlig und prompt beantworten. So entwickeln Kinder nach und nach die Sicherheit *Meine Bezugspersonen sind für mich da, ich bin sicher.*

Nur wenn sie sich ausreichend sicher fühlen, entfernen sie sich von den Eltern und erkunden ihre Welt. Mit diesem Urvertrauen können Kinder viele Probleme bewältigen. Sie sind gerüstet fürs Leben und können auch mit großen Veränderungen in ihrem Leben zurechtkommen.

Viele Kinder verarbeiten eine Elterntrennung daher ohne langfristige Ängste, gerade wenn die Bindung zu beiden Elternteilen stabil bleibt und diese die Bedürfnisse der Kinder gut sehen.

Wie war es bei dir? Haben beide Elternteile regelmäßig Kontakt gehalten? Haben sie sich um deine Sorgen und Ängste gekümmert? Dir zugehört und alle Gefühle begleitet?

Ängste können helfen oder uns blockieren

Ängste sind normal und hilfreich. Sie schützen vor schlechten Erfahrungen, sind wie ein Alarmsystem, das dich warnt: *Hilfe, das könnte gefährlich werden.*

In den allermeisten Fällen entwickeln Kinder eine innere Sicherheit und können im Laufe ihres Lebens unterscheiden, welche Ängste wirklich bedrohlich sind und welche sie gut bewältigen können. Spätestens im Erwachsenenalter wurden Strategien erlernt, um mit Ängsten klarzukommen.

Bei erwachsenen Trennungskindern gibt es jedoch oft Ängste, die blockieren, hemmen, das Vorankommen einschränken. Sie leiden häufig unter den Ängsten, ihre Mitmenschen zu verlieren. Studien zeigen, dass es einen Zusammenhang gibt zwischen Elterntrennung und Ängsten bei Kindern.[21] »Dinge, die sicher erscheinen, sind nicht sicher«, sagte Dani in einem Interview über Verlustängste nach Elterntrennung. Wir werden ihre Geschichte später noch beleuchten.

Dieses Kapitel widmet sich ganz speziell den erwachsenen Trennungskindern, die unter ihrer Angst, Menschen zu verlieren, leiden. Auch wenn sie »vom Kopf her« wissen, dass ihre Freunde oder Partner:innen sie vorerst nicht verlassen, begleitet sie die Verlustangst oft ein Leben lang. Stellst du dir auch Fragen wie: Bleibt meine Partnerperson bei mir? Wird mein:e Freund:in mich irgendwann ablehnen, wenn er/sie weiß, wie ich wirklich bin?

Diese Ängste erleben die erwachsenen Trennungskinder als sehr belastend. Die Auswirkungen zeigen sich auf verschiedenen Ebenen. Sie beeinflussen die Gedankenwelt. Oft kreisen Gedanken in Beziehungen um Themen wie *Die Beziehung wird nicht halten.* oder *Meinem Kind könnte etwas Schlimmes passieren.* Diese Gedanken werden nur selten bewusst gemacht, sondern kommen meistens ganz automatisch und lösen Gefühle von Hilflosigkeit, Angst bis hin zu Panik aus. Dies spürt die Person oft körperlich in Form von Zittern, einem unangenehmen Gefühl im Körper bis hin zu psychosomatischen Symptomen wie Kopf- oder Rückenschmerzen. Mit solchen Ängsten fällt es oft schwer, Partnerschaften einzugehen oder die eigenen Kinder loszulassen.

Verlustangst als Gegenpol zu innerer Sicherheit

Deine bisherigen Erfahrungen im Leben bestimmen, wie du aktuelle Geschehnisse einordnest und bewertest. Wenn du dich sicher fühlst und viele positive Beziehungserfahrungen gemacht hast, siehst du zukünftigen Ereignissen eher vertrauensvoll entgegen: *Es wird schon gut gehen.*

Erwachsene Trennungskinder, die mit der Trennung ihrer Eltern gut abschließen konnten und keine Verlustängste entwickelten, haben in der Regel weniger Selbstzweifel und gehen gelassener durchs Leben.

Verlustängste dagegen können ein Ausdruck davon sein, dass dir die innere Sicherheit fehlt: Meldet sich beispielsweise deine Freundin ein paar Tage nicht, kommst du auf Gedanken wie *Ich bin ja auch so langweilig*, statt darauf vertrauen, dass sie sicher gute Gründe dafür hat, die gar nichts mit dir zu tun haben.

Impulse für dich

Schätze ein, ob du unter Verlustängsten leidest:

- Hast du manchmal das Gefühl, dass dir seit der Trennung deiner Eltern deine Wurzeln fehlen?
- Wie geht es dir, wenn eine Freundin oder ein Freund sich länger nicht bei dir meldet? Spürst du Ängste, nicht mehr gewollt zu sein?
- Wie geht es dir, wenn dein:e Partner:in auf Geschäftsreise ist oder einen Abend allein verbringt? Kannst du dich freuen und deinen Abend genießen oder spürst du Ängste, dass ihm oder ihr etwas passieren könnte?
- Falls du Kinder hast, wie erlebst du ihre Schritte in die Selbstständigkeit? Freust du dich darüber, mehr Zeit für dich zu haben, oder begleiten dich Ängste, dass ihnen etwas zustoßen könnte?

Wie geht es dir bei der Beantwortung der Fragen? Falls du Verlustängste empfindest, kannst du die Fragen nutzen, um zu erspüren, wie du damit umgehen möchtest. Wenn du eine gute Beziehung zu deinen Eltern hast, kannst du mit ihnen über die Vergangenheit sprechen und für dich realisieren: *Es ist anders, heute bin ich sicher.*

Falls das für dich nicht infrage kommt, kannst du auch erst einmal für dich beobachten, wo du deine Ängste im Alltag bemerkst, und im nächsten Schritt mit vertrauten Personen darüber sprechen. Das nächste Unterkapitel könnte dir dabei helfen, noch mehr zu verstehen, wo deine Ängste herkommen und wie du sie einordnen kannst.

Beziehung früher, Beziehung heute

Vielleicht erkennst du dich in den folgenden Situationen aus meinem therapeutischen Alltag wieder und kannst prüfen, ob diese bis heute bei dir Schmerz auslösen oder du gut damit abschließen konntest:

- Ein Elternteil reagiert auf die Trennung ängstlich, lässt sich beispielweise nicht auf neue Beziehungen ein oder schaut voller Angst in eine Zukunft ohne ihren Partner.
  Dies kann dazu führen, dass Kinder, unter Umständen auch später als Erwachsene noch, mit Ängsten reagieren. Die Psychologie bezeichnet dies als Modelllernen: Der Mensch beobachtet Verhaltensweisen anderer und ahmt diese nach. Dieses soziale Lernen dient dazu, sich in Gruppen angemessen verhalten zu können. Es kann jedoch auch negative Auswirkungen haben, beispielsweise wenn die erlernten Verhaltensweisen langfristig wenig hilfreich oder sogar schädigend sind und, wie oben beschrieben, eher dazu führen, dass jemand Beziehungen vermeidet.
- Die Eltern machen den anderen Elternteil vor dem Kind schlecht und erwarten, dass das Kind sich zwischen den Eltern entscheidet. Kinder lieben bei einer guten Bindung beide Eltern, wollen beiden gegenüber loyal sein. Sich für einen Elternteil entscheiden zu müssen, schürt Ängste, den anderen Elternteil zu verlieren. Oft reagieren Kinder traurig, ziehen sich zurück, isolieren sich, gehen beispielsweise nicht mehr in den Sportverein. Und sie entwickeln Ängste, die nicht selten bis ins Erwachsenenalter hinein bestehen bleiben. Es fällt es ihnen dann beispielsweise schwer, auf der Arbeit ihre Meinung sagen oder sich auf Liebesbeziehungen einzulassen, weil sie fürchten, wieder verlassen zu werden.
- Kinder erleben ein oder beide Elternteile nach der Trennung im gefühlsmäßigen Ausnahmezustand, oft über eine lange Zeit. Die

Eltern sind beispielsweise oft traurig oder wütend und aufgrund ihrer Belastung für die Kinder kaum ansprechbar.
In der Regel können Kinder damit umgehen, wenn es Eltern vorübergehend nicht gut geht. Wenn dies jedoch sehr lange andauert, kann bei Kindern ein Verlassenheitsgefühl entstehen. Um ihre Eltern nicht zusätzlich zu belasten, stellen sie ihre eigenen Bedürfnisse oft zurück. Dass dieses Muster bis ins Erwachsenenalter bestehen blieb, spüren erwachsene Trennungskinder oft daran, dass sie sich übermäßig darum kümmern, dass es anderen Menschen gut geht, oft über eigenen Grenzen hinweg. Die Ängste, die der Grund dafür sind, warum sie sich eher um andere als um sich selbst kümmern, spüren erwachsene Trennungskinder häufig erst dann, wenn ähnliche Themen im Leben auftauchen, also beispielsweise bei Konflikten in der eigenen Partnerschaft. Alte Erinnerungen erwachen, oft, ohne dass das sofort bemerkt wird. »Gespenster der Vergangenheit« schleichen sich ein und wirken sich aus, etwa im Streitverhalten mit dem Partner oder der Partnerin.

Wenn bei Konflikten mit der Partnerperson immer die Angst mitschwingt, dass der oder die andere geht, ist die Wahrscheinlichkeit, eigene Bedürfnisse zu formulieren, deutlich geringer, als wenn eine Sicherheit besteht, dass auch Konflikte in der Beziehung möglich sind. Kannst du dem oder der anderen deine Bedürfnisse zumuten?

Oft merken Menschen erst viele Jahre später, wie sehr die Elternbeziehung aus der Kindheit ihr inneres Sicherheitsgefühl bis heute prägt, wie viel »altes« Verhalten übernommen wurde und dementsprechend das eigene Leben beeinflusst.

Dani ist 50 Jahre alt. Sie arbeitet als selbstständige Juristin und beschreibt sich als chaotisch, voller Ängste und mit diagnostizierten Depressionen. Heute ist sie glücklich verheiratet, doch den Weg dahin beschreibt sie als anstrengend aufgrund vieler Ängste, die durch die belastende Beziehung ihrer Eltern und deren Trennung entstanden.

Ihre Kindheit war geprägt von Umzügen, Alkoholismus des Vaters und einer Trennung, die sich aus Danis Sicht viel zu lange hinzog. »Mein Vater hat geschrien, getrunken und es kam zu häuslicher Gewalt gegenüber meiner Mutter. Meine Mutter reagierte sprachlos darauf, sie verstummte.« Als Dani acht Jahre alt war, trennten sich ihre Eltern. Dani blieb bei ihrer Mutter. Die Scheidung erfolgte erst, als Dani studierte.

Für das Mädchen waren die Trennung der Eltern und der Auszug des Vaters anfangs eine Erleichterung: »Ich war froh, als er ausgezogen war. Meine Mutter war dann einfach sicherer und ich musste nicht mehr die ganze Zeit meine Mutter schützen.« Nach einiger Zeit bemerkte sie erste Ängste, ihre Mutter zu verlieren, und Angst, verlassen zu werden. Ihre Mutter unterstützte sie darin, die »typischen« jugendlichen Dinge zu tun. Sie ging mit ihren Freunden und Freundinnen weg, besuchte Konzerte und ging ins Kino. Äußerlich lebte sie ihre jugendliche Autonomie, innerlich bemerkte sie zunehmende Ängstlichkeit. Sie versuchte, diese zu bewältigen, indem sie so oft wie möglich die Nähe zu ihrer Mutter suchte. Sie unternahm viel mit ihr und fuhr mit ihr in den Urlaub. Wenn ihre Mutter nicht da war, schlief Dani gerne im Bett der Mutter, um eine Verbindung mit ihr zu spüren und ihre Verlustängste zu bewältigen.

Der Vater war für das Kind nach der Trennung keine verlässliche Ansprechperson, obwohl er noch jahrelang im selben Haus wie Dani wohnte, nur in einer anderen Wohnung. Vor der Trennung war er tagsüber als Vater da gewesen, in den Abendstunden hatte sie versucht, seinen Alkoholkonsum zu verhindern. Eine besonders schwere Belastung stellt für sie bis heute die Situation dar, dass die neue Freundin des Vaters sie beschuldigte, die Affäre zwischen ihr und ihrem Vater offengelegt zu haben. Ihr Vater glaubte Dani nicht, dass es nicht so gewesen war: »Ich habe mich im Stich gelassen gefühlt, das hat so weh getan.«

Auch wenn Dani inzwischen glücklich verheiratet ist, begegnen ihr die Verlustängste immer wieder. Als Juristin kann sie beispielsweise nicht im Familienrecht tätig sein: »Es kommt dann einfach alles wieder hoch, die Ängste, die Erinnerungen.« Auch in Freundschaften und noch neuen Beziehungen spürt sie immer wieder die Angst vor Verlust.

Dani konnte in ihrer Kindheit keine innere Sicherheit entwickeln, aufgrund der häuslichen Situation entstand vielmehr ein Gefühl der permanenten Unsicherheit. Sie erlebte ihre Bezugspersonen als wenig verlässlich. Das Vertrauen in Beziehungen war von Anfang an nicht ausreichend vorhanden. Ihre Mutter ordnete die Gewaltausbrüche des Vaters für Dani nicht ein, sondern verstummte, was Danis Unsicherheit und Ängste zusätzlich verstärkte. Die Trennung der Eltern erlebte sie zunächst als Entlastung von den ständigen Konflikten. Langfristig schürte sie bei Dani jedoch Verlustängste.

Aus meiner Erfahrung als Psychotherapeutin weiß ich, dass Kinder auch Eltern vermissen, die sich nicht gut gekümmert haben, und sogar solche, die Täter:innen waren – selbst dann erzeugt es einen Schmerz, wenn Eltern gehen. Dieser Schmerz darüber, verlassen worden zu sein, bleibt oft ein Leben lang und hat Einfluss auf Freundschaften, partnerschaftliche Beziehungen und die Begleitung von Kindern.

Die Zeit heilt nicht alle Wunden

War bei dir ein Elternteil nach der Trennung nicht mehr präsent? Das kann sich sehr bedrohlich für dich angefühlt haben. Dein Bedürfnis nach Sicherheit, Orientierung und Bindung wurde dadurch möglicherweise beschädigt. Bei einigen Kindern hinterlässt dies ein Trauma. Dann heilt die Zeit nicht alle Wunden, sondern der

Schmerz sitzt so tief, dass die Ängste, die aus solch einer traumatischen Situation heraus entstanden sind, bis ins Erwachsenenalter hineinreichen.

Verlustängste bei erwachsenen Trennungskindern sind also häufig verbunden mit dem extremen Kindheitserlebnis, verlassen und alleingelassen zu werden, sich nicht mehr geliebt zu fühlen.

In vielen Fällen können Menschen im Laufe ihrer Entwicklung diese Ängste überwinden, gerade wenn sie nach der Trennung lange in sicheren Beziehungen leben. Gibt es aber Vorbelastungen, beispielsweise in Form von Gewalt in der Familie, kann das Vertrauen in enge Bezugspersonen so beschädigt sein, dass auch verlässliche Beziehungen im Verlauf der Entwicklung nicht ausreichend sind, um die innere Beziehungssicherheit wiederherzustellen. Die Verlustangst ist dann bis ins späte Erwachsenenalter zu spüren.

In meinem therapeutischen Alltag erlebe ich es häufig, dass Menschen sich, ohne dass es ihnen bewusst ist, in ähnliche Beziehungskonstellationen begeben wie die, die sie aus ihrer Vergangenheit kennen. Es kann also sein, dass du problematische Beziehungsmuster wiederholst. Dies ist auch bei Dani so:

Beziehungen aufzubauen, ist Dani im Laufe ihres Lebens sehr schwergefallen. Aufgrund ihrer als Kind verinnerlichten Interaktionsmuster wiederholten sich die gewaltvollen Beziehungen. Sie lernte nicht, für sich einzustehen, sich abzugrenzen: »Ich habe sein Glück immer in den Vordergrund gestellt.« Als Erwachsene hat sie dann mit therapeutischer Hilfe gelernt, sich abzugrenzen, jedoch sind die Ängste, sich auf Menschen einzulassen, bis heute präsent. »Ich habe immer automatisch gedacht, dass Dinge, die sicher erscheinen, nicht sicher sind«, erklärt sie. Zudem erinnert sie sich an Aussagen ihrer Mutter wie »Bleib unabhängig!«. Diese Sätze und ihre Beziehungserfahrung mit ihren Eltern prägen Dani bis heute.

Gerade Menschen mit Ängsten suchen sich Sicherheit in Beziehungen, die sie so schon kennen. Oft merken sie erst spät, dass ihnen dies nicht guttut. So war es auch bei Dani: Sie beschreibt ihren ersten Partner sogar als »eine Nummer schlimmer« als ihren Vater.

Manchmal stecken aber auch unbewusste Wünsche nach Heilung dahinter, im Grunde ein *Heute schaffe ich es und kann die Probleme mit meinem Partner lösen.*

Bei Dani war es so, dass sie vor allem versuchte, ihre Emotionen zu unterdrücken: »Ich wollte nicht so sein wie mein Vater, so impulsiv.« Erst viel später merkte sie, dass ihr die Beziehung zu ihrem Partner nicht guttat und sie ihre eigenen Bedürfnisse endlich einmal voranstellen durfte.

Menschen, die als Kind eigene Trennungserfahrungen gemacht haben, halten häufig viel zu lange an Beziehungen fest, die eigentlich schädigend sind. Im Hintergrund stehen, neben dem, was Dani berichtet hat, meist auch Ängste, die Partnerschaft zu verlassen, dies den eigenen Kindern anzutun, oder die Frage, wie es dann mit einem selbst weitergeht. Oft erlebt ein erwachsenes Trennungskind eine mögliche eigene Trennung aus der Erfahrung heraus als Versagen und vermeidet diese deshalb.

Impulse für dich

- Lebe ich Wiederholungen meiner Kindheit, die mir nicht guttun? Wenn ja, was könnte der Grund dafür sein?
- Wie bekomme ich Sicherheit? Aus mir selbst heraus oder eher von anderen?
- Kann ich meine Bedürfnisse und Wünsche in meinen heutigen Beziehungen ansprechen? Werden sie gehört?

Wenn die Ängste nicht vergehen

Vielleicht bist du jemand, der in stabilen und verlässlichen Beziehungen lebt, aber dennoch oft Unsicherheiten spürt. Eventuell kennst du den folgenden Satz genau: *Wenn der/die mich nur lange genug kennt, trennt er/sie sich bestimmt auch wieder*!

Wenn der Schmerz als Kind sehr tief saß, speichert diese:r Erwachsene spätere positive Beziehungserfahrungen leider nicht ab. Doch warum heilen diese Wunden nicht und bleiben die Ängste so lange bestehen? Das hat verschiedene Gründe:

- Einerseits reagieren Menschen emotionaler, wenn sie viele schmerzhafte Erfahrungen gemacht haben. Die Erinnerung daran dominiert ihr Gehirn selbst dann noch, wenn viele gute Erlebnisse folgen. Verschiedene Überzeugungen entstehen, wie beispielsweise *Ich lasse mich lieber gar nicht erst ein, damit ich nicht verletzt werde.*
- Andererseits verstärken diese Überzeugungen und daraus resultierende Handlungen, wie das Sich-nicht-Einlassen auf Beziehungen oder der Rückzug aus Freundschaften und Partnerschaften, nicht nur die Ängste. Sie lassen auch (zumindest innerlich) keine neuen Beziehungserfahrungen zu, in denen erwachsene Trennungskinder Sicherheit und Verlässlichkeit spüren können. Ein Teufelskreis.

Das beschreibt auch Dani: Einerseits ist sie heute glücklich verheiratet, kann ihre Bedürfnisse ansprechen und ihrem Partner vertrauen. Dennoch kennt sie die »schwarze Wolke« immer noch, vor allem in Freundschaften: »Dort ist die Angst einfach da, mein Herz klopft dann stark und meine Atmung ist schwer.«

Bevor sich Dani auf Freundschaften einlässt, stellt sie ihr Gegenüber auf die Probe, indem sie zum Beispiel unfreundlich ist oder Verab-

redungen kurzfristig absagt: »Ich teste dann ganz automatisch, wie die andere Person auf mich reagiert. Kann ich der Person vertrauen? Bleibt sie bei mir?«

Am Beispiel von Dani kannst du sehen, dass aus Verletzungen in der Kindheit Verlustängste resultieren. Dem Gefühl, in Beziehungen ausgeliefert und hilflos zu sein, versucht sie mit Vermeidung und Beziehungstests zu begegnen, ohne dass sie das bewusst merkt. Dies ist ein automatische Schutzmechanismus, ein Versuch, Sicherheit herzustellen, »die Oberhand zu gewinnen«. Gerade am Anfang einer Freundschaft oder Beziehung ist die andere Person von einem solchen Verhalten mindestens irritiert, fühlt sich möglicherweise auch verletzt oder zurückgesetzt, da sie ja aus ihrer Sicht aus dem Nichts heraus missachtet wird. Das kann dazu führen, dass die Person sich zurückzieht oder den Kontakt eher vermeidet. In der Psychologie wird das als »self-fulfilling prophecy« beschrieben: Die Erwartung, dass die anderen mich verlassen, führt zu einem Verhalten, das letztlich die Erwartung erfüllt: Die andern wollen gar keinen Kontakt zu mir!

Die Beziehungstests, die Dani beschreibt, kenne ich aus meinem therapeutischen Alltag sehr gut. Häufig prüfen die Patient:innen auch die therapeutische Beziehung auf ihre Stabilität.

Letztlich wiederholen sich diese Ängste und Muster in den meisten Beziehungen. Sie sind ein Schutzmechanismus und können auch dein Versuch sein, dich vor weiteren Verletzungen zu schützen. *Lieber keine Beziehung eingehen, als wieder verletzt zu werden* ist ein Satz, den ich immer wieder von Patient:innen höre.

Es gibt also vorerst einen guten Grund, dass Trennungskinder Verlustängste zeigen: Sie wollen sich damit vor weiteren Verlusten schützen. Allerdings sollte dieser Schutz irgendwann ausgedient haben, nicht mehr benötigt werden. Er blockiert oder erschwert sonst

Beziehungen und Partnerschaften. Den automatischen psychischen Schutzmechanismus *Schütze dich vor weiteren Verlusten!* erlebst du dann als belastend und hemmend.

Es ist wichtig, dass du solche Muster bei dir und anderen erkennst, um langfristig aus einem solchen Teufelskreis auszusteigen, neue Erfahrungen zu sammeln und zu integrieren.

Verlustängste im Alltag mit den eigenen Kindern

Wie sieht der Alltag mit Kindern ganz konkret aus, wenn Eltern Verlustängste spüren? Was sind Hinweise auf Verlustängste und wie machen sie sich vielleicht auch in deinem Familienalltag bemerkbar?

Verlustängste sind geprägt vom immer wiederkehrenden Gedanken *Ich werde verlassen.* Und was gibt es Schlimmeres, als von den eigenen Kindern verlassen zu werden? Oft beeinflussen diese Ängste ganz automatisch dein Handeln, sind dir und anderen aber nicht bewusst. Beispielsweise reagieren manche Eltern mit starken körperlichen Symptomen bis hin zu Panik, wenn ihre Kinder zu spät nach Hause kommen. Bei manchen Eltern besteht der Wunsch nach ständiger Überwachung ihrer Kinder, sei es durch GPS-Tracker oder per Kamerainstallation im Kinderzimmer. Diese ungesunden Auswüchse verletzen die Persönlichkeitsrechte von Kindern und sind nicht zu tolerieren.

Viele Eltern haben Ängste und sorgen sich um ihre Kinder. Das ist ganz normal. Es kommt aber sehr darauf an, wie du mit diesen Ängsten umgehen kannst. Folgende Beispiele können dir helfen, zu erkennen, ob die Beziehung zu deinem Kind zu sehr von Angst beeinflusst ist:

- Das Loslassen fällt dir schwer. Zum Beispiel sind die Übergänge in die Krippe, Kindergarten oder Schule geprägt von dem Gefühl, dass Kinder ihre Eltern brauchen und sie es dort bestimmt nicht gut haben.

- Du traust deinem Kind wenig zu, wie beispielsweise das Klettern auf dem Spielplatz oder das längere Wegbleiben von Jugendlichen. Du merkst, dass andere Kinder schon viel mehr ihre Autonomie leben dürfen.
- Du kannst belastende Gefühle wie Wut schwer aushalten und ertappst dich immer wieder dabei, diese »kleinzureden« aus Angst davor, dass negative Gefühle die Beziehung zu deinem Kind zu sehr belasten oder dein Kind diese Gefühle nur schwer aushalten kann.
- Es fällt dir schwer, deine Kinder in der Freizeit loszulassen. Deren Verabredungen oder sportliche Aktivitäten lösen bei dir unangenehme Gefühle aus.
- Du versuchst deinem Kind »alles recht zu machen« und vermeidest Konflikte aus Angst, dass dein Kind dich ablehnen könnte.
- Du erlebst deine Umwelt als eher feindlich. Dein Kind übernimmt deine negative Weltsicht und hat das Gefühl, dass jederzeit etwas Schlimmes passieren könnte.

Impuls für dich

- Wie erlebe ich mich mit meinen Kindern? Mutig? Ängstlich? Offen? Verschlossen?
- Spüre ich Angst, wenn ich meine Bedürfnisse gegenüber meinen Kindern ausdrücke? Und wenn ja, was sind meine schlimmsten Befürchtungen?
- Wie möchte ich gerne sein? Was ist mein Ziel bezogen auf meine Gefühle zu meinen Kindern?

Mit Kindern durch die Angst in die Sicherheit

Wenn du als erwachsenes Trennungskind Ängste spürst und bei den Fragen feststellen konntest, dass du das ändern möchtest, ist das erst mal ein gutes Zeichen. Dann kannst du sie auch verändern. Das darf in kleinen Schritten passieren.

Um dich in der Erziehung sicherer zu fühlen, ist es zunächst wichtig, dich darüber zu informieren, wie du mit deinen Kindern sein möchtest. Dabei kann es hilfreich sein, Literatur zu lesen, die sich mit Elternsein beschäftigt, beispielsweise *Nicht zu streng, nicht zu eng* von Inke Hummel oder *Mein Familienkompass* von Nora Imlau.

Nun stelle dir vor, du wärst als Bezugsperson so, wie die du sein möchtest: Wie würde dein Alltag aussehen? Was würdest du deinen Kindern zutrauen?

Im nächsten Schritt beschäftigst du dich damit, was genau deine Idealvorstellung blockiert. Welche Ängste funken immer wieder dazwischen? Schreibe diese auf und beobachte, in welchen Momenten du deine Verlustängste spürst.

Nur Mut, auch wenn auf einen Schritt vor manchmal einer zurück folgt – es kommt Bewegung rein!

Wege aus der Verlustangst

Gelingt es, eine feste und verlässliche Bindung einzugehen, führt dies oft dazu, dass mit der Zeit die Verlustängste nachlassen.[22] Angstmuster zu bearbeiten, ist oft ein langer Weg. Aber er lohnt sich, ist er doch so bereichernd für sich selbst und die Beziehungen zu Kindern, Partner:innen, Freund:innen und Kolleg:innen. Letztlich kann dies auch die Beziehung zu den eigenen Eltern verbessern.

Wie aber kommst du da hin, wenn doch so oft die Verlustängste dafür sorgen, dass Beziehungen beendet werden, um nicht wieder Verletzungen zu spüren, oder sich die innere Sicherheit auch im Laufe der Jahre einfach nicht einstellt?

Ich bin verlassen oder *Es wird ganz schlimm werden* sind Sätze, die oft von inneren Anteilen kommen, die dich an den Verlust erinnern. Viele erwachsene Trennungskinder kennen das: Du managst deinen Alltag, gehst arbeiten, versorgst die Kinder und plötzlich fühlst du dich in einer Konfliktsituation wieder so, wie du dich auch als Kind gefühlt hast. Der ängstliche Anteil übernimmt plötzlich, du fühlst dich wieder wie das hilflose Kind von damals, kannst deine Bedürfnisse nicht mehr äußern, keine Lösungen mehr finden.

»Intrusion« heißt das fachsprachlich: Es fühlt sich wieder so an wie damals. Manchmal verschwindet auch der Bezug zur Realität, sodass die Person erst viel später wieder »zu sich kommt«.

Um dieses Muster zu durchbrechen, laden wir dich dazu ein, dich dem Kind in dir zu stellen. Um Verlustängste zu überwinden, brauchst du vor allem sichere Bindungen im Erwachsenenalter.

Impulse für dich

Stelle dir vor, du sitzt allein am Küchentisch und fühlst dich sicher und stark. Lade jetzt das Trennungskind ein, sich zu dir zu setzen. Du darfst ihm Fragen stellen und zuhören:

- Was hätte es damals gebraucht?
- Welche Worte würden dem kleinen Kind heute guttun?
- Woran könnte das kleine Kind in deinem Alltag teilhaben?
- Wann darf es sich zurückziehen und was braucht es, um der/dem Erwachsenen den Vortritt zu lassen?
- Höre zu, ohne zu bewerten, sei liebevoll – und gleichzeitig darfst du verhandeln, wo du in Zukunft lieber erwachsen bleiben möchtest.

Trauer und emotionaler Rückzug

Vielen Trennungskindern gemein ist der Wunsch nach einer Befreiung von der Last einer Vergangenheit, die sie immer wieder einholt, einer Traurigkeit, die so schmerzt, dass sie am besten einfach nicht mehr da sein soll – nicht mehr als Gefühl und nicht mehr als Gesprächsthema. Sie erleben den Verlust, die Trauer über die Trennung ihrer Eltern auch nach Jahren noch als schmerzhaft. In allen Rollen – sei es als Mutter oder Vater, in deiner eigenen Partnerschaft, aber auch als Kind deiner Eltern – kann diese Traurigkeit wieder an die Oberfläche kommen.

Wo kommt diese alte Trauer her? Wie zeigt sie sich? Wie kann man einen Umgang mit ihr finden? Da Trauer mit dem Gefühl, verlassen zu sein, zusammenhängt, soll hier auch viel Platz sein für Erfahrungen anderer erwachsener Trennungskinder. Du bist nicht allein, es geht vielen so!

Benny arbeitet als Ingenieur und lebt zusammen mit seiner Freundin und seiner dreijährigen Tochter. Während unseres Gesprächs hat er die ganze Zeit Tränen in den Augen: »Sonst schiebe ich die Traurigkeit einfach weg, aber wenn ich allein bin oder erinnert werde an die Dinge, die mir passiert sind, überrollt mich die Traurigkeit einfach.«

Bennys Mutter hat eine psychische Erkrankung. Wie er heute weiß, leidet sie an Schizophrenie. Als er vier Jahre alt war, hat er das erste Mal bewusst erlebt, dass seine Mutter in einer psychiatrischen Klinik aufgenommen wurde. Es sollten weitere Klinikaufenthalte folgen. Die Eltern lebten in einer On-off-Beziehung. Benny hatte viele Ängste, auch weil seine Mutter sich umbringen wollte. Als er neun Jahre alt war, trennten sich die Eltern endgültig, Anlass war eine Affäre seiner Mutter. Nach der Trennung war die Mutter im Leben von

Benny nur noch wenig präsent: Sie schrieb an Weihnachten, nahm an Geburtstagen teil – aber das war nicht das, was Benny sich wünschte. Sein Gefühl war: »Meine Mutter war einfach weg. Das war so furchtbar, ich hatte einfach keinen Bezug mehr zu ihr.« Der Vater war Bergmann und ständig auf Arbeit. Es war die Oma, die sich sowohl vor als auch nach der Trennung um Benny kümmerte: »Oma hat versucht, alles aufzufangen.« Dennoch hat er sich nach der Trennung der Eltern verlassen gefühlt. Heute spürt er dieses Verlassenheitsgefühl immer noch, wobei er auch eine »rationale Ebene« abrufen kann: »Meine Mutter war einfach krank.«

Benny ist heute ein erfolgreicher, sportlicher Mann, Mitte 30. Dennoch war er, wie er mir gestand, schon im Vorfeld des Interviews sehr aufgeregt: All die Jahre hatte er die Trauer gut verschlossen und hatte nun Sorge, »dass da Sachen hochkommen könnten«. Sein Schmerz, seine Einsamkeit und Verlassenheitsgefühle waren im Interview spürbar. Es ist kaum vorstellbar, dass er diese intensiven Gefühle bislang mit sich allein ausgemacht hat.

Verlust und Trauer

In meinem Alltag als Psychotherapeutin habe ich schon viele erwachsene Trennungskinder kennengelernt, die noch immer intensive Gefühle von Wut, Trauer und Schuld aus der Kindheit in sich tragen. Oft werden diese Gefühle in eigenen Trennungssituationen spürbar, gerade wenn eigene Kinder involviert sind. Die Trauer über die eigene Trennung oder auch die Erinnerung an die Elterntrennung ähneln Verlusterfahrungen durch Tod. Trauernde durchlaufen in der Regel verschiedene Phasen, die für die Bewältigung des Verlusts wichtig sind. Durchläuft eine Person nicht alle Phasen oder trauert möglicherweise nicht intensiv, heißt das nicht, dass eine psychische Krankheit entstehen muss. Ein unterstützendes Umfeld und die eigene Bewältigungskraft können ausreichen, um sich gut vom Verlust zu erholen.

Psychotherapeutin Verena Kast beschreibt vier verschiedene Trauerphasen[23]:

- Phase 1: Nicht-wahrhaben-Wollen. Zu Beginn des Prozesses stehen die Trauernden unter Schock.
- Phase 2: Aufbrechende Emotionen: Aufkommen von Gefühlen wie Wut, Zorn, Schmerz, Schuld. Diese Gefühle helfen bei der Trauerbewältigung.
- Phase 3: Suchen und Sich-Trennen: Auseinandersetzung mit den alten Erlebnissen und Abschied nehmen.
- Phase 4: Neuer Selbst- und Weltbezug: Setzen von neuen Lebenszielen.

Doch Trennungskinder erleben oft, dass ihre Gefühle von Schock, Wut, Schmerz oder Schuld nicht gesellschaftlich akzeptiert sind. Eine Elterntrennung gehört für viele Kinder zur Lebensweltrealität. Und auch wenn es Kinder gibt, die die Elterntrennung gut und schnell bearbeiten, braucht es den Blick für den individuellen Schmerz derjenigen, die den Verlust betrauern.

Es gibt eine Menge Literatur zur Trauerverarbeitung, aber fast immer geht es ausschließlich um die Trauer nach einem Todesfall. Die Trauer von Trennungskindern findet jedoch wenig Beachtung: In der Schule, in der Kita oder auch im Freundeskreis wird sie meist nicht thematisiert. Manchmal hören sie womöglich: »Das Elternteil ist doch nicht tot.« Für Trennungskinder fühlt sich das aber häufig so an, nur gibt es für sie kaum Mitgefühl, keine Rituale.

Genau das braucht es aber, um diesen Verlust zu überwinden: Mitgefühl, Begleitung, Verständnis. Traurigkeit aktiviert dein Bindungssystem: Du suchst Nähe, Körperkontakt und Schutz. Kinder können sich diese Bedürfnisse in der Regel über Eltern und nahe Bezugspersonen erfüllen. Erfahren sie Trost, Zuspruch und körperliche Nähe, festigt das ihr Gefühl: *Meine Trauer ist in Ordnung, ich bin in Ordnung.* Diese Einstellung kann Kindern helfen, einen guten Umgang mit der eigenen Trauer zu finden: Sie darf da sein, sie kommt und geht. Die Kinder lernen, den Schmerz zuzulassen, ohne mit ihm zu verschmelzen. So können sie im späteren Leben Beziehungen eingehen, ohne von der Verlusterfahrung dauerhaft geprägt zu sein.

Für dich als erwachsenes Trennungskind könnte es hilfreich sein, zur Bearbeitung des Trennungsschmerzes an die Trauerphasen anzuknüpfen und Verarbeitungsphasen, die ausgelassen wurden, bewusst nachzuholen.

Wie war die Begleitung bei dir? Konntest du deine Traurigkeit zulassen und verarbeiten?

Rituale können dabei behilflich sein, der Trauer einen Raum zu geben und letztlich Abschied zu nehmen: Abschied von der Nähe zur Bezugsperson, von einem gemeinsamen Leben, von einer Zukunft mit Mutter und Vater. Es ist wichtig, dass das Trennungskind diesen Verlust verarbeitet und er nicht bis ins Erwachsenenalter bestehen bleibt.

Wenn das Umfeld eines Kindes aber weder Rituale anbietet noch die Trauer anerkennt oder aber aufgrund von eigener Belastung Trost nicht anbieten kann, so wird das möglicherweise langfristige Auswirkungen haben. Erwachsene Trennungskinder fühlen sich dann eventuell ähnlich wie Benny, der bis heute unter den Folgen der Trennung leidet.

Impulse für dich: Umgang mit der (alten) Trauer

- Falte ein Blatt Papier in drei Teile: Zeichne in den ersten Abschnitt ein Bild oder Symbol dafür, wie es hätte sein sollen. Male dann in den mittleren Teil den Bruch bzw. die Trennung, gestalte mit Farben, finde ein Symbol. Im letzten Teil gibst du deinen Ausblick: Was wünschst du dir? Wie soll deine Zukunft aussehen? Welches Symbol, welche Farbe soll deine Zukunft haben?
- Wähle ein Lied aus, das für deinen Schmerz steht: Was berührt dich an dem Song besonders? Welche Textzeile spricht dich an und wieso?
- Begib dich gedanklich an den Ort, der am meisten mit der Elterntrennung verbunden ist: Welchen Schmerz fühlst du? Wer könnte dich begleiten, vielleicht auch als innerer Begleiter? Welche Stärke (Freunde, innere Kraft, Ruhe, Abgrenzung) brauchst du, um diesen Ort zu verlassen?
- Schreibe Tagebuch: Beschreibe in Stichpunkten auf der linken Seite deine Trauer und den alten Schmerz: Was hast du erlebt? Wie hast du dich dabei gefühlt, was hast du gedacht? Auf der gegenüberliegenden rechten Seite darf stehen, was dir an Ressourcen zur Verfügung steht: Welche Stärken hast du, den Schmerz zu überwinden? Welche Freunde, Verwandte oder andere Herzensmenschen sind an deiner Seite?

In Bennys Kindheit traten infolge der Trennung u. a. Schulprobleme auf. Seine Zensuren verschlechterten sich: »Ich war einfach zu sehr mit mir selbst beschäftigt.« Die Erfahrungen mit seiner Mutter ließen in ihm das Gefühl zurück, weniger wertvoll zu sein als andere Kinder in seinem Alter: »Sie hatte einfach kein Interesse an mir.« Deutlich zeigte es sich beispielsweise bei der Fahrradprüfung in der 4. Klasse, bei der er die Urkunde nicht annehmen wollte: »Ich habe nichts Gutes verdient.«

Sein Vater konnte diese Lücke nicht füllen, obwohl er ihn ansonsten als sehr unterstützend erlebt hat. »Er war mit meinen Gefühlen überfordert. Seine Einstellung war, dass Jungs keine Schwäche zeigen dürfen.«

In der Trauer gefangen

Weil sich niemand um Bennys Trauer kümmerte, kam er aus der Trauer nicht heraus. Dass sich letztlich auch die Schulzensuren verschlechterten, ist sehr verständlich: Anhaltende Trauer ist auch körperlich sehr anstrengend und erschöpfend, lernen ist besser möglich, wenn der Kopf frei ist.

Mit der Zeit litt auch Bennys Selbstwertgefühl unter dem Umstand, dass seine Mutter ihn aus seiner kindlichen Sicht verlassen hatte. Heute kann er zwar sehen, dass seine Mutter eine Erkrankung hat und ihre Abwesenheit nichts mit ihm zu tun hat. Aber seine Erklärung, dass es an ihm liegen muss, ist aus Kindersicht verständlich. Er fühlte sich weniger wertvoll und das hält bis heute an.

Auch heute ist Bennys Beziehung zu seiner Mutter noch sehr belastet, er spürt eine ständige Traurigkeit und Wut. Kleinere Auslöser belasten ihn mehr als andere Menschen in seinem Umfeld: »Allerdings kann ich die Trauer auch viel besser wegschieben als andere.« Benny beschreibt sich selbst als verschlossen: »Ich habe nie gelernt, mit meinen Gefühlen umzugehen, und versuche immer erst mal alles allein zu lösen.« Die Trauer bricht dann aus ihm raus, wenn er tatsächlich allein ist, zum Beispiel morgens vor der Arbeit: »Mir kommen dann die Tränen und oft weiß ich gar nicht, warum.«

Seine Mutter wohnt mittlerweile in einer eigenen Wohnung bei ihm mit im Haus. Aufgrund des frühen Tods des Vaters, als Benny noch im Studium war, hat er das Haus des Vaters übernommen und seine Mutter miteinziehen lassen. Vor allem, wenn er sieht, wie wenig Interesse seine Mutter an ihrer Enkelin hat, kommen die alten Erinnerungen und Gefühle wieder und damit die Trauer.

Das Beispiel von Benny verdeutlicht, wie auch erwachsene Trennungskinder in ihrer Trauer gefangen sein können. Viele erleben dies auch als inneren Käfig, der immer wieder die Freude und Gelassenheit einschränkt. Daher ist es wichtig, dass sie auf die Suche gehen, warum sie sich immer wieder gefangen fühlen, traurig sind, ohne dass es dafür im Heute einen nachvollziehbaren Grund gibt. Möchtest du dich auf diesen Weg machen, können dazu folgende Fragen hilfreich sein:

Impulse für dich

- Gibt es Momente, die ich nicht so genießen kann, wie ich es möchte?
- Wann erlebe ich Traurigkeit?
- Wie habe ich mich damals als Trennungskind gefühlt und wo erlebe ich genau dieses Gefühl wieder?

Keine Sicherheit mehr

Verlust kann bei Trennungskindern auch bedeuten, dass ihr sicherer Hafen wegbricht: das Zuhause. Neue Wohnungen sind aufgrund finanzieller Nöte manchmal kleiner, der eigene Rückzugsort kann fehlen. Umzüge verändern auch das soziale Umfeld: wichtige Kontakte können oft nicht aufrechterhalten werden, Freundschaften enden womöglich. Abbrüche der Beziehungen zu Großeltern oder anderen Teilen der Familie sind nicht selten und erzeugen ebenfalls Gefühle von Trauer und Verlust, gerade wenn die Bindung vorher gut war. Auch Rituale wie der eigene Geburtstag oder Weihnachten verändern sich mit der Trennung der Eltern.

Veränderungen und der Verlust von Gewohntem können Kindern Angst machen und Trauer auslösen. Wenn im Laufe des Lebens Bezugspersonen diese Lücke füllen und stärkende Beziehungen entstehen, kann die Traurigkeit kleiner werden. Bei vielen Trennungskindern bleibt jedoch lange ein »Loch«, ein Seelenschmerz, den sie auch als Erwachsene nie vollständig überwinden.

Erinnerung von Inke, 1991, Bonn:
Nach unserem Umzug nach Bonn hatte ich an meiner ersten Schule dort Mobbing erfahren und nochmals die Schule gewechselt. Meine Mutter traute mir viel zu, versuchte aber abends immer für mich da zu sein und mir zuzuhören. Doch ganz offen war ich nie – immer zu besorgt auch um ihr Wohl. Ich war wahnsinnig allein. Ich schrieb viel (Tagebuch, Briefe und auch Kurzgeschichten), las »Anna« oder die BRAVO, malte mit Ölfarben. Ich hörte Musik, schaute Fernsehen, machte viele Dinge einfach mit mir allein aus, denn so etwas wie ein Vereinsleben, ein sportliches Hobby hatte ich nie kennengelernt.

Einmal sprach meine Schwester mich an, ob ich Sorgen hätte, weil ich immer so traurig wirken würde. Viele Familien nehmen es gar nicht wahr, wenn ein Trennungskind immer mehr zu Stille neigt, denn das ist ja nicht unbedingt eine unangenehme Auffälligkeit. Doch wir kamen ins Gespräch. Ich fand heraus, dass die Frage meiner Schwester eigentlich die meiner Mutter war. Ich tat ihre Sorgen ab. Aber mein Tagebuch sprach anderes. Flucht in Suizidgedanken. Es rumorte in mir. Sehr. Ich war nicht stark, nicht glücklich.

Die alte Familie vermisste ich, besonders an Feiertagen wie Weihnachten oder Geburtstagen. Die meisten meiner Freunde hatten vollständige Familien und feierten wie in den ZDF-Vorabendserien. Ich hätte mir gewünscht, dass auch wir gerade dann wieder hätten zusammenkommen können. Wenigstens für ein gemeinsames Kaffeetrinken – das hätte mir so viel bedeutet. Doch mein Vater war nicht dazu zu bewegen, es auszuprobieren, wenn wir in Flensburg waren. Er blockte alles ab. So feierte ich in diesen ersten Jahren nach der Trennung immer die schlimmstmöglichen Weihnachtsfeste. Und ich fraß das im übertragenen Sinn in mich rein. Und fühlte mich schlecht. Meine Stimmung war bescheiden – weihnachtlich definitiv nicht. Viele Momente waren heftig, anstrengend, bedrückend für mich, wie ein Wandern zwischen zwei Welten. Und das blieb im Alltag kleben.

Verborgene Trauer

Benny hatte das Gefühl, seine Trauer bei seinem Vater nicht zeigen zu können. Sein Bedürfnis nach Nähe und Trost wurde nicht beantwortet. Die Einstellung seines Vaters, dass Jungs keine Schwäche zeigen dürfen, und dessen mangelnde Ressourcen, ihn in seiner Trauer zu begleiten, erzeugten in Benny das Gefühl, seine Trauer mit sich allein ausmachen zu müssen. Er lernte keine Strategien, um mit seiner Trauer klarzukommen, und schließlich blieb ihm nichts anderes übrig, als sie zu unterdrücken.

Auch Inke war viel allein und hatte zudem Sorge um das Wohlergehen beider Elternteile. Sie wollte keine Belastung sein. Ihre Strategie war, alles in sich »reinzufressen«, ihre Trauer nicht zu zeigen. Außen zeigte sie sich offen und ließ sich zur Klassensprecherin aufstellen, innerlich fühlte sie sich wie ein kleines, ängstliches, verlassenes Kind. Sie ließ ihre Ängste im Tagebuch, versteckte sie vor ihrem Umfeld und zog sich zunehmend zurück.

Mutti würde bestimmt weinen, wenn sie das mit meinen »Selbstmordgedanken« erfahren würde.

Tagebucheintrag von Inke, 23.09.1991

So wie Benny und Inke fühlen viele erwachsene Trennungskinder und vielleicht merkst du beim Lesen, dass es dir ähnlich geht. Du bist nicht allein. Die folgenden Beispiele stammen aus meinem therapeutischen Alltag. Du kannst dir beim Lesen folgende Fragen stellen: Kenne ich das auch? Was davon löst bei mir bis heute ein schmerzvolles Gefühl aus? So kannst du dich auf die Reise dorthin begeben, woher deine ungelöste Trauer kommt.

- Ein Elternteil ist aufgrund der Trennung gekränkt und voller Trauer. Es bleibt keine Kraft für die Kinder: »Ich bekomme von meinen Eltern keinen Trost.« Die Folge ist oft Rückzug und das Wegdrücken eigener Trauer.
- Nicht selten sind Lebensereignisse wie beispielweise eine Trennung für Eltern so schmerzhaft, dass psychische Erkrankungen die Folge sind, die sich ganz unterschiedlich zeigen können. Manche Elternteile konsumieren daraufhin Alkohol oder ziehen sich massiv zurück. Kinder können dies jedoch noch nicht einordnen, spüren nur: »Ich darf meine Eltern nicht auch noch belasten, dann geht es ihnen noch schlechter.« Die Folge ist ein Zurückstellen ihrer Bedürfnisse nach Fürsorge und Nähe. Die Gefühle der Kinder finden keinen Platz.

- Finanzielle Belastungen nach der Trennung binden viele Kapazitäten. Eltern müssen ihr Arbeitspensum erhöhen oder zusätzlich arbeiten gehen. Gerade Kinder, die sehr mitfühlend sind, stellen ihre eigenen Wünsche und Bedürfnisse dann zurück.
- Bei im Dauerstreit liegenden Eltern, die ihre Konflikte lautstark vor dem Kind austragen, geht es um eigene Kränkungen, um Rechthaben und Gewinnen. Für Gefühle gibt es kaum einen Platz. Das kann bei Kindern dazu führen, dass sie sich zurückziehen, um keinen weiteren Angriffspunkt für den Ärger der Eltern zu liefern. Die Kinder nehmen sich zurück. Ihre Trauer bleibt verborgen.
- Wenn Elternteile ihre eigene Trauer leugnen, die Trennung durchgehend positiv darstellen oder sogar dem Kind seine Trauer darüber absprechen (»Die Trennung war richtig, meinem Kind fehlt nichts«), dann ist die Wahrscheinlichkeit hoch, dass das Kind seine eigene Trauer versteckt. Spürt es seine tiefe Traurigkeit doch wieder aufsteigen, kann es sogar sein, dass es sich selbst infrage stellt: »Meine Mutter ist doch schließlich auch nicht traurig, was ist nur mit mir los?«
- Droht ein Elternteil mit Entzug von Beziehung, etwa so: *Dann darfst du nicht mehr zu Papa!,* ist das für die Kinder oft sehr schlimm. Die Reaktion darauf kann ein übermäßiges Harmoniebedürfnis sein, in der die Trauer keinen Platz hat.

Zahlreiche erwachsene Trennungskinder kennen derartige Situationen. Möglicherweise hast du Ähnliches erlebt? Wie geht es dir heute damit? Wenn die Trauer sich bis heute als dauerhaftes dumpfes Gefühl bemerkbar macht oder wie bei Benny die Tränen fließen, ohne dass es dafür einen erkennbaren Grund im Heute gibt, dann könnte das ein Hinweis darauf sein, dass auch dein Trauerprozess nicht gut abgeschlossen wurde und bis heute im Verborgenen liegt.

Vielleicht liegt dem zugrunde, dass du deine Mitmenschen schützen willst, wie du es auch als Kind getan hast. Dann kann dir der nächste Abschnitt helfen.

Ungesunder Schutz

Wie in den Beispielen beschrieben, ist es also nicht selten, dass Kinder ihre eigene Trauer verstecken, um die Eltern zu schützen. Gleichzeitig passen sie sich an, um die Beziehung zu ihren Eltern zu erhalten.

Aus überlebenswichtiger kindlicher Anpassung kann ausgeprägte erwachsene Empathie werden. Und ein sehr ausbruchssicherer Isolationstrakt für eigene Gefühle.

@zwominuszehn, Twitter

Diese im Tweet beschriebene Entwicklung kenne ich auch aus meiner eigenen therapeutischen Arbeit und bezeichne sie gerne als Überlebensstrategie. Kinder versuchen, die Bindung zu ihren Eltern zu erhalten, weil es ihr Überleben sichert. Wenn die Beziehung zu den Eltern unsicher erscheint, weil sie geprägt ist durch Verlusterfahrungen, kann es eine Strategie sein, sich komplett nach den Eltern zu richten, um nicht ganz und gar allein dazustehen: *Nur nicht frech werden, nur nicht auffallen.*

Gerade kleine Kinder wissen noch nicht, dass es auch andere Möglichkeiten gibt. Sie versuchen alles, um die Bindung zu den Eltern nicht zu gefährden. Je kleiner die Kinder sind, desto abhängiger sind und fühlen sie sich von ihren Eltern, und zwar unabhängig davon, wie traurig, wütend oder verzweifelt sie mit ihnen sind.

Diese Anpassungsversuche sollen also dazu dienen, die Not der Kinder in der akuten Situation zu lindern: *Besser, ich unterdrücke meine Trauer, als meine Eltern zu verlieren*. Es gibt auch genau das Gegenteil, denn manche Überlebensstrategien beinhalten auch das Wegdrängen der Trauer durch Wut. Dass kann die Bindung gefährden, weil Bezugspersonen Wut natürlich oft als besonders anstrengend empfinden.

Wenn diese Muster dann bis ins Erwachsenenalter bestehen bleiben, kann es sein, dass sich die Trauer dennoch ihren Weg bahnt und sich ganz unerwartet zeigt. Tränen fließen dann plötzlich beim Einkaufen im Supermarkt oder im Kino, einfach so, ohne erkennbar traurigen Anlass. Oft ist es auch ein dumpfes Gefühl, das erwachsene Trennungskinder ein Leben lang begleitet. Nicht selten bezeichnen andere sie dann als »übersensibel« und verlangen barsch von ihnen, sie sollen sich doch nicht so anstellen.

Dabei ist genau das so wichtig: Hol die Trauer aus dem Verborgenen heraus, schau sie an und beginne, sie zu bearbeiten. Eine mögliche Hilfe dazu findest du am Ende dieses Kapitels.

Das Leben geht weiter, die Trauer bleibt

Benny sagte im Interview, dass seine Trauer immer da ist und es nur wenige Momente gibt, in denen er sich wirklich frei fühlt. Und gleichzeitig kann er seine Trauer besser wegschieben als andere Menschen. Dann jedoch, wenn er allein ist oder wenn er daran erinnert wird, bricht sie aus ihm heraus, beispielsweise wenn er seine Tochter zusammen mit seiner Mutter erlebt.

Dieses Auf und Ab der Trauer, dieses Wegschieben und Ausbrechen ist ein Zeichen dafür, dass die Trauer noch nicht verarbeitet ist. Es ist wie ein Staudamm, der die Trauer zurückhält. Trauer staut sich auf und kann sich nicht entfalten. Die Betroffenen erleben bis ins Erwachsenenalter hinein häufig einen tiefen Seelenschmerz, der aber nicht wirklich herauskommt. Er bleibt hinter der Mauer versteckt.

Dennoch ist er da und will raus, gezeigt, gesehen und gelebt werden. Irgendwann hält der beste Staudamm nicht mehr, irgendwann bröckelt jede Mauer. Die Befürchtung, die Trauer nicht aushalten zu können, sorgt jedoch dafür, dass die betroffene Person sie immer wieder wegschiebt: »Bestimmt kann ich dann nie wieder aufhören, wenn ich einmal anfange zu weinen«. Doch der Staudamm bekommt weitere Risse, und die Folgen im Erleben der erwachsenen Trennungskinder sind vielfältig.

Emotionale Taubheit

Besser gar nichts spüren als diesen unendlichen Schmerz. Falls du gelernt hast, dass du keinen Trost erfährst und mit deiner Trauer allein bleibst, kann die Angst davor, als erwachsene Person deine Trauer zu zeigen, groß sein. Die psychische Antwort ist möglicherweise ein emotionales Taubheitsgefühl, das sich auch oft bei depressiven Erkrankungen zeigt.

Bei emotionaler Taubheit spürst du deine Gefühle und teilweise deinen Körper nicht mehr: Das ist dein Schutz vor Gefühlsüberflutung. Das ist kurzfristig sinnvoll: Du errichtest eine Mauer um dich herum und die Trauer wird ausgesperrt – ebenso aber auch alle anderen Gefühle und es breitet sich eine innere Leere aus.

Erwachsene Trennungskinder spüren das vor allem in Beziehungen. Zu einer Partnerschaft gehören für die meisten Menschen auch Intimität, Gefühle und Sexualität – Bereiche, die mit tiefen Gefühlen verbunden sind! Diese Emotionen zuzulassen fällt denjenigen unter Umständen schwer, die gleichzeitig den Deckel auf den brodelnden Kessel ihrer alten Trauer drücken müssen.

Kristina ist in Russland aufgewachsen und mit fünf Jahren nach Deutschland gekommen. Es gab viele Konflikte zwischen ihren Eltern und auch immer wieder körperliche Gewalt, sowohl vom Vater als auch von der Mutter ausgehend. Kristina kann sich teilweise nicht mehr an die Konflikte zwischen ihren Eltern erinnern, sie trennten sich dann, als sie acht Jahre alt war. Ihre zwei Jahre jüngere Schwester und sie sind nach der Trennung bei ihrer Mutter aufgewachsen. Die Schule erlebte sie als sehr belastend. Sie beherrschte die deutsche Sprache nicht und fand in den ersten zwei Schuljahren kaum Freunde.

Sie kam als junge Erwachsene zu mir in Therapie und beschrieb sich als risikofreudig, immer auf Partys unterwegs. Ihr Problem war, dass sie sich oft nicht spürte. Sie merkte nicht, dass das Wasser in der Dusche zu heiß eingestellt war oder sie zu viel Alkohol getrunken hatte. Sie wechselte häufig ihre Partner und hatte den ständigen Drang nach Sex, weil sie das Gefühl hatte, nur in der Vereinigung überhaupt etwas spüren zu können. Hinterher fühlte sie sich oft leer und einsam.

In unserer therapeutischen Arbeit wurde deutlich, dass sie große Angst davor hatte, ihre Trauer und Wut zuzulassen. Die Trennung ihrer Eltern war ein Baustein ihres Leids. Dazu kam die von ihren Eltern ausgehende Gewalt und der Umstand, dass sie sich in den ersten Jahren sehr allein gefühlt hat. Ihre Trauer hatte in ihrer Kindheit keinen Platz gehabt und die Angst davor, auch als Erwachsene diese Trauer und Wut nicht aushalten zu können, war sehr groß.

Nach und nach konnte Kristina im Verlauf der Therapie andere Strategien entwickeln, mit ihren Gefühlen umzugehen. Ihre emotionale Taubheit ließ nach und gab dem Gefühl, sich achtsam zu spüren, Raum. Als sie es schaffte, die Trauer zu fühlen, Tränen zuzulassen, den Schmerz in ihrer Brust zu spüren, konnte sie ihren drängenden Wunsch nach Sex loslassen. Auch konsumierte sie weniger Alkohol.

Ihr nächstes Ziel ist, sich von ihren Ängsten vor einer möglichen Partnerschaft zu befreien. Ihre bisherigen Erfahrungen mit Männern und mit Sexualität haben Spuren hinterlassen. Sie hat Angst, wieder in alte Muster zurückzufallen, sich leer und einsam zu fühlen, Verletzungen zu erleben.

Keine erneuten Verletzungen – sozialer Rückzug

Genau diese Schwierigkeiten, sich auf Beziehungen einzulassen, weil die Angst vor Verletzungen noch so stark ist, erleben viele erwachsene Trennungskinder. Eine Folge kann ein Rückzug sein, der leicht bis schwer ausgeprägt ist. Oft fängt dieser schon im Kindes- und Jugendalter an. Die Kinder und Jugendlichen ziehen sich in sich selbst zurück, meiden Sozialkontakte. Sie nehmen weniger bis gar nicht mehr am Leben teil. So wie auch bei Inke, die sich phasenweise mehr und mehr zurückzog in eine Welt ohne Sozialkontakte, nur mit sich und ihrem Tagebuch, Briefen und Zeitschriften.

Häufig findet der Rückzug schleichend statt und andere bemerken ihn viel zu spät. Im Erwachsenenalter bleibt dieser Rückzug häufig bestehen, wenn die betroffene Person das Muster aus Angst und Zurückweichen nicht unterbricht: Betroffene verabreden sich kaum, bleiben hauptsächlich zu Hause. Sie haben kaum bis gar keine Hobbys oder arbeiten übermäßig und übernehmen viele Aufgaben, um »gute Gründe« zu haben, sich beispielsweise nicht verabreden oder auf eine Geburtstagsfeier gehen zu müssen.

Der Rückzug verschlechtert wiederum die Stimmung – ein Teufelskreis. Diese Flucht vor der Außenwelt kann bis ins Arbeitsleben hineinreichen und einen Jobverlust zur Folge haben.

Erwachsene Trennungskinder können dann unter Antriebsarmut leiden. Sie kommen schlechter aus dem Bett und können sich kaum mehr »aufraffen«. Ein Zustand, der die Wahrscheinlichkeit von psychischen Erkrankungen, beispielsweise Angst- oder depressive Störungen, erhöhen und verstärken kann.

Wenn du dies bei dir bemerkst oder Anzeichen dafür entdeckst, kannst du dir Hilfe suchen. Ein erster Schritt ist möglicherweise, Freunden davon zu erzählen. Auch Hausärzte können aufklären und wissen oft, wo Hilfe zu finden ist. Und natürlich kann auch der Weg in die Psychotherapie hilfreich sein.

Wege aus der Trauer

Im Erwachsenenalter brauchst du zur Trauerbewältigung die Strategien der Kindheit in der Regel nicht mehr. Als Erwachsene:r bist du ja auch nicht mehr körperlich abhängig von deinen Eltern. Erwachsene können unabhängig durchs Leben gehen und sich Menschen suchen, die ihnen beistehen, an ihrer Seite sind. Doch die unterdrückte Trauer hindert sie oft daran, mit Menschen in Kontakt zu treten, sich auf enge Beziehungen einzulassen. Wenn du es schaffst, deine Traurigkeit anzugehen, kannst du möglicherweise deine Freundschaften und Partnerschaften intensiver erleben. Du kannst dich besser spüren, dich freier fühlen.

Ich habe Angst vor engen Freundschaften. Ich will nicht wieder verletzt werden!

Tagebucheintrag von Inke, 20.12.1994

Erinnerung von Inke, 2002/2003, Bonn:
Als ich meinen Uniabschluss machte, durchlebte ich noch mal eine schlimme Zeit, zog mich im ganzen Examensjahr sehr zurück. Kaum jemand wusste, wie dunkel es in mir aussah – mein Vater schon gar nicht. Wie er suchte auch ich mir keine Hilfe – aber anders als er half ich mir selbst, zeigte mich doch wieder resilient. Das Schreiben in ein

Tagebuch ums nächste war abermals mein Anker. Rammstein und Linkin Park waren mein Soundtrack. Ich konnte Gefühle immer besser zulassen, nur noch nicht teilen. Und ich ging meinen Weg, wenn auch nur mit minimaler Zuversicht!

Kristina konnte sich mithilfe von Therapie besser wahrnehmen. Das war kein einfacher Weg, sondern verbunden mit Schmerz und Trauer, doch er lohnte sich für sie. Auch wenn sie noch auf der Suche ist nach einer festen Partnerschaft, ist sie heute als alleinerziehende Mutter in der Lage, ihre Tochter liebevoll zu begleiten, ihre eigenen Gefühle und die ihres Kindes wahrzunehmen, sie zu trösten, sich mit ihr zu freuen und gemeinsam zu streiten.

Auch Benny ist den ersten Schritt gegangen, als er wahrnahm, dass seine Trauer unter anderem mit seinen Erfahrungen aus der Trennungszeit seiner Eltern zu tun hat. Auch für dich kann es ein erster wichtiger Schritt sein, aus alten Mustern auszusteigen und zuversichtlich kleine Schritte ins Neue zu gehen. Dabei kann dich die Haltung *Heute kann ich mir die Menschen aussuchen, bei denen ich mich wirklich sicher fühle* begleiten. Heute ist nicht damals!

Diese Sicht kann dir dabei helfen, Abstand von der Vergangenheit zu gewinnen, nach und nach deine Angst zu überwinden, dich nicht zurückzuziehen, sondern dich ins Leben zu wagen mit Menschen, die Verständnis zeigen, dir Trost spenden und dich so annehmen, wie du bist. Du kannst diesen Weg mit Menschen gehen, die dir nahestehen, oder auch mit psychotherapeutischer Hilfe. Oder vielleicht ist für dich gerade noch nicht der richtige Zeitpunkt dafür. Wichtig ist: Du bist nicht allein mit deiner Trauer, jeder Schritt in Richtung Veränderung ist ein großer Schritt für dich!

Impulse für dich: Kleine Schritte aus der Trauer

- Nimm dir gerne einen Zettel und einen Stift. Du kannst die Schritte nacheinander bearbeiten oder auch mit zeitlichem Abstand, so wie es dir guttut und es in deinem Alltag passt.
- Im ersten Schritt ist es wichtig, dir selbst das Ziel vor Augen zu halten: »Ich möchte meine Trauer annehmen, möchte Schritt für Schritt lernen, mich zu öffnen. Ich möchte die Erfahrung in Beziehung zu anderen Menschen machen: Meine Trauer ist in Ordnung, sie darf da sein.« Frage dich dazu: Bei wem fühlst du dich sicher? Wo kannst du deine Trauer zeigen? Was wünschst du dir vom Gegenüber?
- Um Trauer zuzulassen, darüber zu reden, sich trösten zu lassen, braucht es im zweiten Schritt die eigene Wahrnehmung von Trauer. Wann spürst du Trauer? Und was merkst du im Körper?
- Teile im dritten Schritt die Trauer mit den Menschen, bei denen du dich sicher fühlst. Was merkst du, wenn du deine Trauer gezeigt hast? Wie geht es dir hinterher? Welche Erfahrungen möchtest du speichern?

Übersteigerte Wut

Manche erwachsenen Trennungskinder spüren Wut in Alltagssituationen: Wenn der Partner genauso wenig zuhört wie der Vater damals. Oder wenn die Freundin mal wieder zu spät kommt und in der Wartezeit so schlimme Gefühle hochkommen wie damals nach der Trennung, als du auf ein Elternteil warten musstest.

Wut ist ein starkes Gefühl. Der Körper reagiert mit einer erhöhten Herzfrequenz, der Blutdruck steigt und die Atemfrequenz erhöht sich. Der Körper schüttet verschiedene Stresshormone wie zum Beispiel Adrenalin aus. Häufig entsteht ein Hitzegefühl im Körper, das Gesicht läuft rot an. Auf die Frage, wo sie die Wut spüren, sagen kleine Kinder häufig »im Bauch«. Aber auch bei uns Erwachsenen gibt es Aussagen, wie *Ich habe Wut im Bauch* oder *Ich koche vor Wut.*

Niemand sollte Wut jedoch unterdrücken. Sie braucht ihren Raum, sollte geäußert werden. Bei kleinen Kindern zeigt sie sich häufig in Wutanfällen, die entwicklungspsychologisch ganz normal sind. Dennoch nehmen Erwachsene sie häufig als Fehler wahr, als etwas, was man Kindern abtrainieren muss. Die Empfehlung von Großeltern oder sogar in älteren Ratgebern ist dann, die Wut der Kinder zu ignorieren oder zu bestrafen. Dann fallen nicht selten Sätze wie beispielsweise *Geh in dein Zimmer, bis du dich wieder beruhigt hast!* oder *Mach hier nicht so ein Theater!* Und letztlich reagieren Eltern nicht selten auf die Wut der Kinder mit Aggressionen bis hin zu körperlicher Gewalt.

Bei Erwachsenen sehen andere Wutanfälle häufig als Charakterschwäche an: *Der hat sich nicht im Griff.* oder die schnelle Idee *Du bist ein Choleriker.* Gerade in unserem Kulturkreis gilt bis heute sich »zusammenreißen und weitermachen« als angenehm und hilfreich sowie Wut eher als störend.

Doch wie zeigst du Wut angemessen? Was ist ein gesunder Umgang mit Wut?

Um deine Wut zu spüren, braucht es erst mal einen guten Zugang zu deinen Gefühlen und Bedürfnissen. Frühzeitig zu merken *Was ärgert mich? Was wünsche ich mir anders?* ist die Grundvoraussetzung dafür, den Ärger nicht erst im Wutanfall zu spüren, sondern schon viel früher.

Dazu braucht es die Anerkennung, dass Wut ein Gefühl von dir ist und genauso da sein darf wie Angst oder Freude. Wut ist wie ein Aktivator, der deinen Körper in Alarmbereitschaft versetzt und dich auf Missstände hinweist.

Wenn du diese Alarmsignale ernst nimmst und dem Problem Aufmerksamkeit und Raum gibst, kannst du deine eigenen Grenzen verdeutlichen und die Wut verraucht meist schnell. Andernfalls kann die Wut sich innerlich steigern und sich in Aggressionen gegen sich selbst oder andere äußern.

Doch wieso steigt in Trennungskindern bis ins Erwachsenenalter hinein immer wieder die Wut auf, gerade auch in der Partnerschaft oder bei der Begleitung der eigenen Kinder? Um das zu verstehen, richten wir unseren Blick zunächst in die Vergangenheit.

Kindheitstrauma – Wut bis ins Erwachsenenalter

Die Zeit heilt alle Wunden – oder doch nicht? Einige Kindheitserfahrungen lassen dich möglicherweise einfach nicht los. Sie prägen dann deine Gedanken, deine Gefühlswelt und letztlich auch dein Handeln.

Woran liegt es, dass sich die Trennung der Eltern für manche Kinder zum Trauma entwickelt? Das Wort »Trauma« kommt aus dem Griechischen und heißt Verletzung. Wie bei einer äußerlichen Wunde brauchen auch innere Verletzungen Versorgung. Wenn dies beispielsweise durch Eltern oder andere liebevolle Bezugspersonen passiert, kann ein Kind eine Elterntrennung ohne seelische Narben verarbeiten. Wenn du als Kind aber deine Gefühle unterdrücken musstest oder du Situationen ausgeliefert warst, in denen du dich massiv überfordert und hilflos gefühlt hast, kann dies, ähnlich wie bei einer Wunde, die unter der Haut eitert, einen Schmerzherd bilden, der erst später zutage tritt.

Gerade Kinder spüren ganz genau, wenn ihre Wut zwar richtig ist, sie diese aber nicht zeigen dürfen. Oft ist das der Fall, wenn Kinder Angst haben, dass sich dann die Beziehung zu den Eltern verschlechtert. Oder sie erleben die Machtspiele oder den Abbruch der Beziehung als so schlimm, dass sie ihre Wut, Angst und Trauer darüber erst einmal wegpacken. Unterdrückte oder auch traumatische Wut kann also die Folge von Elterntrennung sein, wie die folgenden Beispiele aus meinem therapeutischen Alltag zeigen:

- Mindestens ein Elternteil leidet massiv unter der Trennung und das Kind unterdrückt seine eigene Wut, um die Eltern zu schützen: »Das könnte ich doch meinen Eltern nicht auch noch antun, das könnten sie nicht aushalten!«
- Das Kind versucht den Eltern »alles recht zu machen«, äußert die Wut aus der Angst heraus, noch einen Elternteil zu verlieren, nicht. Die Wut und ggf. darunterliegende Gefühle wie Trauer oder Angst bleiben im Inneren der Kinder bestehen.
- Es gibt kein Vorbild, dass Wut auch gespürt und geäußert werden darf, weil Eltern ihre Wut und Ärger über die Trennung unterdrücken und Wut weder äußern noch das Kind in seiner Wut begleiten.
- Wenn ein Elternteil den anderen nach der Trennung herabwürdigt, weil dieser die Elternbeziehung verlassen hat oder vom anderen schlecht gemacht wird, ist dies für Kinder ein massiver Konflikt. Sie lieben beide Eltern, müssen aber ein Elternteil ab-

lehnen, um es dem anderen Elternteil »recht zu machen« und die Beziehung zu erhalten. Die Wut darüber kann häufig nicht gezeigt werden, weil das Kind Angst hat, dann selbst Ablehnung zu spüren und die Beziehung zu dem Elternteil zu verlieren.

Im Kindesalter erscheinen diese Kinder oft verschlossen. Sie »verstecken« ihre Gefühle vor sich und anderen, da es kein Gegenüber gibt, welches Trost spendet oder sie begleitet. Oft übersehen die Erwachsenen die Traurigkeit ihrer Kinder. Wenn diese gereizt oder aggressiv reagieren, Albträume oder Konzentrationsprobleme haben, wird der Grund, nämlich die Überforderung, Wut und Hilflosigkeit, oft nicht gesehen. Die Wut bleibt dann im Inneren bestehen. Im Erwachsenenalter können diese alten Gefühle in Partnerschaften oder in der Begleitung der eigenen Kinder »aufgeweckt« werden. Manchmal fühlt sich ein erwachsenes Trennungskind dann wieder so, als wäre es ganz klein, beispielsweise wenn der/die Partner:in Kritik übt. Es fühlt sich dann hilflos und hat das Gefühl, keine Kontrolle über die Situation zu haben. Fachsprachlich heißt das »Aufwecken« von Erinnerungen auch *Triggern*. Die Wut wird getriggert, weil Situationen im Erwachsenenalter ähnlich zu denen als Kind empfunden werden.

Viele erwachsene Trennungskinder berichteten uns in den Interviews, dass diese unterdrückte Wut sich dann später ein Ventil sucht. Franziska beispielsweise berichtet im Gespräch, dass sie seit der Trennung ihrer Eltern bis heute ihre unterdrückte Wut gegen sich selbst richtet. In anderen Fällen verschiebt sich die Wut aber auch auf Partner:innen, Arbeitskolleg:innen oder Freund:innen und hat nicht selten eine zerstörerische Wirkung.

Impulse für dich

- Wenn du an die Trennung deiner Eltern denkst, nimmst du als Erwachsene:r noch Wut darüber wahr?
- Vielen Trennungskindern geht es so. Möglicherweise hast du auch schon erlebt, dass du manchmal wütend bist, ohne dass dein Gegenüber was dafürkann? Oder erlebst du deinen Ärger als übersteigerte Wut?

Und welche Rolle spielt unser Gehirn dabei?

Wenn deine schmerzhaften, noch nicht verarbeiteten Erinnerungen also wieder aufgeweckt werden, ist dein Gehirn überfordert und in der Regel mit Stresshormonen überflutet, wie du es auch als Kind kanntest: *Ich kann nichts tun und alles ist mir zu viel.* Das Gehirn kann die Situation aber nur verarbeiten, wenn du einigermaßen entspannt bist. Zu hoher Stress wirkt sich ungünstig auf die Nervenzellen im Gehirn aus: Erfahrungen werden dann erst einmal weggepackt und nicht im Langzeitgedächtnis, sondern emotional abgespeichert. Das bedeutet, dass du in ähnlichen Situationen immer wieder emotional reagiert, ein Teufelskreis.

Das macht dein Gehirn natürlich nicht, um dich zu ärgern, sondern es nutzt eine uralte Strategie: *Bereite dich auf Gefahren vor.* Das war in der Steinzeit bestimmt sehr oft sinnvoll und auch als Kind hast du möglicherweise die Trennung deiner Eltern als große Gefahr für dich und dein weiteres Leben wahrgenommen. Heute bist du erwachsen und selbstständig und könntest auch mit dem Alleinsein umgehen. Doch dein Gehirn unterscheidet in solchen Hochstressmomenten oft nicht zwischen Vergangenheit und Gegenwart. Du erlebst also wieder diese überwältigenden Gefühle. In dir schlägt es Alarm und du beginnst dich dann doch in Millisekunden zu schützen, weil das Gehirn, die Amygdala die Botschaft erhält: *Hier droht Gefahr – schütze dich!*

Diese ständigen Schutzmechanismen, die Alarmbereitschaft kann jedoch in Beziehungen weitreichende Folgen haben. Wenn das Gehirn abgespeichert hat *Beziehungen sind nicht sicher, schütze dich! Du wirst bestimmt verlassen!*, erlebst du Konflikte möglicherweise als bedrohlich und wechselst schneller in einen Kampfmodus. Denn Kampf und Flucht sind neben dem Rückzug, wenn man gar nichts mehr tun kann, die Mechanismen, die ganz automatisch genutzt werden.

Schaffst du es als erwachsenes Trennungskind zu sehen, dass hinter deiner Wut eigentlich eine große Angst davor steht, dass die Beziehung nicht hält, hast du schon den ersten Schritt getan: Du bist nicht automatisch in den Kampfmodus gegangen, hast deine alten Verletzungen anerkannt und konntest deinem Gehirn die Rückmeldung geben: *Heute droht keine Gefahr, ich kann mich beruhigen und meine Wünsche und Bedürfnisse ansprechen und Lösungen finden.*

Wenn Klient:innen mir in Beratungsgesprächen im Rahmen der Familienbegleitung berichten, dass sie in Konflikten zu übermäßiger Wut neigen, schlage ich ihnen Mindmapping vor. Auf einem Blatt schreiben sie eine typische auslösende Situation in die Mitte. Drumherum notieren sie, welche Gefühle, Gedanken, Glaubenssätze etc. in ihnen wirken sowie wie sie reagieren. Beides überkleben sie dann mit Klebezetteln, auf denen sie notieren, warum die Gefühle, Gedanken und Glaubenssätze nicht hilfreich oder nicht stimmig sind bzw. welche Alternativen im Hier und Jetzt passend wären. Ebenso notieren sie, wie sie lieber reagieren möchten. Aus den Ergebnissen lasse ich die Klient:innen im Anschluss einen Satz herausschälen, der ihnen helfen kann, sich in den emotionalen Momenten daran zu erinnern, wie sie eigentlich sinnvoll reagieren möchten.

Vielleicht ist das auch ein guter Impuls für dich. Wenn du allein nicht weiterkommst, kannst du jemanden in die Überlegungen miteinbeziehen, der dich gut kennt.

Gelernt ist gelernt

Doch auch wenn die Trennung der Eltern nicht traumatisch verarbeitet wurde, können die Erlebnisse deiner Kindheit prägend sein. Jeder erinnert sich an das, was er oder sie gelernt hat, und reagiert entsprechend. Es entstehen Verhaltensmuster, die häufig bis ins Erwachsenenalter stabil bleiben. Das gibt Sicherheit: *Ich reagiere so, wie ich es kenne.*

Solche Muster geben Orientierung und Halt. Doch Trennungskinder haben nicht immer gute Vorbilder erlebt: Der Umgang der Eltern untereinander und mit den Kindern beeinflusste ihr Verhalten.

Welche Erfahrungen prägen sich zu Verhaltensmustern, die bei erwachsenen Trennungskindern die Wahrscheinlichkeit erhöhen, dass sie ihre Wut als zerstörerisch erleben?

- Die Kommunikation der Eltern besteht aus Angriff und Verteidigung. Man bespricht Konflikte kaum lösungsorientiert. Stattdessen beherrscht die Wut auf den anderen das familiäre Miteinander. Dies kann im Kindesalter zu einer Überforderung führen, die sich nach innen richten und sich in Form von selbstverletzendem oder selbstschädigendem Verhalten zeigen kann.
- Gerade Jugendliche testen ihre Eltern des Öfteren durch wütendes, aggressives Verhalten: Liebt ihr mich wirklich, werdet ihr trotzdem für mich da sein? Wenn Eltern strafend reagieren, fühlen Kinder sich häufig wenig angenommen.
- Der Zusammenbruch der Familie, gerade wenn ein Elternteil nach einer Trennung nicht mehr zugänglich ist, bedeutet für Kin-

der eine Bedrohung, ein Verlassenwerden. Gerade Jungen reagieren nach Trennung der Eltern eher aggressiv.[24] Wut und Aggressionen dienen dann als Selbstschutz: *Bevor ich so verletzt werde, greife ich lieber selbst an.*

Wenn Kinder also erlernt haben, dass sie sich über Aggressionen schützen können, Streit und Angriff das Mittel der Wahl im familiären Miteinander war oder die Eltern überhaupt erst reagierten, wenn das Kind massive Wut zeigte, können diese Muster aus Wut und Aggression sich verfestigen und oft ein Leben lang halten.

Das Elternverhalten kann dann zu deinem eigenen Modell geworden sein, und in deinen eigenen Beziehungen reagierst du häufig genauso wie deine Eltern bzw. wie eines deiner Elternteile.

Viele unserer Interviewpartner:innen wünschen sich eine Veränderung. Sie wollen weniger aggressiv in ihren Beziehungen sein und fühlen sich nach Wutausbrüchen oft schuldig: *Ich wollte doch nie so werden wie meine Eltern.* Doch Muster der Vergangenheit sind sehr stabil, es braucht viel Zeit, um sie zu verändern. Zuallererst gilt es jedoch, diese überhaupt zu erkennen!

Impulse für dich

- In welchen Situationen fühlst dich schnell angegriffen?
- Spüre einmal in diese Situationen: Welche Bedürfnisse stecken dahinter? Was wünschst du dir eigentlich?
- Stell dir vor, du reagierst das nächste Mal, wenn du in eine Situation gerätst, die dich eigentlich wütend macht, ganz anders: Wie fühlt es sich an? Wer würde es merken? Was würde sich verändern?

Im Alltag der erwachsenen Trennungskinder zeigen sich diese erlernten Verhaltensmuster häufig, wenn etwa der Partner nicht richtig zuhört, ständig zu spät kommt oder wenn die Geschirrspülmaschine nicht ausgeräumt wurde. Aus dem Ärger darüber kann schnell Wut entstehen, die sich in aggressivem Verhalten zeigt: Brüllen, Schreien, Drohen, Beleidigungen bis hin zu körperlicher Gewalt. Dahinter stehen eigentlich oft Traurigkeit und Angst:

- Traurigkeit darüber, dass niemand einem zuhört
- Angst davor, dass niemand die eigene Meinung und den Ärger über das Verhalten des anderen ernst nimmt
- Verzweiflung darüber, vom Gegenüber nicht wirklich wahrgenommen zu werden

Kathrin Hohmann, Autorin des Buches *Gemeinsam durch die Wut*, fasste das während unseres Interviews in folgende Worte: »Ähnlich wie die Kinder fühlen sich die Erwachsenen missverstanden, denn sie kämpfen für sich und schützen sich. Dieses Verhalten versteht das Gegenüber jedoch miss und es entsteht ein Gefühl von *Ich bin falsch, niemand versteht mich.*«

Die Themen sind ganz ähnlich wie in der Kindheit und werden auch im Erwachsenenalter mit Wut und Aggression beantwortet, weil nichts anderes mehr möglich scheint. Geht es dir auch so, fühlst du dich möglicherweise in solchen Momenten stärker, indem du wütend und aggressiv reagierst? Zu deinen heutigen Bedürfnissen, zum Beispiel gesehen zu werden oder Nähe zu spüren, passt diese Wut jedoch nicht. Eher im Gegenteil erzeugt sie sicherlich häufig ebenfalls Wut und Unverständnis in deinem Gegenüber. Dies kann in eine scheinbar ausweglose Abwärtsspirale führen, in der deine alten Verhaltensmuster wiederholt werden und deine eigenen Kinder diese Muster vielleicht ebenfalls erlernen.

Die Macht innerer Glaubenssätze

Ich bin nicht in Ordnung.
Ich bin unsichtbar.
Ich bin nicht liebenswert.

Was lösen diese Sätze in dir aus? Viele Trennungskinder kennen sie. Möglicherweise kennst du ähnliche? Vielleicht auch etwas weniger negative? Wenn ja, wann sind sie dir das erste Mal begegnet? Solche inneren Einstellungen, auch Glaubenssätze genannt, prägen deine Gefühlswelt und letztlich auch dein Verhalten. Sie entstehen in der Regel in der Kindheit, in der Beziehung zu deinen Eltern, und ihre Inhalte verraten dir viel darüber, wie viel Sicherheit du als Kind von deinen Eltern erfahren hat.

Sicher gebundene Menschen können mit viel Vertrauen ins Leben schauen. Ihre Gefühlswelt gerät nicht so schnell ins Wanken, und sie können Emotionen eher bewältigen. Sie haben gelernt, dass Schlimmes vorbeigeht und sie Einfluss nehmen können auf ihr Leben. Das kann bedeuten, dass sie Selbstvertrauen haben, schwierige Situationen selbst meistern zu können, oder auch, dass sie Hilfe annehmen können: *Ich kann mir selbst und anderen Menschen vertrauen.*

Studien, die die Folgen von Elterntrennung und Bindungsstilen untersuchen, zeigen, dass eine Langzeitfolge von Elterntrennung unter anderem eine erhöhte Sorge vor Zurückweisung ist.[25] Diese bei Trennungskindern erhöhte Angst geht mit einem unsicheren Bindungsstil einher. Unsicher gebundene Menschen haben aufgrund ihrer Erfahrungen, beispielsweise aufgrund der Trennung ihrer Eltern, wenig Vertrauen ins Leben und in ihre Mitmenschen. Sie sind misstrauischer, häufiger unter Druck und Anspannung.

Viele unserer Interviewpartner:innen berichten von der Angst vor Zurückweisung und generell von wenig Vertrauen in die Verlässlichkeit von Beziehungen, was in ihnen Überzeugungen hat reifen lassen wie:

- »Der verlässt mich doch bestimmt auch.«
- »Beziehungen halten nicht.«
- »Ich bin eh so eine, die man verlässt.«
- »Ich komme allein am besten zurecht!«

Bei Franziska führte dieses Misstrauen zu mehr Kontrolle und dem Versuch, die Beziehung absichern zu wollen, beispielsweise durch häufige Anrufe, wenn der Partner nicht da ist. Auch Eifersucht, die übersteigerte Form der Furcht, jemanden zu verlieren, spielt eine große Rolle in der Partnerschaft. In vielen Fällen nehmen die Partner dieses Verhalten als übertrieben wahr. Sie fühlen sich durch die Kontrolle bedrängt: *Mach doch nicht aus einer Mücke einen Elefanten!* Oft kommt es dann zu Streit mit Gefühlsausbrüchen und heftigen Wutanfällen. Die Sicherheit in der Beziehung fehlt.

Franziska fehlt auch heute als Erwachsene ihr Urvertrauen: »Ich habe einfach immer das Gefühl, es passiert irgendwas Schlimmes«. Gerade in Beziehungen begleitet sie das Gefühl, dass es jederzeit wieder zum Bruch kommen kann. Die Trennung ihrer Eltern erlebte Franziska im Alter von zwölf Jahren. Ihre Eltern waren sehr jung bei Franziskas Geburt. Der Vater war häufig auf Montage und für Franziska wenig präsent. Ihre Mutter erlebte Franziska als zugewandt: »Sie wollte es besser machen als ihre eigenen Eltern«. Franziska erinnert sich an häufige Streitigkeiten an den Wochenenden: »Mein Vater war wie ein Störfaktor, wenn er am Wochenende nach Hause kam«. Den Impuls zur Trennung gab eine Affäre der Mutter. Ein Trennungsgespräch gab es nicht wirklich, es wurde Franziska lediglich mitgeteilt, dass ihr Vater auszieht: »Ich dachte erst, das sei nur zeitweise. Erst nach ein paar

Wochen hatte ich die Klarheit, dass es eine richtige Trennung ist«. Franziska weiß noch, dass sie das schockiert hatte: »Für mich war Familie eine Institution, ein wichtiger Bestandteil und Stabilität.« Sie hatte in der Zeit nach der Trennung das Gefühl, »es zerfällt etwas«. Sie zog sich mehr und mehr zurück, teils auch in eine Fantasiewelt: »Ich war überfordert und hatte keine Idee, was ich machen soll.«

Mit ihrer Familie und Freunden hat sie nicht über ihre Gefühle gesprochen. Zusätzlich merkte sie Wut über den Kontrollverlust: »Ich wollte, dass es anders ist, konnte es aber nicht beeinflussen«. Sie beschreibt aus der Perspektive heute, dass ihre Verzweiflung immer größer wurde, sie diese aber nicht ausdrücken konnte. »Ich habe die Wut dann gegen mich selbst gerichtet, zum Beispiel auf mich eingeschlagen oder Dinge zerstört, die mir wichtig waren«.

Ihre Mutter lernte einen neuen Partner kennen, der wenig mitfühlend und sehr autoritär war in seinem Umgang mit Franziska: »Meine Mutter hat sich anders verhalten, sich mitnehmen lassen von seinem Erziehungsstil mit viel Disziplin.« Franziska fühlte sich wenig verstanden. Ihre Wut verstärkte sich und richtete sich vor allem auf die Mutter. In der Pubertät wurde sie ihr gegenüber dann verbal aggressiv. Sie hatte viele Konflikte mit ihr und wandte sich eher ihren Freunden zu. Die Wut gegen sich selbst zog sich bis ins Erwachsenenalter. Heute ist Franziska 36 Jahre alt und arbeitet in einem Verlag. Ihre Wut zeigt sich vor allem in Beziehungen. Sie hat wenig Vertrauen, dass sie halten, und ein großes Bedürfnis nach Kontrolle. Wenn ihr Partner sich mit Freunden trifft, spürt sie Verlustängste. Sie hat sich in der Vergangenheit viel zurückgenommen und sich sehr nach ihrem Partner gerichtet. Sie spürte die Wut dann an anderer Stelle, oft bei »Kleinigkeiten«: »Meine Wut überrollt mich förmlich, heute würde ich vor allem sagen, dass ich sie bei Verlustängsten spüre.« Sie stellt dann ihre Beziehung infrage, streitet sich lautstark mit ihrem Partner, es folgen Beschimpfungen und Tränen.

Bei Franziska zeigt sich, dass hinter ihrer Wut starke Verlustängste stehen. Sie vertraut wenig auf die Verlässlichkeit von Beziehungen und spürt diese Angst vor Zurückweisung bis heute: »Wenn mein Partner ohne mich unterwegs ist, habe ich den Drang, ihn zu kontrollieren.«

Hinterher überrollt ihre Wut sie förmlich, entzündet sich an Kleinigkeiten und es kommt dann zu einem lautstarken Streit mit Beleidigungen und Beschimpfungen, in dem sie auch ihre Beziehung infrage stellt. Sie beschreibt dies im Interview als fehlendes Urvertrauen. Dieses automatische Empfinden, dass etwas Schlimmes passiert – oder wie Franziska sagt: »Ich denke immer, die Beziehung geht wieder auseinander.« –, kann eine Reaktion auf die vergangenen Erfahrungen mit der Trennung ihrer Eltern sein. Sie wurde als Kind nicht in ihrer Wut über die Trennung der Eltern begleitet: Weder wurde mit ihr angemessen über die Trennung gesprochen, sodass sie diese verstehen und für sich einordnen konnte, noch fühlte sie sich in ihren Gefühlen verstanden. Ihre Verlustängste waren kein Thema in der Auseinandersetzung mit ihren Eltern.

Sie zog sich aus Überforderung immer weiter in eine Fantasiewelt zurück. Es ist anzunehmen, dass Franziska den Umgang mit Gefühlen nicht lernen konnte. Sie hatte weder ein Vorbild noch Strategien, um mit ihren Gefühlen umzugehen. Sie zog sich auch von ihren übrigen Familienmitgliedern zurück, was nicht als Hilferuf und Überforderung verstanden wurde. Keiner kümmerte sich, sie wurde einfach »in Ruhe gelassen«.

Franziska vermutet, dass niemand sich wirklich mit der Trennung auseinandersetzen wollte. Obwohl sie die Beziehung zu ihrer Mutter als innig beschreibt, fehlte ihr die Beschäftigung mit ihren Gefühlen. Auch ihr Vater konnte dies nicht erfüllen. Franziska erlebte ihn wenig liebevoll mit vielen Erwartungen und einem hohen Leistungsanspruch.

Kinder brauchen jedoch gerade bei Traurigkeit und Angst Bezugspersonen, die sie begleiten. Wenn Eltern diese Aufgabe nicht feinfühlig erfüllen, kann dies zur Überforderung bei den Kindern kommen und einen emotionalen Rückzug nach sich ziehen. Trauer und Angst führen dann zu Stille und Ohnmacht. Oft ist Wut das Gefühl, das Trauer oder Angst unterbrechen oder überdecken soll.

Wut gibt das Gefühl von Macht und Stärke. So auch bei Franziska. Sie erlebte die Trennung ihrer Eltern als Schock, als Kontrollverlust. Die psychische Antwort auf diesen Kontrollverlust war Selbstschutz vor den Verlustängsten in Form von Aggressionen. Wut gab ihr das Gefühl, etwas tun zu können.

Heute kann Franziska für sich wahrnehmen, dass sie in ihrer Kindheit wenig Umgang mit Konflikten gelernt hat. Sie hat sich nach der Trennung mehr und mehr zurückgezogen und es gab keine Begleitung über ihre Gefühle und den Umgang damit. Auch bei Wut sei sie von ihren Eltern alleingelassen worden. Heute ist Franziska selbst Mutter und ihr ist es sehr wichtig, vor allem die Wut ihres Kindes zu begleiten: »Ich fasse seine Gefühle dann in Worte. Mir ist es sehr wichtig, dass er einen anderen Umgang mit seiner Wut lernt«.

Stellvertretend für viele erwachsene Trennungskinder zeigt das Beispiel von Franziska deutlich, dass hinter dem Gefühl von Wut oft Bedürfnisse nach Sicherheit, Kontrolle oder Bindung stehen. Wut ist bei Trennungskindern also erst mal ein sehr verständliches Gefühl. Im Erwachsenenalter erleben die ehemaligen Trennungskinder diese jedoch häufig nicht mehr als hilfreich.

In der Therapie sage ich an der Stelle oft: »Das ist alter Kram, der bis heute wirkt«. Wie bei einer Patientin von mir, die ihre Wut als innere Soldatin beschrieb. Immer wenn sie etwas als ähnlich zu ihren Erfahrung mit ihren Eltern erlebte, sei es, dass sie sich versetzt fühlte, weil ihr Partner länger arbeiten musste, oder dass ihr Kind sich nicht an Absprachen hielt und sie sich ohnmächtig fühlte, kam in ihr eine innere Soldatin nach vorne und bestimmte ihr Fühlen und Handeln: »Bevor mir wieder etwas passiert, schreie ich ganz laut und greife an, damit jeder sofort weiß, so geht nie wieder jemand mit mir um!«

In der Therapie wurde deutlich, dass sie eigentlich Angst hatte, dass jemand sie wieder verlässt, sie wieder ohnmächtig ist, wie in der Zeit, als ihre Eltern sich trennten. Wir konnten dann die innere Soldatin beruhigen, ihr danken, dass sie sich so lange schützend vor meine Patientin gestellt hat, versucht hat, dass so etwas nie wieder passiert. Und letztlich die Gefühle hinter der Wut bearbeiten: die Angst und die tiefe Trauer über so viel Leid, Kummer und Schmerz.

Impulse für dich: Brief an die Wut

Ärger kann hilfreich sein, Wut auch. Nutze sie für dich selbst als Indikator auf deine dahinterstehenden Bedürfnisse und lerne, für deren Befriedigung einzutreten. Dadurch verraucht die Wut, es brauchst ihren Wink mit dem Zaunpfahl nicht mehr.

- Ich möchte dich bitten, dir ein Blatt Papier und einen schönen Stift zu nehmen (ja, gerne handschriftlich) und deiner Wut einen Brief zu schreiben. Bedanke dich bei deiner Wut, schließlich war sie mal sehr hilfreich. Sie hat dir gezeigt, dass die Trennung deiner Eltern dir Angst gemacht hat oder du zu wenig gesehen wurdest. Vielleicht hast du auch andere ganz schreckliche Erfahrungen gemacht, die dich heute noch wütend machen.
- Erkläre im zweiten Schritt deiner Wut, warum du sie heute nicht mehr so oft brauchst. Vielleicht hast du tolle Freunde, die bei dir bleiben? Oder eine verlässliche Partnerschaft? Oder deine Kinder brauchen eine Mutter oder einen Vater, die oder der gelassener bleiben sollte?
- Im dritten Schritt bitte ich dich, dir den Brief laut vorzulesen. Welche Gefühle und Gedanken kommen dir dabei? Möchtest du noch etwas im Brief verändern? Überlege dann, was du mit dem Brief machen möchtest. Soll er in eine Kiste? Oder magst du ihn an einem Ort deiner Kindheit vergraben? Wie geht es dir jetzt? Wo möchtest du gerne wütend sein und was möchtest du hinter dir lassen?

Scham wegen vermeintlicher Schuld

Du hast im Laufe deines Lebens gelernt, wie du dich im Zusammenspiel mit anderen verhalten solltest. Diese Beziehungs- und Verhaltensregeln sind wie eine verinnerlichte Landkarte, die dir den Weg weist. Schuldgefühle erlebst du in Beziehung zu anderen Menschen immer dann, wenn du das Gefühl hast, diese Regeln nicht eingehalten zu haben. Sie sind wie ein Kompass: *Da habe ich etwas falsch gemacht und muss es wiedergutmachen.*

Schuld ist ein Gefühl, das dafür sorgen soll, die Beziehung zu deinen Mitmenschen zu erhalten. Das Ziel ist es, Teil einer Gemeinschaft zu sein, was im Rahmen der Evolution das Überleben sicherte.

Schuldgefühle können also durchaus sinnvoll sein, gute Gründe haben und die Beziehung zu deinen Mitmenschen verbessern: *Ich sehe ein, dass ich etwas falsch gemacht habe, und ändere das Verhalten.* Quälende Schuldgefühle hingegen sind begleitet von der Angst, jemanden zu verlieren, und dem inneren Drang, eigene Fehler wiedergutmachen zu wollen. Nicht selten führen diese auch zu einer inneren Selbstanklage: *Das habe ich nicht gut gemacht, ich schäme mich* oder *Ich bin schuld, ich bin ein schlechter Mensch.* Gerade wenn bei erwachsenen Trennungskindern Lebensereignisse hinzukommen, die sie sich anders gewünscht hätten – beispielsweise eine eigene Trennung, können Schuldgefühle diese Ereignisse zusätzlich beschweren: *Was habe ich falsch gemacht? Hätte ich noch mehr tun können?*

Du verlierst dich dann in einer negativen Spirale: Du versuchst deine Angst davor, einen Menschen zu verlieren, zu minimieren, indem du die Schuld bei dir suchst. Doch zu einer Beziehung gehören immer mehrere Menschen und die Schuld liegt selten nur bei einer Person. Eine Ausnahme besteht beim Thema Gewalt: Hier gilt es, klar zwischen Täter:innen und Opfer zu unterscheiden. Bei vielen anderen menschlichen Interaktionen gibt es jedoch keine klare Täterschaft und kein eindeutiges Opfer, sondern Missverständnisse oder Konflikte, die zu klären sind. Wenn sich jedoch immer nur eine Person schuldig fühlt und alle anderen Möglichkeiten ausblendet, kann eine innere Verzweiflung entstehen, verbunden mit der Selbstanklage, »einfach nicht gut genug zu sein«. Dies kann langfristig ein negatives Selbstwertgefühl auslösen oder verstärken.

Impulse für dich

Folgende Fragen können dir dabei helfen einzuschätzen, ob du unter einem übersteigerten Schuldgefühl leidest:

- Entschuldigst du dich häufig, weil du grundsätzlich davon ausgehst, dass du etwas falsch gemacht hast?
- Ist es dir wichtig, deine Fehler wiedergutzumachen?
- Fühlst du dich über sehr lange Zeit unwohl, wenn du kritisiert wurdest?
- Denkst du in einem Konflikt immer zuerst darüber nach, was du jetzt wieder falsch gemacht hast?

Die Vergangenheit lebt weiter

Kinder verstehen oft noch nicht, warum Eltern sich streiten oder trennen, und glauben deshalb häufig, dass sie schuld daran sind. Der Entwicklungsforscher Jean Piaget beschreibt diese Lebensphase als »Egozentrismus des Kindes«. Egozentrismus ist dabei keinesfalls negativ gemeint oder mit Narzissmus zu verwechseln, er beschreibt lediglich die Sicht der (Klein-)Kinder: Sie können ihren Blickwinkel noch nicht verlassen, betrachten alles nur von ihrem Standpunkt aus, ihr Ich (Ego) ist für sie zentral.

Ist die Atmosphäre aufgeladen, bist du oder ist eine andere Bezugsperson voller Bitterkeit, Wut oder Trauer, kann ein so junges Kind (etwa bis zum Alter von sechs bis acht Jahren) sich oft noch nicht gut davon abgrenzen, auch wenn das Ganze mit ihm überhaupt nichts zu tun hat. Es sieht sich mitten in diesem Sturm, fühlt sich involviert, vielleicht sogar verantwortlich (z. B. auch bei Elterntrennungen!).

Das müssen wir Eltern wissen und beachten, haben es oft aber nicht im Blick – und darum sollten wir mit unserem Kind in solchen Phasen immer wieder erklärend in Kontakt gehen. Da ist kein Wort zu viel, da ist keine gemeinsame Zeit verkehrt! Das Kind muss spüren, richtig erfahren, dass es selbst nicht da hineingehört.

Beim Lesen der folgenden Erfahrungen aus meinem Praxisalltag kannst du, wenn du auch ein Trennungskind mit Schamgefühlen warst oder bist, bei dir nachspüren, ob es ähnliche Situationen für dich gab. Das ist möglich, aber muss nicht unbedingt der Fall sein. Falls doch: Wie geht es dir heute damit?

- Eltern tragen ihre eigene Kränkung auf dem Rücken der Kinder aus. Sie reden beispielsweise schlecht über den anderen Elternteil oder würdigen ihn sogar herab. Das Kind bekommt das Gefühl, dass es nicht beide Eltern lieben darf. Kinder fühlen sich jedoch in der Regel beiden Elternteilen verbunden. Wenn sie nun das Gefühl bekommen, dass sie einen Elternteil ablehnen müssen, weil der andere Elternteil sonst eventuell sauer oder traurig reagiert, kann dies beim Kind Schuldgefühle auslösen: *Ich liebe meine Mama, aber Papa redet schlecht über sie. Das heißt, dass meine Gefühle wohl falsch sind.* Das Kind fühlt sich einerseits schuldig, weil es seine

Mutter weiterhin liebt, aber auch dem vermeintlichen Wunsch des Vaters, die Mutter abzulehnen, nicht nachkommen kann.

Erinnerung von Inke, 1989, Bonn:
Ich versuchte manchmal, ihm von mir zu erzählen. Doch jedes Mal, wenn ich unbedacht meine Mutter erwähnte, die nun mal zu meinem Alltag in Bonn gehörte, reagierte er, als habe ich ihn mit einem Messer geschnitten und würde es in seinem Körper noch herumdrehen. Es schmerzte ihn. Er hatte die Wut über die Trennung, sein misslungenes Glück, nicht verwunden. Und das machte mir Schuldgefühle!

- Wenn Eltern sich trennen, leiden oft mehrere Personen. In der akuten Trennungsphase müssen die Erwachsenen neben den emotionalen Belastungen häufig auch viele organisatorische Dinge klären. In der späteren Trennungsphase können psychische Erkrankungen von Elternteilen oder eine dauerhafte Überforderung dazu führen, dass Kinder versuchen, die fehlende Elternrolle einzunehmen. Das Ziel dahinter ist oft, den Elternteil zu schützen, zu stabilisieren und die Gemeinschaft aufrechtzuerhalten. Doch Kinder sind mit dieser Rolle völlig überfordert. Kinder können und sollen keine Elternrollen einnehmen. Ihre Entwicklungsaufgaben liegen nicht im Ersatz des Elternteils, sondern in der eigenen Persönlichkeitsentwicklung. Es kommt im Verlauf häufig zu Schuldgefühlen, weil sie den Ansprüchen, die andere an sie stellen, nicht gerecht werden können.
- Die Kommunikation der Eltern ist geprägt durch Schuldzuweisungen, Angriff und Verteidigung. Kinder erlernen das Muster: »Streit bedeutet, dass es ein Opfer gibt und einen Schuldigen.« Sie bleiben in diesen Denkkategorien und fühlen sich schon bei leichteren Konflikten oder auch dem Gefühl, nicht den Regeln zu entsprechen, schuldig.

- Nach der Trennung kommt es häufig zu einer prozentualen Aufteilung der Besuchszeiten. Das entspricht jedoch oft nicht den Beziehungsqualitäten, ist also nicht daran orientiert, wie eng die Kinder dem Elternteil verbunden sind. Die Kinder bekommen durch Gerichtsbeschlüsse oder auch Vergleiche das Gefühl, dass sie sich jetzt beiden Elternteilen genauso zugehörig fühlen müssen. Dies kann Schuldgefühle erzeugen, wenn sie das nicht so erleben. Denn nicht die Zeit, die die Kinder nach der Trennung mit den Elternteilen verbringen, ist ausschlaggebend dafür, wie die Beziehung miteinander ist, sondern wie sicher gebunden die Beziehung zwischen Kind und Elternteil vor der Trennung war.

Der Antrieb der kindlichen Schuldgefühle ist also häufig, sich selbst in den Hintergrund zu rücken, es den Eltern recht zu machen, um damit für Harmonie zu sorgen. Dahinter steht manchmal auch der Wunsch, dass die Eltern wieder ein Paar werden: *Wenn ich mir nur richtig Mühe gebe, dann kommen meine Eltern schon wieder zusammen.*

Kinder übernehmen hier eine zu hohe Last, eine Verantwortung, der sie weder gerecht werden können noch sollen.

Schuldgefühle erwachsener Trennungskinder entstehen also oft in ihrer Kindheit und bleiben als eine innere Stimme bestehen, die verursacht, dass du dich häufig übermäßig infrage stellst. Eigentlich können Schuldgefühle dabei helfen, einen guten moralischen Kompass zu entwickeln und danach zu handeln. Doch wenn sie unverhältnismäßig stark sind, behindern sie dich und können dazu beitragen, dass du dich abwertest und zurückziehst:

Claudia war sieben Jahre alt, als ihre Eltern sich trennten. Aus Erzählungen ihrer Mutter weiß sie, dass ihr Vater jähzornig war, zum Beispiel in Streitsituationen geschrien oder der Mutter gegen das Bein getreten hat. Ihre Mutter wollte die Trennung und Claudia zog mit ihr zusammen in einen ca. 25 km entfernten Ort. Dort wurde sie eingeschult und fand schnell wieder Anschluss. Das Mädchen wurde aus den Streitigkeiten zwischen ihren Eltern weitestgehend rausgehalten. Sie sagt rückblickend, dass ihr zwar beide Elternteile erhalten blieben, ihr aber dennoch etwas fehlte, was sie erst viel später gemerkt hat: »Mein Vater war einfach keine Vaterfigur für mich. Er hat zwar immer viel mit mir unternommen, von Festivals bis Jahrmarkt, aber die Verlässlichkeit, die Regelmäßigkeit, das Ankuscheln am Abend nach der Arbeit, die Geborgenheit, das hat einfach gefehlt.« Für Claudia war ihr Vater eher ein Freund.

Die Folgen der Trennung ihrer Eltern spürte Claudia erst viel später wieder ganz deutlich, als sie selbst Mutter war und sich von dem Vater ihrer Kinder trennte. Es fühlte sich für Claudia wie eine Wiederholung ihrer Vergangenheit an: »Er war nicht jähzornig oder gewalttätig zu unseren Kindern, er war einfach viel zu oft weg, nichtansprechbar für sie, das hat mir für die Kinder schon sehr wehgetan«. Dieses Gefühl, verlassen zu werden, begleitet Claudia ein Leben lang und erinnert sie an die eigenen Erfahrungen mit ihrem Vater, der zwar viel mit ihr unternommen hat, aber sie emotional nie erreichte.

Besonders in Beziehungen sowie auch bei der Trennung von dem Vater ihrer Kinder bemerkt Claudia häufig Schuldgefühle: »Ich suche die Schuld immer bei mir.« Ihre Vorstellung ist, dass sie bei Fehlern mit Beziehungsabbrüchen rechnen muss: »Davor habe ich solche Angst, dass ich lieber den Kopf einziehe und den Fehler bei mir suche.« Die Schuldgefühle ziehen sich auch in andere Lebensbereiche, wie beispielsweise in ihrer Arbeit als Musikerin: »Ich denke nicht einmal daran, dass auch der andere falschliegen könnte.«

Hinter Schuldgefühlen bei Trennungskindern steht häufig Verlustangst. Unsere Psyche versucht dann, uns zu schützen, und steuert gegen dieses Gefühl von Angst an: Ich suche ständig, wo ich etwas falsch mache und hoffentlich nachbessern kann, dann kann ich es vielleicht verhindern, dass die Person mich verlässt.

Schuldgefühle sind also psychologisch gesehen oftmals ein Vermeidungsversuch, verlassen zu werden. Die Kinder haben das Gefühl, etwas ausrichten zu können. Das ist in der Entwicklung fatal, weil sie, egal wie sehr sie sich bemühen, die Elterntrennung nicht verhindern können. Diese Überforderung kann zu einem Rückzug führen. Möglicherweise entwickeln Kinder infolgedessen auch depressive Symptome wie beispielsweise Selbstabwertung und ein vermindertes Selbstwertgefühl.

Claudia spürt diese Verlustangst bis ins Erwachsenenalter hinein. Das Muster, mögliche Fehler bei sich selbst zu suchen und sich zurückzuziehen, gepaart mit der Anstrengung als alleinerziehende Mutter, löste letztlich eine depressive Episode bei ihr aus.

Flashbacks von Gefühlen

Wenn Claudia in ihrer Therapie über das Thema Schuldgefühle spricht, kommen häufig Erinnerungen aus ihrer Kindheit hoch: Bilder aus der Grundschulzeit, genau in dem Alter, als ihre Eltern sich trennten.

Wie Claudia geht es vielen Menschen: Alte Erinnerungen leben hin und wieder auf, man fühlt sich regelrecht in die Szene von damals zurückversetzt. Fachsprachlich wird das komplette Wiedererleben von vergangenen Erinnerungen »Flashback« genannt. Du kannst dann für eine kurze oder auch etwas länger andauernde Zeitspanne nicht mehr unterscheiden, ob du in der Vergangenheit oder in der Gegenwart bist. Du fühlst dich dann wieder genauso schuldig wie damals als Kind. Du nimmst alle Schuld auf dich, entschuldigst dich und versuchst »deine Fehler« wiedergutzumachen.

Oft passiert das ganz automatisch, ohne dass du das vorerst wahrnimmst. Du könntest lediglich bemerken, dass es dir nicht gut geht und du wieder in Gedankenketten aus Angst vor Verlust, Schuldgefühlen, es nicht richtig gemacht zu haben, und Wiedergutmachungsversuchen steckst. Du kannst diese Gedankenketten nur unterbrechen und eine Veränderung erzielen, wenn dir bewusst ist, dass du keine Schuld trägst oder die Schuld nicht hilfreich ist. Sind Schuldgefühle bei dir aber schon allgegenwärtig geworden, hast du dich so sehr an die ständigen Schuldgefühle gewöhnt, merkst du gar nicht mehr, dass dabei alte Erinnerungen wirken.

Claudia erlebt in ihrem Alltag oft, dass ein kindlicher Anteil sich meldet und sie sich immer wieder schuldig fühlt. Anschließend versucht sie es wiedergutzumachen mit dem Gedanken *Ich muss für meine Fehler gradestehen!* Erwachsene Trennungskinder können also häufig nicht darauf zurückgreifen, dass auch andere Menschen Fehler begehen: Sie sind bei einem Flashback mit Schuldgefühlen gefangen im Schmerz ihrer Kindheit.

Real oder erinnert?

Um genau diesen Prozess zu verstehen, dass alte Erinnerungen wirken und Schuldgefühle häufig nicht hilfreich sind, unterscheidet die Psychologie zwischen realen und irrationalen Schuldgefühlen:

- Reale Schuld: Das Schuldgefühl ist gerechtfertigt, weil du etwas falsch gemacht hast. Es dient dazu, die Verantwortung zu übernehmen, aus den Fehlern zu lernen und es beim nächsten Mal besser zu machen.
- Irrationale Schuldgefühle: Diese sind unbegründet, beispielsweise weil du als Kind nicht für die Trennung deiner Eltern oder eine mögliche Wiedervereinigung verantwortlich warst. Irrationale Schuldgefühle beruhen in der Regel auf alten Einstellungen, die

meistens aus der Kindheit resultieren, wie oben ausführlich beschrieben.

Da jugendliche und erwachsene Trennungskinder häufig unter unbegründeten Schuldgefühlen leiden, ist der erste Schritt in meiner therapeutischen Arbeit, mit ihnen herauszufinden, woher sie die Schuldgefühle kennen. Wir arbeiten ihre Flashback-Momente heraus, so wird deutlich, dass die Schuldgefühle aus einer alten Verlustangst resultieren und nur bedingt im Hier und Jetzt entstehen.

Im zweiten Schritt klären wir, ob die Schuldgefühle heute noch hilfreich sind: Helfen sie im Miteinander mit anderen? Machen sie glücklicher?

Die Psychotherapeutin Helga Kernstock-Redl schlägt in ihrem Buch *Schuldgefühle* vor, irrationale Schuldgefühlen einer Realitätsprüfung zu unterziehen, um zu überlegen, welches moralische oder soziale Gesetz man übertreten hat.[26]

Folgende Fragen aus der Psychotherapie können dazu hilfreich sein:

- Wie alt warst du damals, als du dich das erste Mal schuldig gefühlt hast?
- Was würdest du heute sagen: Trägt ein Kind die Verantwortung dafür?
- Wenn das kleine Kind von damals dein Kind wäre: Welchen Rat möchtest du ihr oder ihm geben?

Raus aus der Schuld

Vielleicht merkst du bei der Beantwortung der Fragen, dass sich viele unterschiedliche Gefühle zeigen. möglicherweise merkst du aber auch, dass du viele Momente hast, wo du ganz genau weißt: *Ich bin in Ordnung, so wie ich bin.* Egal an welchem Punkt du stehst – oft ist der Weg der Klärung, ob die eigenen Schuldgefühle hilfreich oder unbegründet sind, lang und mit vielen Gefühlen verbunden.

Wenn du dich aufmachst, deine Vergangenheit erneut anzuschauen, erlebst du möglicherweise Flashbacks: Die Gefühle kommen wieder und werden sichtbar. Manchmal ist es gut, sich die Erinnerungen zusammen mit einer Therapeutin oder einem Therapeuten anzuschauen, oft geht es auch allein. Wichtig ist, sich mithilfe folgender Sätze zu stärken und zu schützen:

- Ich bin in Ordnung, so wie ich bin.
- Heute ist nicht damals.
- Ich habe mein Bestes gegeben.

Lukas kommt als junger Erwachsener in die Psychotherapie. Er erinnert sich, dass er als Achtjähriger vom Vaterwochenende zu seiner Mutter nach Hause kam und mit viel Freude erzählte, was er mit seinem Vater unternommen hatte. Die Mutter reagierte ablehnend, doch statt Lukas zu erklären, dass es für sie schwer ist, er aber nichts dafürkann, bestrafte sie Lukas mit Liebesentzug, redete nicht mit ihm. Lukas blieb verstört zurück. Er war traurig, schämte sich, etwas falsch gemacht zu haben. Er fühlte sich schuldig dafür, dass die Mutter nicht mit ihm redete.

Anfangs berichtet Lukas in der Therapie, dass er Konflikte nur schwer aushalten kann. Er hat ständig das Gefühl, etwas falsch gemacht zu haben. Seine Beziehungen halten nicht, er kommt in eine Abwärtsspirale aus Angst, Scham, Rückzug und Traurigkeit und gerät in eine depressive Phase. Die Erkenntnis, dass die Erlebnisse aus der Trennungszeit seiner Eltern mit seinen heutigen Schuldgefühlen zusammenhängen, hilft Lukas, sich zu verstehen und sich anzunehmen. Er lernt *Nicht ich bin schuld, sondern es war damals wirklich schwer.* Das führt zu einer deutlichen Entlastung.

Im zweiten Schritt lernt Lukas, dass er nicht dafür verantwortlich war, dass die Mutter sich derart lieblos verhalten hat. So kann er mehr und mehr aus der alten Schuldthematik aussteigen. Er beobachtet sich im Alltag und versucht in Beziehungen zu erkennen, ob es eine »alte« Schuld ist, die er spürt, oder ob er wirklich etwas falsch macht. Dies ermöglicht ihm auch, zunehmend seine eigenen Bedürfnisse zu benennen und Konflikte besser auszuhalten.

Die inneren Stimmen besiegen

Deine belastenden Erfahrungen, bei denen du dich schuldig gefühlt oder dich geschämt hast, sind in dir möglicherweise noch als innere kritische Stimmen lebendig, die dir einreden: *Das hast du falsch gemacht. Du bist schuld.*

In der psychologischen Literatur werden diese Stimmen auch oft »der innere Kritiker« genannt. Doch aus unserer Sicht trifft diese Vorstellung von der einen männlichen Stimme nicht das Gefühl vieler erwachsener Trennungskinder. Vielmehr können es mehrere sein, verschiedenen Geschlechts, laut oder leise. Sie zeigen sich häufig in der Beziehung zu Mitmenschen, die ihnen besonders wichtig sind:

- Beim Besuch der Freundin: »Die mag dich doch eh nicht, du bist viel zu langweilig.«
- Im Arbeitsmeeting: »Deine Meinung interessiert hier eh keinen!«
- Beim Elternabend: »War ja klar, dass die anderen Eltern alles viel besser hinbekommen, du hast mal wieder nicht geschafft, am Bastelnachmittag teilzunehmen!«
- Beim Bewerbungsschreiben: »Das kannst du doch nicht, lass es lieber bleiben.«

Vielleicht kennst du das Gefühl, dass du alles ganz anders machen möchtest als deine eigenen Eltern und dich dieser Anspruch dann oft unter Druck setzt. Selbstvorwürfe und Schuldgefühle sind häufig die Folge. Möglicherweise kennst du sogar die eine oder andere der beschriebenen Situationen und hast eine Traurigkeit gespürt. Meistens hilft diese »Selbstkritik« nicht, sondern schädigt das Miteinander oder erschwert das Eingehen und Erhalten von Beziehungen. Die innere Selbstanklage und Schuldgefühle können beim Gegenüber sogar Ärger auslösen: *Entschuldige dich doch nicht ständig!* Ein Teufelskreis: Denn solche Sätze befeuern wieder den Eindruck, alles falsch gemacht zu haben.

Doch was braucht es, um diesen inneren Stimmen zu begegnen? Wie kannst du lernen, selbstsicher durchs Leben zu gehen, dich mehr zu schätzen und zu akzeptieren, dass niemand perfekt ist und dies auch völlig in Ordnung ist?

Wichtig ist es, zu verstehen, dass diese Stimmen nicht feindlich sind, auch wenn es sich manchmal so anfühlt. In einer Zeit, in der du Angst hattest, nicht wusstest, wie dein Leben weitergeht und wie deine Eltern zu dir stehen, wollten diese selbstanklagenden Stimmen dir möglicherweise einen Weg weisen. Eine Möglichkeit, Kontrolle zu bekommen in einer so haltlosen Welt. Doch heute brauchst du sie vielleicht gar nicht mehr oder zumindest nicht mehr so oft.

Impulse für dich:
Diskussion mit deinen inneren kritischen Stimmen

Du brauchst gute Argumente, damit die wenig hilfreichen kritischen Stimmen langfristig leiser werden. Wichtig ist, dass du dir keinen Druck machst! Diese Übung ist eine Anregung, innere Suchprozesse auszulösen. Falls du stark unter deinen Schuldgefühlen leidest, such dir Hilfe. Es lohnt sich – egal wie alt du heute bist.

- Welche Situationen lösen Selbstanklage und innere Kritik bei dir aus?
- Welche Sätze kannst du wahrnehmen? Kommen sie von einer Stimme oder von mehreren?
- Woher kennst du diese Gefühle?
- Wozu brauchst du deine Schuldgefühle heute noch? Helfen sie dir dabei, besser mit deinen Mitmenschen zurechtzukommen?
- Wenn nicht: Welche anderen Gefühle werden von deinen Schuldgefühlen und deiner Scham überdeckt? Stecken beispielsweise Trauer, Angst oder Wut dahinter?
- Mal angenommen, du könntest dich selbst besser akzeptieren, dich annehmen, wie du bist: Was bräuchten deine kritischen Stimmen, um sich vielleicht mal in den Urlaub verabschieden zu können?

Zweiter Teil

Blick auf mein Verhalten

Harmoniebedürftigkeit

Immer wiederkehrende Uneinigkeit in Beziehungen kann anstrengend sein. Unstimmigkeiten gilt es anzugehen und zu bewältigen, damit du deinen eigenen Bedürfnissen gerecht werden kannst. Disharmonie während der Bearbeitungsphase auszuhalten, gehört dazu: Alle Beteiligten brauchen Zeit, die Seiten des anderen zu begreifen und gemeinsam Kompromisse zu finden.

Um Uneinigkeiten anzusprechen, brauchst du Mut, einen gesunden Egoismus, Verantwortungsgefühl und Einfühlungsvermögen. *Ich stehe für mich ein!* Und du brauchst Zuversicht, die auf der Erfahrung gründet, dass Streiten mit allen dazugehörigen Gefühlen sinnvoll ist und hilft. In einer guten Beziehung ist zu spüren, dass Harmonie um jeden Preis nicht voranbringt, konstruktiv gelöste Konflikte aber sehr wohl. Jeder lernt die Bedürfnisse des anderen kennen und Änderungen können bewusst Schritt für Schritt gestaltet werden.

Besteht hier eine Scheu, für sich einzustehen, und anzusprechen, was missfällt, kann das innerlich für dauerhaften Stress sorgen und tut einer Beziehung nicht gut. Wenn immer möglichst rasch »alles wieder gut« sein soll, fallen sehr wahrscheinlich wichtige Bedürfnisse unter den Tisch, und eine Seite passt sich nur an, statt auch für sich etwas einzufordern oder Wünsche so zu formulieren, dass das Gegenüber sie hört.

Der starke Wunsch nach friedlichem Miteinander kann dabei verursachen,

- dass du es möglichst zu gar keinen Konflikten kommen lässt und alles Unwohlsein für dich behältst. *Passt schon! Ist mir egal. Ich bin bei allem dabei.*

- dass der Drang entsteht, Unstimmigkeiten umgehend aufzulösen, Harmonie vorzuspielen oder um jeden Preis herzustellen, ohne überhaupt erst zu streiten. *Du stoppst dein Gegenüber eventuell mit der Aussage: Immer suchst du Streit. Stell Dich nicht so an, passt doch!*

Gundula Göbel, Kinder- und Jugendlichenpsychotherapeutin, die seit Jahrzehnten mit Trennungskindern arbeitet, erläuterte es mir im Interview so: »Wenn Eltern sich trennen, fühlen Kinder sich meist schuldig an der Trennung. Sie glauben, nicht genug aufgepasst zu haben, nicht genug Streit verhindert zu haben. Da Kinder ungern ›versagen‹, ziehen sie den Schluss, Konflikte zu vermeiden, um nicht erneut Schuld und Verlust auf sich zu nehmen.«

Harmonie gibt Sicherheit

Beal und Hochman erklären in ihrer Langzeitstudie in Bezug auf die Nachtrennungszeit: »Kinder brauchen die Gewißheit, daß sie nicht verlassen wurden.«[27] Andernfalls äußert sich ihre Unsicherheit möglicherweise darin, dass sie Herausforderungen und Diskussionen eben eher vermeiden, statt sie anzugehen. Auch der Beziehungsverlust zu einem Elternteil kann das Sicherheitsbedürfnis enorm steigern – der andere darf nicht auch noch verloren gehen. Und Konfliktvermeidung schafft zunächst das Gefühl solch einer Sicherheit.

Eltern sind Vorbilder. Trennungskinder können aus dem Konfliktverhalten ihrer Eltern sehr Unterschiedliches, auch viel Positives mitnehmen: Ein Elternteil, das geht und sich ein neues Leben aufbaut, kann ein Vorbild sein. Konflikte wurden ausgetragen, womöglich irgendwann als bewältigt empfunden. Wenn Eltern Konflikte nicht angehen, sondern nur unterdrücken, sehen Kinder ein streitvermeidendes Verhalten. Bewältigungsstrategien erlernen sie so nicht ausreichend: Sie erleben dann nicht, wie Dinge nachhaltig verändert werden, wie Eltern an sich arbeiten und Störendes zur Klärung auf den Tisch packen. Konflikte bleiben etwas Unklares, unangenehm, bedrohlich.

Wenn Eltern sich nicht verändern, sondern gleich neue Beziehungen eingehen, entsteht in Trennungskindern manchmal das Gefühl *Ich bin Papa/Mama unwichtig*, was deren Selbstbewusstsein untergräbt. Durch dieses Schwächegefühl wird die Bedürftigkeit unter Umständen so groß, dass das Trennungskind auch als Erwachsener eher Harmonie sucht, als für die eigenen Wünsche einzustehen. Dieses Vermeiden von Konflikten kann dir Sicherheit suggerieren: Wenn du dich aber nur sicher fühlen kannst, wenn dein Gegenüber gute Laune hat, bist du nicht frei, sondern emotional abhängig von deinen Mitmenschen.

Auch ein Schuldthema kann hier mit hineinspielen: Startet jemand einen Streit, fühlt sich der andere wahrscheinlich unwohl. Kinder können Fühlen und Denken noch nicht so gut trennen. Bei einer Elterntrennung ist ihnen daher unter Umständen nicht klar, wer Trennung und Streit zu verantworten hat, und sie fühlen sich schuldig, obwohl sie eigentlich unbeteiligt waren. Dieses Gefühl kann in späteren Situationen im Erwachsenenalter wieder aufkommen und dazu beitragen, lieber Harmonie zu suchen als Klärung. Kommt dir das bekannt vor? Besonders wenn andere Beteiligte zeigen, dass Streit sie stark belastet, besteht die Gefahr, dass du als harmoniebedürftige Person dich schuldig fühlst und eher still bleibst.

Emotionale Abhängigkeit

»Die Sehnsucht nach bedingungsloser Liebe, danach, willkommen zu sein, Resonanz von seinen Eltern zu erleben, Interesse und Stolz der Eltern zu spüren und auch zu hören, ernstgenommen zu werden, ist immer da. Egal wie alt wir sind, das Kind in uns will die Wertschätzung von Mama und Papa. Die nicht erfüllte Sehnsucht zeigt sich im eigenen Erwachsenenalltag und führt zur Harmoniebedürftigkeit. Der unbewusste Wunsch, dass Mitmenschen diese Sehnsüchte und Bedürfnisse stillen, ist stark«, erklärt Gundula Göbel.

Harmoniebedürftigkeit kann also damit einhergehen, dass du deine eigenen Bedürfnisse immer wieder zurückstellst und den Eindruck bekommst, es könne dir selbst nur gut gehen, solange es deinen engsten Bezugspersonen nicht schlecht geht. Die Psychologie bezeichnet das als emotionale Abhängigkeit. Dahinter kann unter anderem eine Selbstwertproblematik liegen: Du kannst dich nur wertvoll fühlen, wenn du es den anderen nett und leicht machst. Davon erhoffst du dir Sicherheit und Ruhe in einer äußerlich vielleicht gänzlich unruhigen Zeit. Diese Strategie hast du möglicherweise in deiner Kindheit eingesetzt, eventuell ist sie noch jetzt im Erwachsenenalter präsent und hinderlich für Beziehungen auf Augenhöhe.

Viele Trennungskinder achten sehr darauf, was andere über sie sagen oder denken. Kennst du das auch von dir, wenn auch in nur leichter Ausprägung? Oder erlebst du dich als sehr umsichtig, um auf gar keinen Fall einen Konflikt auszulösen? Dahinter kann die Angst vor Ablehnung, Zurückweisung und Verlust stecken. Dieses ständige Auf-der-Hut-Sein kann dich dauerhaft belasten.

Ständige Konfliktvermeidung macht Stress

Starke Harmoniebedürftigkeit bzw. Konfliktscheu kann verbunden sein mit Selbstzweifeln, fehlender Entscheidungsfreudigkeit, Angst vor emotionaler, verbaler, nonverbaler Gewalt oder vor Schuldgefühlen und einem schlechten Gespür für die eigenen Grenzen. Gundula Göbel erklärte es mir im Gespräch so: »Es kann so wirken, als hätten diese Menschen immer für alles Verständnis, auch für übergriffiges, beleidigendes oder narzisstisches Verhalten beispielsweise.« Manche erwachsenen Trennungskinder merken erst dann, »so geht das nicht«, wenn ihre Grenzen vollkommen ausgereizt oder übertreten wurden. Reaktionen darauf können sehr unterschiedlich aussehen:

- *Explosion* – Die einen explodieren unerwartet heftig, was ihr Gegenüber aufgrund ihrer bisherigen Sanftheit irritiert. Unter Umständen bewerten sie auch eigentlich eher nicht relevante Themen ebenso heftig wie große Probleme, weil ihre Wahrnehmung hier vielleicht keine Unterscheidung ermöglicht. Sie wirken erst konfliktscheu, dann aggressiv.
- *Implosion* – Die anderen können nicht aus sich herauskommen und leiden still nach innen unter gefühlter Ablehnung. Sie geraten in Gedankenschleifen aus Argumentationen und Vorwürfen, aber schaffen es nicht, den Disput nach außen zu bringen. Wir erleben sie als konfliktscheu. Sie möchten sich den anderen mit ihren Bedürfnissen nicht zumuten.

In Studien zeigt sich, dass Trennungskinder Uneinigkeiten besonders bedrohlich empfinden. Das eine erwachsene Trennungskind lebt vielleicht die wütenden Anteile aus und geht Konflikte ein, das andere reagiert eventuell mit Rückzug und angepasstem Verhalten. Elterntrennung und der Umgang miteinander können zum »Lebensschicksal«[28] werden und eine starke Harmoniebedürftigkeit kann Teil dieser Entwicklung sein: immer die anderen im Blick, immer ausgleichend sein, immer gefallen wollen – so sehr, dass man unter Umständen selbst leidet. Du kennst das vielleicht, weil es dir Stress macht, dich in Gedankenschleifen hängenbleiben lässt, dich daran hindert, deine Wünsche und Bedürfnisse mitteilen zu können.

Habt ihr manchmal auch das Gefühl, der einzige Mensch auf dem Planeten zu sein, der immer gut drauf sein und alles zusammenhalten muss?

@SonsOfGandalf, Twitter

Auch sich lange zurückzuhalten und erst später zu explodieren, kann Unwohlsein erzeugen. Denn das Herausbrüllen seiner Wünsche und Bedürfnisse verhindert oft das gemeinsame Suchen nach Kompromissen. Zu solch einer Explosion kann es kommen, wenn die Angst, nicht gesehen und gehört zu werden, die Angst vor Beziehungsverlust ablöst.

Brüllst du dein Bedürfnis nach langem Schweigen endlich heraus, bist du von einem Extrem ins andere gefallen. Dein Bedürfnis nach Harmonie und dein Bedürfnis, gesehen zu werden, befinden sich in einem inneren Streit, der sehr belastend sein kann. Hilfreich kann es dann sein, herauszufinden, worum es dir wirklich geht.

Impulse für dich

»Worum geht es eigentlich?« ist eine Frage, die bei jedem Thema zurück zum Start führen kann, wenn ein Disput nicht gut läuft. Frage dich:

- Was hat dich geärgert?
- Was hättest du dir gewünscht?

Du entscheidest, ob du das mit einer gewissen Distanz nach dem Konflikt in einem ruhigen Gespräch klären willst oder ob es dir leichter fällt, dir schriftlich darüber klar zu werden.

Eintracht, bitte

Ich halte Konflikte nicht aus! Das ist ein Satz, den fast alle erwachsenen Trennungskinder, die wir für dieses Buch interviewten, äußerten. Die meisten verknüpfen es mit ihrer Angst aus der Kindheit, dass andere sie nicht lieben, wenn sie mit ihnen streiten. Eine Angst, die sie auch als Erwachsene noch verspüren. Für die Vermeidung von Streit oder die schnelle Konfliktbeilegung tun sie alles. Dass Konflikte als Bedrohung für Beziehungen empfunden werden, erklären Schaan et al. durch die erhöhte »Zurückweisungssensitivität«[29] vieler Trennungskinder, also deren große Angst vor Zurückweisung. *Ich bin es nicht wert, dass mich jemand liebt und bei mir bleibt, wenn ich nicht für Eintracht sorge.*

Während andere ständig nur sich sehen, sehe ich alles andere und suche mich dauernd.

@1himbeere, Twitter

Auch die 30-jährige Fee, selbstständige Künstlerin, verheiratet und Mutter zweier Töchter, schildert starke Harmoniebedürftigkeit als Überbleibsel ihrer Erfahrungen als Trennungskind:

»Ich erinnere mich nur an ganz wenig Konkretes aus meiner Kindheit. Es ist wie gut weggepackt. Aber ich weiß, dass es immer laut wurde im Alltag. Meine Eltern haben viel und unfair gestritten, dabei immer geschrien. Sie ließen damals nur gegenseitig ihren Frust heraus, suchten nie nach Lösungen«, erzählt Fee. Bei unserem Videochat sitzt sie recht gefasst am Bildschirm. Ihre kleinen Töchter sind nicht zu hören; sie hat sie an diesem Nachmittag in die Obhut ih-

rer Eltern gegeben, mit denen sie und ihr Mann schon eine Weile in einem Haus leben. Denn ihre Eltern sind nach zwischenzeitlicher Trennung inzwischen wieder ein Paar. Doch in Fees Kindheit war die Partnerschaft konfliktreich.

»Ich erinnere mich an unsere Abreisen in den Urlaub. Alle waren extrem gestresst und meine Eltern haben gerade dann immer gestritten. Der eine schob die Verantwortung zum anderen, brüllte, dass er oder sie am Chaos schuld sei. Es war schwer zu ertragen«, seufzt Fee. »In der Regel behielt mein Vater am Ende die Oberhand, meine Mutter gab nach. Er war schon immer stur, sofort beleidigt und hat sich niemals entschuldigt. Diese Art führte mit dazu, dass meine Mutter sich 1997 von ihm trennte.« Fee war damals neun, ihr Bruder 15 und ihre kleine Schwester fünf Jahre alt. In ihr blieben die Spuren aus den Jahren voll derartiger Streitigkeiten, die in ihrer Wahrnehmung die Eltern entzweit hatten. Dispute begannen, Fee zu ängstigen.

»Ich habe mich ohnmächtig gefühlt und entwickelte Angst vor Ungerechtigkeit und Konflikten. ›Streit ist schlecht, ich muss ihn um jeden Preis vermeiden‹ blieb in mir hängen und ›Ich muss die Gefühle und den Unmut der anderen rechtzeitig erkennen und einen Ausbruch verhindern – sonst kann es wieder zu einer Trennung kommen!‹ Ich bezog jede Negativität auf mich, versuchte, es allen recht zu machen oder die Situation so zu gestalten, dass sich alle anderen wohlfühlten«, beschreibt Fee. »Dazu hat mich niemand aufgefordert, aber nur so war es auszuhalten. Es wirkte immer so auf mich, als könnten es die anderen ohne meine Hilfe nicht schaffen.«

Fee bündelt das, was ihre Eltern ihr mitgaben: »›Sei stark und reiß dich zusammen!‹ Das war oft ein Funktionieren für die anderen, ohne selbst Unterstützung zu bekommen.«

Konfliktverhalten ist tief verankert. Kinder übernehmen es von den Eltern. Es kann sinnvolles Verhalten sein, also dazu beitragen, dass

Probleme bewältigt und gelöst werden. Aber es kann auch ungesund sein, nämlich voller Vorwürfe oder vermeidend. Wenn keiner der Beteiligten bewusst darauf schaut und ungute Abläufe durchbricht, ändert sich nichts.

Fee erlebte bei ihren Eltern nicht, dass Konflikte besprochen und gelöst wurden. Als Fees Mutter sich damit endlich nicht mehr arrangieren mochte, erlebte das Mädchen das Zerbrechen der Ehe. Das Angehen eines Konfliktes bedeutete in Fees Wahrnehmung also einen bedrohlichen Beziehungsverlust. Sie nahm die Strategie mit, Gefühle lieber zu verleugnen, statt darüber in einen Disput zu gehen, um niemanden zu verlieren.

Fees Eltern wurden wieder ein Paar, als sie zehn war. Sie hatten eine Paartherapie recht positiv genutzt. Sie streiten nun weniger – doch weiterhin nie wirklich lösungsorientiert. Nach einer Therapie kann Fee mit ihrer in der Trennungszeit gewachsenen Harmoniebedürftigkeit etwas besser umgehen, doch diese wirkt noch immer in der jungen Frau: »Dieses Erspüren, dass andere unglücklich sind, und darauf zu reagieren, gehört immer noch zu mir. Und es kostet Kraft, dass ich so viel bei anderen bin, anstatt bei mir selbst. Ich versuche einen bewussteren Umgang damit, um nicht ständig Zuständigkeit zu fühlen, aber ich schaffe das nicht durchgängig. Disharmonie eine Weile auszuhalten, ist echt Schwerstarbeit für mich. Verantwortung nicht an mich zu reißen, gehört dazu. Bis heute machen mich Streitgespräche beklommen und ich versuche, ruhig zu reden, niemals zu schreien. Aber ich gehe Konflikte bewusst an, statt sie zu vermeiden. Ich mag keine unklaren Situationen und fordere von meinem Mann, dass er sich an der Lösungssuche beteiligt.«

Fees Harmoniebedürftigkeit ist also nicht weg, auch wenn sie Konflikte inzwischen angeht und nicht mehr um jeden Preis vermeidet. Doch sie spürt weiterhin den Drang, Unstimmigkeiten möglichst umgehend aufzulösen. Das ist ein Teil aus den Erfahrungen, die rund um die Trennung in ihr zurückgeblieben ist.

Konfliktführung kann man lernen

Für stark harmoniebedürftige Menschen mit ähnlicher Vorgeschichte wie bei Fee ist es wichtig, sich davon zu verabschieden, in Konflikten immer die Rolle der/des zurückhaltenden Vorsichtigen einzunehmen. Sie tragen keine Schuld, wenn sie für ihre Bedürfnisse einen Streit anfangen. Fee hatte sich immer so gefühlt durch das vorgelebte Konfliktverhalten ihrer Eltern. Sie geht ihren neuen Weg in kleinen Schritten, äußert, was sie braucht und was sie stört. Auf solche Fortschritte darf man stolz blicken, und jede Erfahrung, dass ein Streit sinnvoll ist und ohne Beziehungsverlust gelöst werden kann, macht sicherer.

Was bei Harmoniesucht die Psyche umtreibt und was davon innerfamiliäre Kommunikation stören kann, beleuchtet zum Beispiel das »Family Communication Projekt«[30]. Teilnehmer:innen können festgefahrene Konfliktmuster verändern, indem ihnen psychologisches Hintergrundwissen vermittelt wird und sie in Bezug auf die eigene Geschichte Hilfe erhalten.

Neue, positive Erfahrungen in der Konfliktführung können alte Muster überschreiben. Gute Freunde oder Freundinnen können dir dabei helfen. Wie leicht fällt es dir, mit anderen über deine Gefühle zu sprechen? Mit welchem Freund/welcher Freundin geht das gut? Was bietet sie/er dir an?

Impulse für dich

Diese Fragen aus dem Therapeutinnenalltag von Gundula Göbel können hilfreich sein, deine Harmoniebedürftigkeit zu hinterfragen und Konflikte anzugehen:

- Welches Bild entsteht, wenn du an Streitereien denkst? Magst du es malen? Welche Farbe hat Streit?
- Nenne fünf gute Gründe: Was kann sinnvoll am Streiten sein?
- Wenn dich die Fragen zu sehr berühren, nimm Abstand davon. Veränderung braucht Zeit und geht in kleinen Schritten viel besser. Sei achtsam mit dir.

Maske gegen Unsicherheit

Werden Kinder in konflikthaften Situationen unsicher, überspielen sie dies häufig, indem sie eine Rolle übernehmen. Der oder die Unsichere ist dann beispielsweise

- ein Clown,
- ein Mensch, der übermäßig triebhaft und lustvoll lebt,
- jemand, der vor Schwierigkeiten wegläuft,
- von Erfolgsdruck geplagt, um anderen »Siege« vorhalten zu können,
- unter Umständen ein Suchtopfer,
- nicht er oder sie selbst.

All diese Rollen sollen die wahren Gefühle und Bedürfnisse verbergen, also von außen undurchschaubar machen. Sich zu maskieren wird als einfacher empfunden als das Bearbeiten und Verändern der Unsicherheit.

Verunsichert und verloren

Nicht nur Kinder, auch Jugendliche und Erwachsene reagieren teilweise so, wenn sie sich unwohl fühlen. Dahinter können sich verschiedene Themen verbergen:

- Die Erfahrung, nur dann gemocht zu werden, wenn man beispielsweise leistungsstark oder besonders lieb oder eben albern ist.
- Das Gefühl, Konflikte nicht anders lösen zu können: *Ich kann es nicht besser!*
- Die Erfahrung, dass Streit und Konflikte dazu führen, alleingelassen zu sein.

Jede Maske sorgt dafür, dass die Auseinandersetzung mit einer als konflikthaft empfundenen Realität ausbleiben kann. Eine Person mit diesem Muster fängt innere Unsicherheit und Harmoniebedürftigkeit mit Dingen auf, die oberflächlich guttun, aber die eigentliche Problematik nicht bewältigen. Im Erwachsenenkontext ist es im Grunde nicht anders als bei einem Kleinkind, das herumkaspert oder sich theatralisch die Ohren zuhält. Die Ausweichmöglichkeiten sind durch die breite Palette der Sucht- und Fluchtmittel nur vielfältiger.

Silke flüchtete aus dem Gefühl des Alleingelassenseins – zuerst ins Partyleben und dann in ein konservatives Eheleben.

Die 37-Jährige lebt mit ihren drei Kindern, ihrem Verlobten und einem jungen Hund in der Schweiz, stammt aber aus dem Rheinland. Vor drei Jahren haben wir uns auf einer Messe kennengelernt. Mich hat faszinierte von Anfang an, wie offen sie damit umgeht, dass sich ihr Muttersein vom ersten bis zum dritten Kind sehr gewandelt hat und sie immer kind- und beziehungsorientierter wurde. Dahinter steckt ein langer Weg, der viel mit ihrer eigenen Kindheit, ihren Eltern und auch deren Trennung zu tun hat.

»Von außen gesehen wuchs ich in einer Bilderbuchfamilie auf: Meine Mutter war zu Hause, mein Vater arbeitete Vollzeit und finanziell ging es uns gut. Hinter der Fassade sah es jedoch anders aus: Ich wurde viel zu eng behütet, spürte Leistungsdruck und in der Tiefe Lieblosigkeit. Die Atmosphäre war psychisch gewaltvoll mit Abkanzeln und gezielten Kommunikationsabbrüchen. Zuneigung wurde mit Geld erkauft. Gestritten wurde viel, jedoch immer hinter verschlossenen Türen. Mein Vater agierte laut und vorwurfsvoll. Er bügelte meine Mutter nieder. Ich selbst habe mich immer um Anpassung bemüht, um Streit zu vermeiden, aber wenn es doch dazu kam, verhielt ich mich wie sie und gab klein bei.«

Nach Silkes Einschulung hatte ihre Mutter gegen den Willen ihres Mannes eine Teilzeitstelle angenommen; schon das war in seinen Augen zu viel Eigenständigkeit und unangemessen neben ihm als Gutverdiener. »Mit 16, im Dezember 2000, fragte ich meine Mutter offen ›Willst du dich trennen, Mama?‹ Es war schon lange nicht mehr zu übersehen. Wir zogen schließlich aus – mir war sofort klar, dass ich mit meiner Mutter gehe. Meine Beziehung zu meinem Vater war nie gut: Schon bei einer Zwei hörte ich einen abwertenden Kommentar von ihm.«

Nach dem Umzug wandelte sich die Welt der beiden Frauen komplett: Silkes Mutter genoss die Freiheit, die sie in ihrer Ehe nicht gehabt hatte. Sie ging aus, machte viel Sport, begann intensiv zu leben und Austausch zu suchen. Ihre Tochter nahm sie im Februar 2001 gleich mit, um ungestüm Karneval zu feiern. »Ich genoss das neue Partyleben zuerst voller Erleichterung. Die neue Grenzenlosigkeit tat oberflächlich gut, doch konnte ich nicht gesund mit ihr umgehen. Ich suchte möglichst viele Kontakte und nahm meine Aufgaben nicht mehr ernst. Meinen Vater sah ich kaum.«

Wie hinter einer Maske hatte sie sich versteckt und war anderen nachgelaufen. Ihre Vergangenheit hatte sie nicht ausreichend verarbeitet, sondern sich mit Partyleben und fehlender Ernsthaftigkeit eine nach außen hin schöne Zeit gemacht. Es war aber nicht alles gut! Den Schulabschluss mit Fachabitur hatte sie immerhin noch geschafft, doch das erste Jahr ihrer Erzieher:innenausbildung setzte sie in den Sand.

Silke fühlte einen Beziehungs- und vor allem auch einen Sicherheitsverlust. Die Trennung an sich war keine Last, sondern eher die Entwicklung der Mutter im Anschluss. Silke wurde durch sie überfordert, besonders als diese von ihren sexuellen Bedürfnissen erzählte und die ehelichen Probleme in diesem Bereich thematisierte.

Silke spürte bald, dass diese Art zügellosen Lebens nicht wirklich eine »gute Zeit« für sie beide war. Sie steckten nur in einem Gegen-

entwurf zu ihrer vorherigen Enge fest, ohne zu hinterfragen, was ihnen wirklich guttun würde. Sie wechselte an ein Berufskolleg, wiederholte das erste Ausbildungsjahr und konnte schließlich einen guten Abschluss erzielen.

Sicherheit durch Maskerade

Silke übernahm eine Zeit lang die Art und Weise, auf welche ihre frisch getrennte Mutter die autoritäre Ehe verarbeitete. Sie war eine freie, lustbetonte Frau, dachte wenig über die Folgen ihres Handelns nach und ignorierte einige Pflichten. Diese Maskierung schaffte zwar ein kurzfristiges Glücksgefühl, aber sie war letztlich nur eine Flucht vor den eigentlichen Problemen, die sie im Erwachsenenleben wieder einholten. Die Mutter war ihre einzige gute Bezugsperson und gerade in der Pubertät ihr Leitbild. Indem sich die Teenagerin ihrem Verhalten anpasste, holte sie sich Sicherheit.

Impulse für dich

- Welche Rollen übernimmst du in Gruppen oder in deiner Familie? Bist du häufig eher Anführer:in? Clown? Mitläufer:in? Außenseiter:in?
- Veränderst du dich, wenn du Konflikte spürst? Wirst du eher albern oder ehrgeizig? Vermeidest du Unangenehmes, indem du Schöneres angehst? Betäubst du dich mit ablenkenden Dingen?
- Gibt es jemanden, der dir das vorgelebt hat?
- Bist du mit den Rollen zufrieden, die du einnimmst, oder würdest du gerne mal einen anderen Part übernehmen?

Eine Maske überdeckt den eigentlichen Kern des Menschen und hilft ihm, sein Leben zu meistern, wenn er sich mit sich selbst eigentlich unwohl und unsicher fühlt. Die Maske erzeugt eine Scheinsicherheit: Wenn ich in dieses Kostüm schlüpfe, muss ich mich um das empfundene Problem nicht weiter kümmern und komme zurecht.

Silke wollte ihre Maskerade ablegen und zu sich finden, was ihr nach Umwegen auch gelang: Mit 19 zog sie aus, wechselte den Partner, wollte alles anders machen als ihre Eltern. Sie heiratete früh, wurde mit 21 Jahren zum ersten Mal Mutter – und war wieder nicht sie selbst: »Im Umgang mit meiner ersten Tochter und meinem damaligen Mann rutschte ich mehr und mehr in die Rolle, die auch meine Mutter vor der Trennung gespielt hatte: Anpassung, Hausfrau, alles für den Partner geben. Das war wieder diese Unsicherheit, und anstatt sie wahrzunehmen und etwas daran zu tun, nutzte ich das Muster, das ich kannte – von einem Extrem ins andere«, fasst Silke heute zusammen.

Ihr erster Mann starb 2007, als sie mit der zweiten Tochter schwanger war. »Mit einem anderen Mann erlebte ich dann eine toxische Beziehung, an der ich viel zu lange festhielt, da ein drittes Kind kam und ich es wieder schaffen wollte, mich nicht zu trennen. Sogar nach dem offiziellen Beziehungs-Aus lebten wir noch ein Jahr lang starkes Co-Parenting in dem Glauben, es sei das Beste für die Kinder. Doch mir wurden all die Mechanismen und Muster meiner Beziehungserfahrungen immer bewusster: Mein gefühlskalter Ex machte mich kaputt und verunsicherte auch die Kinder mit dieser Art.

2017 geriet ich in mein erstes Burn-out und begann eine Therapie. So konnte ich mich vom Vater meines dritten Kindes und damit schließlich auch vom Familienmodell meiner Eltern lösen. Vor allem konnte ich nun selbstsicherer werden. Endlich brauchte ich mir Sicherheit nicht mehr aus zwanghaft zusammengehaltenen Bezie-

hungen oder oberflächlichem Funktionieren herbeireden. Ich zog mir auch den Schuh nicht an, als Alleinerziehende angeblich überfordert zu sein. Ich wurde im wahrsten Sinne des Wortes selbstbewusst.«

Silke hörte auf, eine Maske zu tragen und Rollen zu spielen. Sie lernte, sie selbst zu sein und ihrer Mutter gegenüber deutlich ihre Meinung zu vertreten. Viel zu lange hatte Silke sich schuldig dafür gefühlt, dass ihre Mutter die Trennung damals so lange aufgeschoben hatte. Das war nun vorbei.

Zum anderen merkte sie die Maskenlosigkeit in der veränderten Beziehung zu ihren Kindern. Sie erzieht sie bewusst auf Augenhöhe und spricht viel freier mit ihnen, als sie selbst es kennengelernt hatte. Ihre Kinder haben dadurch viel Raum, um wirklich sie selbst zu sein. Ohne Masken.

Runter mit den Masken

Wenn auch du das Gefühl hast, ständig zu schauspielern, was dich vermutlich viel Kraft kostet, ist es lohnenswert, dagegen anzuarbeiten, damit du für deine Themen wirklich einstehen kannst, ohne Konflikte zu überspielen. Sicherheit ist vor allem darüber erreichbar, dass wir uns bewusst machen, was in uns wirkt – und es dann verändern.

Silke braucht längst keine Maske mehr, kein »so tun, als ob«, sondern kann ganz echt sein und spüren, dass das genug ist. Das Leben, so wie es ist, kann sie erfüllen – sie muss dafür kein Clown, kein Partygirl und keine fürsorgliche Ehefrau sein. Ihre große Tochter, die inzwischen 15 ist, machte Silke mit einer Bemerkung vor dem letzten Weihnachtsfest noch mal deutlich, dass die Geschenkeberge, die immer in Nullkommanichts aufgerissen wurden, ein letztes Überbleibsel ihrer Maske »Ich kann meinen Kindern auch als Alleinerziehende alles bieten!« waren. Auch das ist nun anders. Sie hört ihren Kindern und ihrem Herzen zu, statt Pseudokompensationen wie Geschenkeberge zu brauchen, die nur vorgaukeln, es ginge ihr gut.

Um aus dem Kreislauf auszubrechen, ist es wichtig, dass du ehrlich zu dir selbst bist und versuchst, deine Prägungen zu verstehen, und möglicherweise auch die Gründe deiner Eltern, ohne deren Verhalten damit zu rechtfertigen. Das kannst du allein angehen, aber es ist nicht immer leicht, ganz offen zu sich selbst zu sein. Kommst du nicht gut voran, suche dir professionelle Unterstützung.

Über ihren Vater weiß Silke inzwischen, dass er als Nachkriegskind ohne Liebe groß wurde. Er war der erste Sohn der Familie und stand selbst beständig unter Leistungsdruck. Das hat er verinnerlicht und lebt es bis heute. Er hat eine neue Partnerin, aber Familiengefühl kommt für Silke nicht auf. »Es ist schon nett, aber oft schwierig und kühl. Er meldet sich nicht aus Interesse. Er ist immer noch so wie vor dreißig Jahren, hat nie an sich gearbeitet«, fasst sie es zusammen. Silke bleibt auf Abstand zu ihm, weil sie sich nicht mehr anpassen mag. Den langjährigen neuen Partner ihrer Mutter nennt sie hingegen längst ihren »Herzensvater«.

Silke ist inzwischen mit ihren drei Kindern der Liebe wegen in die Schweiz ausgewandert. Ein neues, warmes Netz ist entstanden, weil Silke aufgebrochen ist und etwas verändert hat. Mit ihrem neuen Partner lebt sie eine Beziehung Augenhöhe. Konfliktlösung zwischen den beiden funktioniert endlich anders: Silke hat aufgehört, Schuld zu suchen und sofort Lösungen zu wollen, Masken aufzuziehen oder so streng wie ihr Vater zu sein. »Es war ein langwieriger Lernprozess, ich habe zu lange meine hochkommende Wut auf den anderen projiziert, der gar nichts mit diesem Gefühl zu tun hatte. Es war ein altes Gefühl, das noch von früher kam. Inzwischen kann ich das sagen und mir Zeit nehmen. Und erst wenn ich meine Gefühlswelt wieder im Griff habe, gehe ich auf mein Gegenüber zu und suche Austausch und Klärung.«

Veränderung hin zu dem Gefühl, dass du dich deiner selbst sicherer fühlst und keine Maske mehr benötigst, ist vor allem darüber erreichbar, dass du dir bewusst machst, was in dir wirkt – und dir dann überlegst, wie du stattdessen leben willst. Hast du eine Maskerade entdeckt, kannst du daran arbeiten, sie überflüssig zu machen. Dabei können dir wahrscheinlich auch die Gedanken aus dem Kapitel *Geringer Selbstwert* hilfreich sein.

Impulse für dich

- Falls du es von dir kennst, dass du dich in Beziehungen häufig hinter einer Maske versteckst: Was konkret macht dir Angst? Welche Menschen lösen das in dir aus?
- Hat die Elterntrennung bzw. das Verhalten deiner Eltern zu dieser Entwicklung beigetragen? Ist einer von ihnen genauso wie du? Was in ihrer Lebensgeschichte hat das womöglich ausgelöst?
- Suche für die drei wichtigsten, typischen Herausforderungen in deinem Leben neue Bewältigungsstrategien – einfach einmal als Gedankenspiel: Was kannst du tun, wenn du Angst hast? Oder große Unsicherheit spürst? Was kannst du tun, wenn dein Gegenüber dafür sorgt, dass du dich nicht angenommen fühlst? Was kannst du tun, wenn dir alles zu viel ist?
- Vielleicht hat ein:e Freund:in noch weitere Bewältigungsideen? Welche? Was ist für dich hilfreich und was passt eher nicht zu dir?
- Setze dir zunächst kleine Ziele. Was könnte ein erster Schritt sein, diese neuen Strategien zu nutzen? Was ein zweiter? Wo brauchst du Unterstützung und was kannst du allein schaffen?

Helfen ohne Grenzen

Helfen ist gut und wichtig. Zu sehen, dass Hilfe notwendig ist, ist ein Zeichen von Empathie im sozialen Miteinander. Aber immerzu helfen zu wollen, dies sogar aus einem Drang heraus zu müssen, kann langfristig dazu führen, dass du dich selbst vergisst.

Hinter einem dranghaften Helfen kann häufig ein wackliger Selbstwert stehen. Du gibst dich als Helfer:in und Retter:in – vielleicht sogar dann, wenn die Person, der du hilfst, dies nicht unbedingt möchte – möglicherweise, um Anerkennung zu spüren, die du dir so wünschst. Eine dankbare Rückmeldung kann den Selbstwert stabilisieren, bei dir das Gefühl auslösen, wichtig und angenommen zu sein.

Schwierig ist es dann, wenn deine eigenen Bedürfnisse und Grenzen unter diesem Verhalten leiden: Kannst du nicht aufhören zu helfen, obwohl du dadurch zu viel Stress hast, zu wenig Schlaf bekommst, körperliche Schmerzen erleidest oder mehr, ergibt sich ein Leidensdruck. Du verfolgst eine Strategie, die dir Anerkennung auf einem Weg beschert, der dir nicht guttut.

Anderen helfen, weil ich es brauche

Mehrere erwachsene Trennungskinder verwendeten im Gespräch mit uns das Wort »Helfersyndrom«, um zu beschreiben, welche Entwicklung sie bei sich wahrgenommen haben. Sie meinten damit das Helfen, ohne auf eigene Grenzen zu achten. Ihre Erfahrungen rund um die Elterntrennung nahmen sie als Teilursache dafür wahr.

Wenn du solch einen starken Wunsch zu helfen kennst und daran arbeiten möchtest, ist es sinnvoll, genau zu betrachten, wo er herkommt (siehe dazu auch Kapitel *Rollenumkehr* in Teil III). Möglicherweise entstand er nach der Elterntrennung, weil du das Gefühl hattest, deinen Eltern helfen zu müssen. Vielleicht hast du mitbekommen, dass sie nach der Trennung sehr belastet waren, und das Helfen hat auch dir geholfen, weil du etwas tun zu konntest. Einige Trennungskinder berichteten uns, dass Helfen zu einer Strategie geworden ist, um wieder Beachtung und Anerkennung zu finden, was ihnen nach der Trennung oft gefehlt hat.

Kennst du das Helfen als eine Art Klebstoff in Beziehungen? Das dich mit Menschen in Verbindung bringt oder hält, möglicherweise aus Angst, diese zu verlieren, wenn du nicht für sie da bist? Teilweise erwächst aus dem Antrieb, helfen zu wollen, sogar der Berufswunsch – Helfen wird dann Alltag, du erhältst Lohn dafür. Die Angabe des Berufs allein kann in diesen Fällen schon ein gutes Gefühl auslösen, wenn andere bewundernd reagieren, weil du deine Arbeitskraft dem Helfen verschrieben hast.

Impulse für dich

- Einige erwachsene Trennungskinder tragen Sätze wie beispielsweise *Ich muss helfen* oder *Ich darf nicht Nein sagen* in sich. Welche inneren Sätze löst »helfen« bei dir aus?
- Mal angenommen, jemand würde dich um Hilfe bitten, du hättest jedoch keine Zeit zu helfen: Welches Gefühl spürst du?
- Wie ist es für dich, wenn Bezugspersonen oder Freund:innen dein Hilfsangebot ablehnen?
- Auf einer Skala von 0 bis 10: Wie leicht fällt es dir, Nein zu sagen? Wann hast du zuletzt nicht geholfen, etwas liegen gelassen oder einfach Nein gesagt?

Spüre nach der ehrlichen Beantwortung der Fragen in dich hinein: Verausgabst du dich beim Helfen womöglich in einem Ausmaß, das dir schadet?

Helfen bis zur Selbstaufgabe

Biancas Mutter trennte sich nach konfliktreichen Jahren mit verbaler Gewalt Ende der 90er-Jahre von ihrem cholerischen Mann, als die Kinder im Grundschul- und Jugendalter waren. Verschwenderischer Umgang mit Geld, der die Existenz der Familie bedrohte, sowie eine längere Affäre und auch emotionale Übergriffigkeiten durch die Schwiegerfamilie führten damals zu diesem Schritt.

»Für mich war die Trennung total okay. Ich konnte meine Mutter verstehen«, erzählt Bianca. »Nachdem die Trennung ausgesprochen war, musste mein Vater noch ein Jahr lang bei uns leben. Einmal sagte er da zu mir: ›Das geht doch nicht, dass eine Mama und ein Papa sich trennen!‹ Aber ich war damals schon so klar, dass ich ihm antwortete: ›Manchmal gibt es eben keinen anderen Weg.‹«

Schließlich kam es zur Scheidung und zum Auszug des Vaters und ab diesem Zeitpunkt kontinuierlich zu immer weniger gemeinsamer Zeit. »Meine Mutter unterstützte es sehr, dass wir zu ihm gingen, aber es war unangenehm. Wir hatten nie viel gemeinsam gehabt. Ich erinnere mich an Zeiten zusammen vorm Fernseher oder Gespräche über die Schule, aber an mehr nicht. Präsenz hatte er selten gezeigt.«

In den Folgejahren kam es einerseits zu einem endgültigen Beziehungsabbruch im Grunde von beiden Seiten sowie andererseits zu einer Überforderung durch die Mutter: »Ich bin sicher, sie hätte von therapeutischer Hilfe profitiert, doch stattdessen wählte sie mich als ihren seelischen Mülleimer. Sie ließ mich unterschwellig Vorwürfe spüren, weil sie wegen der Kinder so lange in der Ehe ausgeharrt hatte; das machte mir Druck, ab nun immer alles möglichst gut zu machen. Sie belastete meine Beziehung zum Vater zusätzlich durch schlechtes Reden über ihn. Und sie reagierte überempfindlich auf jedes Zeichen von mir und meinem Bruder in Richtung Selbstständigkeit und Aufbruch. Das gipfelte in vermutlich von Neid begleiteten Loslassschmerzen, als ich auszog und eine eigene feste Beziehung einging.«

Diese Erfahrungen fasst Bianca heute als Auslöser für ihre eigene Ausrichtung im Leben: »Mein Vater war nicht präsent. Meine Mutter saß in ihrer Opferrolle fest und signalisierte mir: ›Kind, du bist verantwortlich dafür, wie ich mich fühle!‹ Das drängte mich in eine Überverantwortung. Ich litt vordergründig nicht, ich war aktiv und bereit für mein Erwachsenenleben. Ich lebte Perfektionismus, starke Empathie, Altruismus, also helfen, helfen, helfen bis zur Überlastung.«

Beruflich wie privat geriet Bianca immer stärker in diesen Sog: Sie studierte und arbeitet heute im sozialen Bereich. Themen in ihrer Arbeit mit Klient:innen sind Konflikte und unerfüllte Bedürfnisse. Auch im Privaten engagiert sie sich intensiv ehrenamtlich. Dieser Weg führte sie jedoch vom mitfühlenden und erfüllenden Tun hin zu persönlicher emotionaler Überforderung.

Es hat lange gedauert und therapeutische Hilfe benötigt, bis Bianca so sicher in sich war, dass sie anfangen konnte auszusteigen: »›Warum tue ich mir das an?‹, war eine Frage, die immer öfter in meinem Kopf auftauchte.« Innerfamiliär gab sie nach der Geburt des zweiten Kindes endlich mehr Familienarbeit an ihren sehr präsenten Mann ab. Beruflich setzt sie Grenzen, sodass die Belastung sie nicht mehr aussaugt. Und auch bei der Vereinsarbeit tritt sie endlich mehrere Schritte zurück.

»Mein verschwundener Vater ließ mich spüren, ich störe ihn und sei egal. Wenn ich anderen helfen konnte, war ich es nicht mehr. Zumindest in diesen Momenten und für die Beteiligten. Innerlich blieb die Verletzung, die sein Egoismus und besonders seine Abwesenheit

in mir verursacht hat. Das spürte ich, wenn meine Hilfe nicht wertgeschätzt wurde oder ich nicht mehr imstande war, sie zu leisten. Heute bin ich selbstsicherer, aber endgültig bearbeitet ist das Selbstwertthema nicht«, resümiert Bianca.

Biancas Mutter wirkte sehr bedürftig und löste in ihr das Gefühl aus, sich kümmern zu müssen. Viele erwachsene Trennungskinder berichten wie Bianca, dass ihr Muster, zu helfen, häufig bis ins Erwachsenenalter hinein bestehen bleibt und sie ihre eigenen Bedürfnisse dabei übersehen. Bianca konnte letztlich das »Helfen ohne Grenzen« bei sich erkennen. Sie spürte, dass sie so nicht mehr weitermachen konnte. Auch ehrliches Feedback aus dem Freundeskreis und von ihrem Partner waren eine Hilfe. Der fordernde Alltag mit eigenen Kindern zeigte ihr, dass es unmöglich war, für alles allein Verantwortung zu übernehmen.

Zum Glück gewann sie in ihrem Job immer mehr Sicherheit und Klarheit, was sie (nicht) will. Mit diesem Selbstvertrauen konnte sie ihren Helfertrieb eindämmen. Bianca weiß jetzt, wer sie ist, was sie kann und dass ihre Familie sie liebt. Ihre angeborene Willensstärke sieht sie als ihren Motor im Bereich Resilienz, damals und in den Folgejahren.

Selbstliebe

Doch wie schafft man es, aus diesem Muster auszubrechen? Was könnte dabei helfen, Strategien zu finden, die die Bedürfnisse von anderen UND die eigenen Wünsche und Bedürfnisse in den Blick nehmen? Sozusagen: Helfen, aber mit Grenzen.

Ein wichtiger Punkt dabei ist die bedingungslose Liebe. Viele erwachsene Trennungskinder haben genau diese, zumindest zeitweise, nicht erfahren. Sie hatten das Gefühl, etwas dafür tun zu müssen, um geliebt und anerkannt zu werden. Gerade wenn Eltern belastet sind und kindliche Bedürfnisse nicht ausreichend gut wahrnehmen, erleben sich Kinder als nur dann für sie sichtbar, wenn sie gute Schulleistungen erbringen, viel im Haushalt helfen oder sich um die Geschwister oder Eltern kümmern.

Impulse für dich

- Wie war das bei dir: Hattest du schon als Kind das Gefühl, viel helfen zu müssen, um gesehen zu werden?
- Was wäre, wenn du dich heute abgrenzt, Nein sagst? Welche Auswirkungen befürchtest du von deinem Umfeld?

Möglicherweise spürst du bei den Reflexionsfragen, dass auch du oft das Gefühl hast, dass die Liebe und Anerkennung der anderen Menschen an deine Leistung gekoppelt ist. Das geht vielen Menschen so, nicht nur (erwachsenen) Trennungskindern. Leider kann man die Vergangenheit nicht ändern, so schön es auch wäre! Das Gefühl, auch ohne Leistung geliebt zu sein, können wir nur im Hier und Jetzt nachholen. Ein möglicher heutiger Weg könnte sein, zu lernen, sich selbst mit Liebe zu begegnen, ohne sich ständig zu bewerten – sich so anzunehmen, wie man ist.

Klar, das ist nicht immer einfach und natürlich sollte auch dies nicht dem Perfektionsanspruch unterliegen: Jede:r kritisiert sich hin und wieder selbst oder ist mit sich unzufrieden. Das ist völlig in Ordnung und darf bleiben. Wenn du jedoch das Gefühl hast, dass sich dein Denken und Handeln viel darum dreht, es anderen recht zu machen, du dich dabei selbst vergisst und so langsam merkst, dass es dir einfach zu viel ist – dann empfehle ich dir, nach und nach ein anderes Muster auszuprobieren.

Impulse für dich

- Schritt 1: Finde liebenswerte Eigenschaften
  Hast du einen guten Freund oder eine gute Freundin? Was, denkst du, mag er/sie an dir? Welchen guten Grund hat er/sie, mit dir befreundet zu sein? Vielleicht magst du ihn/sie sogar danach fragen.
- Schritt 2: Finde deine Ziele
  Mal angenommen, dir wäre für einen Moment nicht wichtig, was die anderen von dir denken, was würde sich verändern? Was würdest du tun?
- Schritt 3: Lerne, dich abzugrenzen
  Du darfst ganz bewusst ausprobieren, wie es ist, »Nein«! zu sagen. Möglicherweise ist es hilfreich, deinem Umfeld mitzuteilen, dass du das ausprobieren möchtest. Wie geht es dir damit?
- Schritt 4: Akzeptiere Fehler
  Kein Mensch ist perfekt. Dein Weg zur Selbstakzeptanz darf ganz schnell gehen oder auch sehr lang dauern. Wenn du in alte Muster verfällst, ist das ganz normal. Schließlich haben sie lange für dich funktioniert und hatten einen guten Grund. Du darfst kleine Schritte ganz genau betrachten: Wo habe ich es geschafft, mich anzunehmen, wie ich bin? Wann war es mir egal, was die anderen denken? Wo konnte ich mich, wenn auch nur kurz, abgrenzen?

Nimm dir noch einige Sätze mit. Vielleicht können diese oder andere, von dir selbst gefundene Sätze deine Begleiter werden, um dich freizustrampeln und im Alltag immer besser zu erkennen,

- wer wofür Verantwortung trägt,
- was du übernehmen musst und wo du loslassen kannst,
- was deine echte, eigene Meinung ist,
- was du brauchst!

Diese Sätze zum Mitnehmen stammen aus meinem pädagogischem Beratungsalltag:

- Ich kann lernen, mich anzunehmen, wie ich bin.
- Ich darf mich abgrenzen und für mich sorgen.
- Ich darf meine Meinung sagen.
- Ich darf Fehler machen.
- Ich kann lernen, etwas so zu verändern, dass es mein Glück befördert.

Pseudoreife und verfrühte Sexualität

Viele der interviewten erwachsenen Trennungskinder beanspruchen den Begriff der »Frühreife« für sich, allerdings nicht im biologischen Sinn, sondern bezogen auf ihr Handeln. Sie empfanden sich hier als *früher reif* als andere, während sie es bei genauerer Betrachtung nicht waren. Der Begriff ist also nicht ganz stimmig und steht in Anführungszeichen. Passender ist es, von Pseudoreife zu sprechen: Nach außen wirkt das Handeln reif und erwachsenentypisch. Doch innen gibt es ein Kind, das noch klein und bedürftig ist.

Eigentlich noch Kind

Manche Trennungskinder kennen es, dass sie schon früh über Themen nachgedacht haben, für die sie eigentlich noch zu jung waren, wie zum Beispiel alltägliche Pflichten, aber auch Sexualität und andere erwachsene »Freiheiten«. Vielleicht war es bei dir manchmal ähnlich? Wenn sich das Verhalten eher in Bezug auf Alltagsaufgaben zeigt, lässt sich das häufig als Parentifizierung beschreiben: Dazu erfährst du mehr im Kapitel *Rollenumkehr* in Teil III.

Anders ist es, wenn sich Jugendliche oder junge Erwachsene in einer Nachtrennungssituation nicht nur im Alltag, sondern auch innerlich alleingelassen fühlen. Möglicherweise suchen sie sich die Zuneigung dann durch Pseudoreife in zwischenmenschlichen Beziehungen. Sie gehen verfrüht sexuelle Beziehungen ein, häufig gekoppelt mit dem Wunsch nach Bindung und einem verbesserten Selbstwertgefühl. Dabei kann jedoch das Gefühl entstehen, dass die eigene Grenze überschritten wurde. Gerade Trennungskinder, die in ihrer Familie Grenzverletzungen erlebt haben, sind hier gefährdet, Sexualität zu früh auszuleben. Diese innere Zerrissenheit zwischen dem Wunsch nach Bindung einerseits und andererseits der noch nicht vorhandenen Reife für sexuelle Beziehungen kann überfordernd sein und dazu führen, dass Sexualität noch im Erwachsenenalter eher Mittel zum Zweck ist anstatt lustvoll und schön.

Gefährliche Sexualität

Vaterlos aufzuwachsen, erhöht die Wahrscheinlichkeit für pseudoreifes, sehr risikobereites Verhalten in diversen Bereichen.[31] Das kann auch häufig wechselnde Sexualpartner:innen umfassen und entsprechend frühe Schwangerschaften mit sich bringen. Diese Menschen schließen oft rasch Freundschaften und führen sie teilweise sehr anhänglich. Die Langzeituntersuchungen von Judith S. Wallerstein[32] zeigen, dass Trennungskinder entweder eher abhängige Liebesverhältnisse eingehen, in denen sie spüren, wie sehr ihr Gegenüber sie braucht, oder eher lose Beziehungen führen, in die sie wenig Gefühle investieren.

Einem innerlich vereinsamten Trennungskind fehlen häufig nicht nur Bezugspersonen, sondern oft auch Vorbilder für das Führen gesunder Beziehungen. Es möchte sich vielleicht beweisen, dass es doch jemanden halten kann. Und es ordnet sich bei erlittenem Vaterverlust aufgrund eines häufig verminderten Selbstwertgefühls leicht unter. Das Gefühl, dass andere sie übersehen, nicht wahrnehmen, kann für diese Trennungskinder ein Auslöser sein, sich zu früh wie Erwachsene zu verhalten. Eine empfundene Leere oder Ablehnung kann ab dem frühen Jugendalter in einer intimen Beziehung mit sexuellen Handlungen münden, um das Bedürfnis nach Anerkennung und Bindung kurzfristig zu erfüllen. Dies ist ebenso wie andere Extremhandlungen (beispielsweise starker Alkoholkonsum oder anderweitig riskantes Verhalten) nur ein kurzfristiger Lösungsversuch, um der Leere zu entkommen, die durch emotionale Vernachlässigung auch in Familien mit nicht getrennten Eltern entstehen kann. Langfristig fühlen sich die Betroffenen nicht wohl mit ihrer Sexualität bzw. ihrem extremen Verhalten.

Solch ein sexueller Frühstart ist ein schambehaftetes Thema, speziell bei Frauen, die bei Vaterverlust jedoch häufig so reagieren.[33] Darüber zu sprechen, fällt nicht jedem Trennungskind leicht. In den Interviews blieb dieses Thema meist sehr vage. Einzig Paula äußerte sich dazu detaillierter:

Paula ist jetzt 50. Ihre Eltern trennten sich, als sie 14 war, und sie zog bald danach mit der Mutter in eine entfernte Stadt. Der Vater war schon davor keine gute Bezugsperson gewesen. Paula hatte sich nach väterlicher Nähe gesehnt, doch er war nur wenig greifbar. Wenn er da war, dann war er der Clown oder aber der laute, schimpfende Rechthaber. »Häufig hat er mich kritisiert, weil ich schulisch nicht das leisten konnte, was er sich erhofft hatte«, erinnert sie sich. Mitgefühl hatte sie nie durch ihn erlebt. Schon vor der Trennung suchte sie die vermisste Nähe bei Jungs in ihrem Alter oder bei Älteren.

Den ersten Geschlechtsverkehr erlebte sie bereits mit zwölf Jahren, ungeschützt und unbeholfen. »Zum Glück wurde ich nicht schwanger, obwohl meine Pubertät längst eingesetzt hatte«, berichtet Paula und ergänzt, dass sie damals manchmal fast traurig war über das »verpasste Baby«.

Die Jungs fanden sie aufregend mit ihrem sehr weiblichen Körper, und Paula genoss das. Auch nach der Elterntrennung und dem Umzug in die neue Stadt war sie ständig liiert und es kam stets schnell zu sexuellem Kontakt. Ihre Mutter hatte einen neuen Partner und lebte ihre Sexualität so aus, dass Paula dies oft mitbekam. »Sex wurde für mich etwas ›Normales‹, was man eben so macht. Möglichst oft«, erinnert sich Paula. Sie fühlte sich gesehen, erwachsen und unabhängig, wenn sie ihren Körper herschenkte. Das blieb auch in ihren frühen Zwanzigern so, als sie teilweise zwei Freunde gleichzeitig hatte.

Heute sagt sie, dass keine der Beziehungen auf Augenhöhe war. Sie wollte gefallen, wurde aber nicht um ihrer selbst willen geliebt. Irgendwann spürte sie immer die Leere, die sich auftat, wenn sie erkannte, dass keiner der Männer sie als Person mochte.

An diesem Muster hat sie nie wirklich gearbeitet. Mit Mitte 20 traf sie ihren heutigen Mann, einen liebevollen, fast selbstlosen Menschen, der sie auf Händen trägt und sexuell wenig Interesse hat. Er war im Grunde ihr bester Freund: »Ich heiratete ihn als eine Art Rettung. Mein Körper und Sexualität spielten kaum noch eine Rolle. Das fühlte sich besser an.«

Sie kommen gut miteinander zurecht, doch das fehlende Selbstwertgefühl rumort noch immer in ihr. Sie hat sich in eine Vermeidungshaltung zurückgezogen: wenige Freund:innen, selten das Haus verlassen. Seit 20 Jahren ist sie arbeitslos und leidet an starkem Übergewicht. Die vom Hausarzt und der Gynäkologin angebotene therapeutische Hilfe hat Paula abgelehnt. »Das Fehlen meines Vaters und die Haltlosigkeit nach der Trennung meiner Eltern hatten für mich langfristige Auswirkungen«, glaubt Paula. Sie hatte immer wieder Nähe zu ihrem Vater gesucht, der Kontakt blieb aber stets schwierig und oberflächlich. Vor einigen Jahren verstarb der Vater.

Paula hat bis heute Selbstwertprobleme, fühlt sich wenig geliebt und unattraktiv. Sie hatte sich früh bemüht, durch sexuelle Handlungen, für die sie längst nicht reif genug war, Bindung herzustellen. So versuchte sie, die Zurückweisung durch ihre Eltern, speziell den Vater, zu kompensieren. Ihre sexuell spürbar aktive Mutter hat sie sich dabei wohl zeitweise zum Vorbild genommen.

Inzwischen vermeidet sie Beziehungen. Auch das erlebt Paula nicht als hilfreichen Weg, weil sie sich eigentlich Freunde und eine echte Partnerschaft wünscht, doch die Angst davor ist zu groß.

Impulse für dich

- Hast du schon im Jugendalter erwachsene Freiheiten ausgelebt, die dich eigentlich überfordert haben?
- Wie stellst du dir eine Halt gebende Beziehung vor? Welche Rolle sollte Sexualität darin spielen?
- Welche Wünsche an Sexualität hast du? Kannst du diese deiner Partnerperson gut vermitteln?

Wie geht es dir mit den Fragen? Welche Gefühle entstehen bei dir? Es kann durchaus sein, dass du an Verletzungen erinnert wirst, diese erneut spürst oder auch merkst, dass du es dir ganz anders wünscht.

Es ist möglich, sich aus den alten Mustern zu befreien – vor allem wenn es ein hilfreiches Umfeld gibt. Wichtig ist, dass du dich und deine Bedürfnisse ernst nimmst. Du darfst unangenehme Gefühle jederzeit äußern. Dazu braucht es unbedingt Partnerpersonen, die deine Grenzen respektieren. Wenn du Bindung zulässt und Beziehungen eingehst, bedeutet das nicht, dass du dafür Sexualität geben musst. Wenn du für dich rausgefunden hast, welche Form der Sexualität du leben möchtest, magst du diese Wünsche vielleicht im Gespräch mit deinem/deiner Partner:in teilen. Dazu schlagen wir die folgende Übung vor:

Impulse für dich: Entdecke deine Wünsche

- Nimm dir ein Blatt Papier und teile es in zwei Hälften. Auf die eine schreibst oder malst du, was du gerne loslassen möchtest. Welche Farbe, Form oder Worte findest du für das Erlebte? Welche Gefühle löst es noch heute in dir aus? Quäle dich nicht: Wenn es dir zu sehr wehtut, darfst du das Blatt auch gerne weglegen – möglicherweise kannst du es zu einem anderen Zeitpunkt bearbeiten. Vielleicht merkst du aber auch, dass der Schmerz langsam nachlässt: Du darfst loslassen, du bist nicht schuld.
- Wenn du dich bereit fühlst, bearbeite die zweite Hälfte deines Papiers. Welche Farbe, welches Symbol oder Wort steht dafür, wie du heute deine Sexualität leben willst? Wie geht es dir dabei? Welche Gefühle löst es aus? Wenn sich das noch zu schwer anfühlt, darfst du dir Hilfe suchen oder auch später weitermachen. Vielleicht merkst du aber auch, dass sich ein Bild formt, wie du dir Sexualität wünschst?

Wenn du merkst, dass dieses Thema für dich schambesetzt ist, du dich blockiert fühlst, kannst du dir auch therapeutische Hilfe suchen. Wichtig ist, dass du nach und nach für dich herausfinden kannst, was du dir wünschst. Oft ist das ein langer Prozess. *Du darfst, du musst nicht* ist ein Satz, der dich dabei begleiten kann.

Anerkennung über Leistung

Fleißig, anpassungsfähig und erfolgreich. Menschen, die mehr schaffen, als andere von ihnen erwarten, und sich darin regelrecht verlieren, stören nicht und beunruhigen niemanden. Das ist doch eigentlich gut, oder?

Leistung als Lösungsversuch

Ja und Nein. Etwas leisten zu können, gibt ein gutes Gefühl von Selbstwirksamkeit und angenehme soziale Anerkennung. Doch möglicherweise kann daraus ein problematisches Leistungsstreben entstehen, besonders wenn jemand unerfüllte Bedürfnisse damit kaschiert. Das positive Feedback in unserer Gesellschaft verhindert aber, dass die Person rechtzeitig merkt, dass ihr ihre Leistungsorientierung nicht wirklich guttut. Es ist daher besonders leicht, gerade in dieses Verhalten zu rutschen, und besonders schwierig, wieder aus diesem herauszufinden.

Wie kommt es dazu, dass du als erwachsenes Trennungskind möglicherweise auch dein Seelenheil in Erfolgen suchst? Einige unserer Interviewpartner:innen haben uns berichtet, dass ihre Bedürfnisse nach Anerkennung und Liebe und ihr Wunsch danach, Zeit mit den Eltern zu verbringen und mit den eigenen Sorgen gesehen zu werden, mindestens eine Zeit lang nicht ausreichend beachtet wurden:

- Das Kind fühlt sich möglicherweise alleingelassen von den Eltern. Die Strategie, von nun an auf sich selbst zu vertrauen, erscheint für das Kind erst mal hilfreicher.[34]
- Gefährliche Möglichkeiten, Leere kurzzeitig angenehm zu füllen, können Alkohol oder sonstige Drogen sein. Aber auch zwanghaftes Erfolgsstreben gehört in diesen Bereich.

- Die Kinder, die häufig die Rolle des oder der Fleißigen übernehmen, werden in der Trennungszeit oft übersehen, so unsere Erfahrungen. Sie bereiten weniger Probleme als beispielsweise die rebellischen Kinder. Ihnen fehlt aber oft eine Alternative zur Strategie, ihre Probleme über Leistung zu bewältigen. Dieses Muster kann sich bis ins Erwachsenenalter fortsetzen.
- Besondere Emsigkeit bringt den Beifall, der gerade in der Trennungszeit oft zu wenig zu spüren ist. Die Trennungskinder suchen Bestätigung und Sicherheit in großen Teilen im Außen.

Seit Ende der 70er-Jahre ist »Arbeitssucht« ein Begriff im deutschen Raum. Wissenschaftler forschen seither nach den Ursachen und haben verschiedene Theorien zur Entstehung entwickelt. Starkes Leistungsstreben rund um Arbeit und anderes Verhalten, das rasch für gute Gefühle sorgt und menschliches Miteinander ausklammert, ist oft Symptom für tieferliegende psychische Probleme und nicht selbst der eigentliche Punkt.

Starkes Streben nach Erfolg oder Leistung kann alternativ zu echten Beziehungen dein Belohnungssystem ansprechen. Sie sorgen kurzzeitig für Wohlsein, aber wirken sich mittelfristig nicht anders als eine Alkoholsucht aus, nämlich selbstschädigend. Der Wunsch, gesehen und geliebt zu werden, bleibt unerfüllt, wird lediglich für eine Weile durch einen Notbehelf ruhiggestellt.

Aus einem wenig geliebten Kind wird ein maßlos nach Liebe und Bestätigung gierender Mensch.

@Herzschuss, Twitter

Man kann hier auch von Kompensationsstrategien sprechen: Das unangenehme Gefühle sich innerlich leer zu fühlen, ersetzt die Person durch das Streben nach Leistung: *Was muss ich tun, damit ich geliebt werde?* Arbeit ist dann Ersatzerfüllung, die dich nicht im Stich lässt. Sie ist immer da.

Impulse für dich

- Manche erwachsene Trennungskinder neigen dazu, über ihre eigenen Grenzen hinaus zu arbeiten. Vielleicht kennst du von dir ähnliche Momente, wenn auch möglicherweise in schwächerer Ausprägung als in unseren Fallbeispielen? Falls ja, welche guten Gründe stecken womöglich dahinter?
- Wer bist du ohne deine Arbeit?
- Vernachlässigst du für deine Arbeit deine eigenen Grundbedürfnisse wie zum Beispiel Ernährung, Schlaf und Gesundheit im Allgemeinen?

Gefühlte Leere

Daniel ist Anfang 30. Er hatte sich sofort gemeldet, als ich nach erwachsenen Trennungskindern gesucht hatte, die sich selbst als »Overperformer:innen« mit Leistungsstreben sehen. Im Gesprächsverlauf merke ich, wie viel dahintersteckt. Zunächst beschrieb er die empfundene Leere:

Mitte der Neunziger, als gleich zu Beginn der Schulzeit Daniels hohe Begabung deutlich wurde und er eine Klasse überspringen sollte, begannen zwei Dynamiken, die seinen weiteren Lebensweg stark beeinflussen sollte: »Zum einen traf ich die Wahl, wegen der Freunde in mei-

ner Klasse zu bleiben, womit aber ein Schulweg voller Langeweile und Aufsässigkeit begann. Und ich lernte nie wirklich zu lernen, denn bis zum Abi flog mir alles zu. Diese Erkenntnis kam so spät, dass ich mir mit einem schlechten Schnitt den Zugang zu meinen Berufswünschen Mediziner oder Jurist verbaute. Da entstand viel Unglück.

Zum anderen kam es parallel im Elternhaus zum Zusammenbruch: Wie aus dem Nichts gab es eine offene, harte Auseinandersetzung, nach der meine Mutter verschwand. ›Die kommt nicht wieder!‹ ist der Satz meines Vaters, den ich heute noch im Ohr habe. Er legte den Grundstein für immer weiterwachsende Verlustängste. Ich war wütend, aber vor allem ohnmächtig. Niemand hat mir geholfen, die Geschehnisse einzuordnen. Die Signale meiner Eltern waren so ambivalent. Sie waren nie offen mit mir und meinem Bruder. Eine bessere Kommunikation hätte ich mir dringend gewünscht.« Beziehungssuche und Angst vor Beziehungsverlust wurden Daniels wichtigste Themen, nahmen im weiteren Verlauf sogar krankhafte Züge an.

Die Mutter kam zwar zurück, aber ab dann ging es nur noch in explosiver Stimmung um die Trennung und den Verbleib der Kinder. Die Jungen zogen mit ihrer Mutter zu den Großeltern. Sie hatte schon rasch nach Daniels Geburt wieder Vollzeit gearbeitet und wollte daran auch nichts ändern. Versorgung durch andere war normal. »Die Fürsorge durch die Großeltern bezog sich aber vor allem auf Betreuung und Essenmachen«, beschreibt Daniel es heute, »viel Beziehung war da nicht. Ich empfand all die Jahre eine wahnsinnige Leere in dem großen Haus.«

Für ihn war die Trennung ein Schock: »Familie war immer mein sicherer Rahmen. Jetzt wurde deutlich, was grundsätzlich fehlte, auch vor der Trennung schon: verlässliche Beziehung. Meine Mutter hatte sich um vieles gekümmert, war aber durch ihre Arbeit nie feinfühlig für mich da. Zu meinem Vater war die Beziehung kontinuierlich schlecht gewesen, bei ihm habe ich nie Stolz wahrgenommen oder Be-

stätigung gefühlt«, erzählt er und ergänzt: »Auch später, wenn wir wochenends bei ihm waren, gab es keinerlei Bemühung um echte Verbindung. Eigentlich beschäftigte er uns immer nur.« Auch sein baldiger Stiefvater zeigte kein Interesse daran, eine wirkliche Vaterfigur zu werden. Daniel sagt, ihm fehlte es durchweg an einer männlichen Vorbildfigur, und dies habe er schmerzlich vermisst. Die Großeltern füllten all diese Lücken nicht. Daniel war einsam.

Im Alter von zehn Jahren entwickelte Daniel Diabetes, mit dem er in der folgenden Jugendzeit immer schlechter umging. Essen wurde zur Dauerbeschäftigung des Jungen, der eh schon einen kräftigen Körperbau hatte. Als Teenager fehlte ihm dank Hänseleien die Kraft, etwas daran zu ändern. Die Mutter und ihr neuer Freund arbeiteten jeden Tag bis in die Abendstunden. Sie sahen auch sonst nicht hin und nahmen keinen Leidensdruck bei dem deutlich essgestörten Daniel wahr, sodass ihm nicht geholfen wurde.

Bald wog er 124 kg mit einer Größe von 1,80 m: »Bei Gleichaltrigen war ich schlicht ›der Dicke‹, den man leicht schikanieren konnte. Meine sozialen Fähigkeiten blieben dadurch lange recht kümmerlich. Ich ging sehr eingeschüchtert durchs Leben, voller Sehnsucht nach einer heilen Welt und besonders nach einer Vaterfigur. Mich begleitete die unbewusste Botschaft meiner Eltern, dass wir Kinder ihnen im Weg waren – speziell ich – noch mal mehr als mein Bruder«, erklärt Daniel. »Wegen meiner Erkrankung mussten sich die Erwachsenen viel um mich kümmern, was meine Mutter aber dazu veranlasste, alles, was sie an Aufmerksamkeit noch übrig hatte, meinem Bruder zu geben. Zwischen uns Jungs verursachte das viel Streit, und in mir blieb das Gefühl zurück, dass ich einfach zu viel bin.«

Daniel, ein Jugendlicher, dem Aufmerksamkeit und Nähe fehlten. Für (Trennungs-)Kinder gibt es verschiedene Arten, mit Leere und Unwohlsein umzugehen. In unseren Interviews berichteten uns die inzwischen Erwachsenen, dass Rückzug und der Weg ins Unsichtbare ein Weg waren: »Bloß keine Probleme machen.« Die Leere füllten sie häufig mit Büchern, Computerspielen oder anderen eher passiven Beschäftigungsmöglichkeiten. Daniels Weg in der Jugendzeit war eher das maßlose Essen. Doch wenn niemand die Gründe sieht, dann sind diese Strategien nur ein Symptom und nicht die Ursache: Die Beziehungslosigkeit bleibt. Er stopfte die Leere nur zu.

Suche nach Kontrolle

Daniels Mutter lebte ihm übermäßige Orientierung an Leistung in der Arbeitswelt vor. Er identifizierte sich stark mit ihr und übernahm das Verhalten. Dieses Umschwenken zum Fokus auf Erfolge und Leistung war zunächst aktiver und gesünder als maßloses Essen. Es verschaffte ihm Glücksgefühle und half dabei, sich wertvoll zu fühlen (während beispielsweise eine Esssucht eher Hass oder Ekel auslösen kann). Die Wurzel von Daniels Leeregefühl blieb dennoch weiter ungesehen. Und die Abhängigkeit von fremden Bewertungen für ein gutes Selbstwertgefühl hielt an.

Nach dem Schulabschluss 2009 entschied sich Daniel für ein Studium der Wirtschaftsinformatik. Nun begann er ehrgeizig, Lernen wirklich zu lernen, sodass die Ergebnisse im Laufe der Studentenzeit und auch sein Abschluss 2012 hervorragend waren. Er lebte für die Erfolge. Er wollte glänzen und als leistungsstark wahrgenommen werden, denn Anerkennung war (und ist) ihm ein wichtiger Antrieb. Es ist deutlich zu spüren, dass er sich nach wie vor einen stolzen Papa wünscht, der anerkennt, was sein Sohn leistet, und genau darüber Bescheid weiß, was dieser alles kann.

Eine gelingende Beziehung war weiterhin sein primäres Bedürfnis: »In der Familie blieb mir dies verwehrt. Ich ging Liebesbeziehungen ein, doch mit unguten Entwicklungen. Eine Partnerin wies eigene Pro-

bleme wie eine Borderline- und eine Essstörung auf, und mein Kümmern um sie verursachte am Ende meine Arbeitsunfähigkeit«, erzählt er mir, »dabei hatte ich direkt nach dem Studium beruflich eine super Chance. Mein direkter Chef sah mein Potenzial und unterstützte mich. So konnte ich ein echt erfüllendes Arbeitsleben entwickeln. Das gab mir viel für meine Stabilität und mein Selbstwertgefühl.«

Das Private torpedierte dies jedoch, denn die in Kindheit und Jugend erlebte Beziehungsleere hatten bei Daniel dazu geführt, dass seine fordernde Partnerin extreme Verlustängste und Kontrollzwänge in ihm wachsen ließ.

»Die Erklärung der Arbeitsunfähigkeit nach dem Ende der ungesunden Beziehung war ein absoluter Tiefpunkt. Ich war 27 und stand wieder ohne alles da. Im Nachhinein war es eine notwendige Krise. Verhaltenstherapeutische Arbeit hat seither mein Leben verändert«, erzählt er sehr dankbar. »Ich konnte verstehen, was mir als Trennungskind gefehlt und wie ich dies ungesund kompensiert hatte – mit Essen und Arbeit, Aufopferung und Zwängen. Und ich habe definitiv viele Lehren aus dieser Zeit für meine Zukunft gezogen. Ich will so vieles anders machen als damals und als meine Eltern. Und in vielem gelingt mir das gut.« Unsicherheiten und Verlustängste sind noch da, aber bestimmen sein Handeln kaum noch. Nur die Unnahbarkeit des Vaters steckt weiterhin in ihm, ergänzt Daniel unzufrieden.

Bei Daniel zeigte sich starkes Leistungsstreben als ein Puzzleteil im Umgang mit dem eigenen Unwohlsein. Viele weitere kamen hinzu, wie beispielsweise das Aufopfern für andere und das Festhalten an der Beziehung zur Freundin, die ihm letztlich aber nicht guttat, bei der er nicht den Halt fand, den er suchte. Diese Vermischungen von bekannten Mustern und Umgangsweisen, die schon bei verschiedenen Interviewpartner:innen zutage traten, fußen letzten Endes immer wieder auf den gleichen misslichen Bedingungen:

- übersehene Bedürfnisse schon im Kindesalter
- fehlende Möglichkeiten, Gefühle adäquat auszudrücken
- fehlende Bezugspersonen
- mangelndes Selbstwertgefühl

Die fehlende elterliche Zuneigung löst bis heute Traurigkeit in Daniel aus. »Zu meinen Gefühlen habe ich kaum Zugang. So kann ich die sicher vorhandene Trauer über diese ganze Zeit nicht mal wahrnehmen und dementsprechend auch nicht ausdrücken. Ich weine nicht. Und es besteht immer das Risiko, dass Trauer und Wut wieder Ängste auslösen und mich erneut in Kontrollzwänge driften lassen«, fasst Daniel zusammen.

Ein übermäßig starkes Streben nach Leistung oder Arbeitserfolgen kann schlimmstenfalls zu einer Sucht werden mit ähnlichen sozialen Folgen wie beispielsweise bei Alkoholsucht. Die süchtige Person ersetzt nahe soziale Beziehungen mitunter durch eher losere Beziehungsformen, beispielsweise mit Arbeitskolleg:innen oder einer Trinkgemeinschaft. Denn enge Freund:innen oder Familie würden einen eher mit dem Verhalten konfrontieren, das möglicherweise zur Sucht geworden ist. Die süchtige Person vermeidet so die Auseinandersetzung mit dem selbstschädigenden Verhalten.

Raus aus dem Leistungsstreben

Im Gegensatz zu vielen anderen erwachsenen Trennungskindern, die dem übermäßigen Streben nach Leistung verfallen, blieb Daniel eng mit seinen Mitmenschen verbunden. Er schaffte eine Art Umkehr und konnte sich – unterstützt durch therapeutische Begleitung – im Laufe der Zeit darauf besinnen, was er eigentlich sucht und braucht und auch hinsichtlich seiner psychischen Gesundheit am sinnvollsten ist: echte, zuverlässige Verbindung mit Menschen. Daniel reflektierte, dass es ihm nicht guttat, seine innere Stabilität über die Erfolge im Außen zu suchen. Heute kann er emotionale Nähe gut zulassen und muss sich weniger durch die Anerkennung anderer stabilisieren. Für ihn war es entscheidend, sich seines Verhaltens und des Umgangs mit seinen Gefühlen bewusst zu werden.

Durch solche Reflexionen ist es möglich, die Abkehr vom Suchtmittel »Leistung zeigen« (oder auch anderen) zu finden. Die folgende Übung kann ein erster Schritt sein, dein Verhalten zu überdenken und neue Lösungswege anzuvisieren. Es ist jedoch nicht immer einfach, die Ursachen sind häufig vielfältig. Scheu dich dabei nicht, Hilfe anzunehmen, möglicherweise auch von Therapeut:innen.

Impulse für dich

- Betrachte dich ehrlich: Wie sehen deine Arbeitszeiten aus? Machst du deutlich mehr, als im Vertrag steht? Denkst du an Pausen? Achtest du auf deine Gesundheit? Wie gesund ernährst du dich? Änderst du etwas, wenn Rücken oder Nacken schmerzen?
- Kannst du dich nach Feierabend abgrenzen und deinen Kopf frei machen? Wenn ja, wie schaffst du das? Wenn nein, was hindert dich daran?
- Wie ist dein Leben außerhalb deiner Arbeit? Pflegst du Freundschaften? Hast du Zeit für dich selbst?
- Wer bist du noch? Hast du eigene Wünsche und Ziele, die nicht auf äußere Erfolge ausgerichtet sind, und gehst du sie an? Wer mag dich unabhängig von deinem beruflichen Erfolg? Wofür wirst du gemocht?

Von der Trennung zur Diagnose Depression

Ich war einfach immer angepasst, ich habe nie gesagt, wenn mich etwas stört oder es mir nicht gut geht, hat ja eh niemanden interessiert. – Was passiert mit dir, wenn du diesen Satz hörst? Für nicht wenige erwachsene Trennungskinder beschreibt er (annäherungsweise) ihre Kindheit – für dich möglicherweise auch? Oder begleitet dich dieser Satz in deiner Rolle als Mutter, Vater, Freund oder Freundin oder in deiner Partnerschaft? Vielleicht gehst du mit Konflikten auch ganz anders um, benennst deine Probleme und Bedürfnisse. Möglicherweise schreist du sie auch mal raus und bist eher ein aufbrausender Typ.

In diesem Kapitel geht es darum, wie Gefühle und Verhaltensweisen auf unterschiedliche Art zu Problemen führen, Leid erzeugen. Psychisches Leid zeigt sich vor allem in Beziehungen zu Mitmenschen und engsten Vertrauten.

Da die Depression in ihrer Komplexität so viele Mechanismen von psychischen Erkrankungen beinhaltet, ist dieses Kapitel exemplarisch dieser Erkrankung gewidmet. Es kann dir helfen, das Krankheitsbild der Depression besser zu verstehen.

Wichtig ist, dass du dir, wenn du den Verdacht hast, dass du selbst depressiv sein könntest, bei Psychotherapeut:innen und Psychiater:innen Hilfe suchst oder zumindest erst einmal deiner Hausärztin oder deinem Hausarzt deine Probleme schilderst.

Konfliktreiche Elterntrennungen oder andere Herausforderungen führen nicht generell zu psychischen Erkrankungen. Sie machen sie lediglich wahrscheinlicher.[35] Ob eine Elterntrennung der Grund für eine psychische Erkrankung ist, hat viel mit den sonstigen Lebensbedingungen zu tun und damit, welche anderen Erfahrungen gemacht wurden und werden.

Wissenschaftlich gesehen wirken bei der Entstehung von psychischen Erkrankungen immer mehrere Faktoren zusammen.[36] Man spricht von biologischen Faktoren wie beispielsweise Veranlagungen und sozialen Faktoren wie Lebensbedingungen und Lebenserfahrungen. Ich habe viele Erwachsene erlebt, die die Trennung ihrer Eltern gut verarbeitet hatten. Sie konnten offen und mit viel Sicherheit eine Partnerschaft eingehen und ihre Elternrolle leben. Wenn aber viele Stressfaktoren zusammenkamen, Umzüge stattfanden, die eigenen Eltern sehr viel miteinander stritten, gar psychisch erkrankten, kann das psychische Leid bei dir als Trennungskind so groß geworden sein, dass sich daraus eine Krankheit entwickelte.

Möglicherweise erlebst du es manchmal auch, dass deine Psyche, wenn dir alles zu viel wird, in eine Art Schutzmodus schaltet. Vielleicht fühlst du dich dann leer oder willst gar nicht mehr aus dem Bett kommen. Einige bemerken auch eine bleierne Traurigkeit.

Wie geht es dir? Wir laden dich in diesem Kapitel ein, die guten Gründe deiner Psyche zu verstehen, falls du ähnliche Situationen kennen solltest, und wir geben dir kleine Impulse für einen liebevollen Blick auf dich selbst.

Mythen psychischer Erkrankungen

Oft bleibt psychisches Leid lange verborgen. Es ist nicht sichtbar wie etwa der Beinbruch oder die Kopfverletzung und zeigt sich oft ganz anders, als wir es erwarten. In vielen Köpfen gibt es bestimmte Ideen, wie Menschen sich verhalten, wenn sie traurig, wütend, ängstlich oder auch psychisch erkrankt sind. Ich habe aus meiner langjährigen Erfahrung als Psychotherapeutin und Ausbilderin von Psychotherapeut:innen verschiedene Aussagen zusammengetragen, die Menschen mit psychischen Erkrankungen immer wieder begegnen:

- Wer traurig ist, weint und sucht sich Hilfe.

- Wenn Eltern gewalttätig zu ihren Kindern sind oder ihre Bedürfnisse nicht sehen, wenden sich die Kinder spätestens im Erwachsenenalter von den Eltern ab.
- Wenn man sich selbst nicht mag oder wertschätzt, muss man etwas an seiner Einstellung ändern.
- Wer ängstlich ist, traut sich gewisse Dinge nicht zu, beispielsweise vor Gruppen zu sprechen.
- Depressive Menschen leben zurückgezogen und weinen viel.

Natürlich können diese Aussagen auf einige Menschen zutreffen, sie sind aber nicht allgemeingültig. Psychisches Leid zeigt sich in allen Farben und Formen. Wir reagieren unterschiedlich: mal laut und mal leise, mal wütend und mal zurückgezogen.

Wenn Menschen unter ständiger Traurigkeit leiden, sind sie oft nicht in der Lage, sich Hilfe zu suchen. Sie weinen meist auch nicht ständig, sondern haben vielmehr das Gefühl, dass eine graue Wolke sie permanent begleitet.

Selbst wenn Eltern sich nach der Trennung nicht gut um ihre Kinder gekümmert haben oder gewalttätig wurden, fühlen sich Kinder oft für ihre Eltern verantwortlich. Und auch im Erwachsenenalter bleibt der Wunsch nach einer Bindungsperson, einer Mama oder einem Papa, oft bestehen. Sie bleiben im Kontakt mit den Menschen, die ihnen Leid angetan haben, auch wenn das zunächst nicht logisch erscheint. Oft folgen sie dem innerlichen Wunsch, dass es irgendwann besser wird, die Eltern sich endlich liebevoll zugewandt verhalten werden. Sie spalten Konflikte oder auch verletzende oder gewaltvolle Erfahrungen ab, um inneres Leid zu reduzieren. Nicht selten führt diese innere Zerrissenheit zwischen dem Wunsch nach einer liebevollen Bindungsperson und der Abspaltung der Gefühle, um den Kontakt auszuhalten, im Laufe des Lebens zu psychischen Erkrankungen.

Die Idee, dass man doch nur seine Einstellung, sein »Mindset« ändern müsste, klingt einfach und nachvollziehbar und ist für viele Menschen eine echte Hilfe. Sich selbst mehr wertschätzen, die schönen Momente genießen, all das kann helfen, den Alltag positiver wahrzunehmen und die Lebensqualität zu verbessern.

Menschen mit psychischen Erkrankungen können dies aber in der Schnelligkeit und Einfachheit oft nicht. Sie haben aufgrund ihrer belastenden Erfahrungen sogenannte Arbeitsmodelle entwickelt, die sich bis ins Erwachsenenalter hielten und nicht einfach veränderbar sind. Häufig hatten diese Einstellungen und Verhaltensweisen lange einen guten Grund: Beispielsweise, weil die Besuchskontakte bei einem Elternteil immer sehr befremdlich waren und Angst ausgelöst haben oder das Leben sehr lange unsicher war, sodass die Angst geholfen hat, immer auf der Hut und auf Gefahren vorbereitet zu sein. Die Idee, dass man Einstellungen doch einfach ändern könne, nach dem Motto *Ich schenke dir einen Glaubenssatz und dann geht es dir schon viel besser*, greift für Menschen mit psychischen Erkrankungen oft zu kurz. Die Folge ist häufig noch mehr innere Abwertung und das Gefühl, nicht richtig zu sein, sich falsch zu fühlen, was wiederum die psychische Erkrankung weiter verstärken kann.

Und wie steht es mit der Ängstlichkeit? Die Annahme, dass jemand, der oder die ängstlich ist, sich Dinge bewusst nicht zutraut, stimmt natürlich schon. Vielleicht kennst du das auch: nicht in Konflikte gehen, weil die Angst so groß ist, die Person zu verlieren. Oder erst gar keine Beziehung eingehen, weil es sonst wieder so weh tun könnte. Möglicherweise ist dir die Angst dann bewusst. Du spürst sie und entscheidest dich bewusst gegen die Konfrontation mit deiner Angst.

Meine Erfahrung mit erwachsenen Trennungskindern ist jedoch, dass ihnen die Angst oft nicht bewusst ist. Sie begleitet Partnerschaften, Freundschaften und schleicht sich auch in die Begleitung der eigenen Kinder ein, ist jedoch von außen kaum zu erkennen. Da gibt es beispielsweise den Vater, der sich Sorgen macht, ob seine Kinder sicher nach Hause kommen, oder die Mittzwanzigerin, die sich auf keine Beziehung einlässt, weil sie ihre Freiheit so sehr genießt. Möglicherweise spürt er oder sie erst mal nicht die Angst, sondern im Laufe des Lebens eine innere Leere oder Antriebsarmut, hinter der Ängste stecken können.

Leben Menschen mit psychischen Erkrankungen nicht dauerhaft zurückgezogen? Oder werden im anderen Extrem Geschäftsführerin oder Präsident der Vereinigten Staaten? Beides ist möglich, aber vorrangig zeigen sich psychische Auffälligkeiten in Beziehung mit den Menschen, die einem besonders nahestehen. Gerade in der Nähe entsteht ja auch Reibung, kommt es zu Konflikten. Depressiv Erkrankte ziehen sich dann meist zurück und vermeiden den Kontakt zu Familienmitgliedern oder engsten Freunden. Anfangs »funktionieren« sie äußerlich noch, sie backen Kuchen auf Kindergartenfesten, sind wichtige Ingenieure in Betrieben oder begleiten liebevoll Kinder als Erzieherin.

Anzeichen von Depression sind dann eher die häufigen Absagen bei Verabredungen, das Nichtantworten auf die Nachfrage *Wie geht es dir?* oder eine eher negative und pessimistische Sicht auf die Welt, sich selbst und die Zukunft. Auch plötzliche Verhaltensänderungen, sogar in eine fröhliche Richtung, können Hinweise sein. Oft wird lange versucht, die Fassade aufrechtzuerhalten, da psychisches Leid häufig schambesetzt ist.

Depression ist eine Krankheit, kein Gefühl

Unsere Psyche ist ganz individuell, demnach reagieren wir auch sehr unterschiedlich auf Belastungen. Dieser Abschnitt wirkt vielleicht im ersten Moment auf dich etwas düster, wir laden dich dennoch ein, weiterzulesen.

Grundsätzlich kann man davon ausgehen, dass psychische Erkrankungen Schutzmechanismen sind, die davor bewahren sollen, sich zu überlasten. Natürlich ist das oft im Alltag schwer, wenn man einfach »nicht richtig funktioniert«. Doch möglicherweise ist es für dich hilfreich, in der psychische Erkrankung einen Fluchtweg zu sehen, den es zu verstehen gilt. Und du bist nicht allein!

Gerade bei konfliktreichen Trennungsgeschichten entsteht viel psychisches Leid, in dem viele Trennungskinder bis ins Erwachsenenalter hinein noch »drinstecken«. Eine der häufigsten Diagnosen ist Studien zufolge dabei die Depression.[37] Laut Schätzungen des Bundesgesundheitsministeriums erkranken etwa 16 bis 20 Prozent der Menschen irgendwann in ihrem Leben mindestens einmal an einer Depression oder einer chronisch depressiven Verstimmung (Dysthymie).[38]

Depressionen hat viele unterschiedliche Gesichter

Doch was genau ist eigentlich eine Depression? Wahrscheinlich hast du den Satz *»Ich bin heute voll depri«* auch schon mal von jemandem gehört. Dabei ist eine Depression keine Momentaufnahme, sondern eine Krankheit, die sich ganz unterschiedlich zeigen kann. Depressionen sind nicht einen Tag da, weil man schlecht geschlafen hat oder einen Konflikt hatte, sondern begleiten die Menschen oft sehr lange.

Wenn die Depression sich im Leben breitmacht, können wir oft vieles nicht mehr, was wir vorher leisten konnten. Eine dauerhafte freudlose Stimmung lässt uns möglicherweise die Lust an Hobbys verlieren, wir haben keine Kraft mehr aufzustehen und sind möglicherweise ständig müde. Wir verlieren das Vertrauen in uns selbst: »Vorher konnte ich das doch auch? Warum schaffe ich das einfach nicht mehr?«

Das Gefühl der Schuld, weil man nicht mehr funktioniert oder nicht genug für andere da ist, kann so stark sein, dass es bis zu Todeswünschen führt. Möglicherweise zeigt sich auch eine innere Leere, man fühlt weder Freude noch Leid, stattdessen macht sich eventuell Gereiztheit und latente Aggression breit. Die kleinste Kleinigkeit ist einem zu viel und die Psyche reagiert aus Schutz mit Angriff und Vorwürfen. Diese Gesichter der Depression sind nicht starr, sie können sich abwechseln oder auch unterschiedlich stark hervortreten.

Depressive Störungen haben eine Dauer von mindestens zwei Wochen, können aber auch Monate und in einigen Fällen auch Jahre anhalten.

Von der Belastung zur Depression

Wenn Erfahrungen ein Kind so erschüttern, dass es nicht mehr weiß, wie es damit umgehen soll, kann es sein, dass es diese Erfahrungen traumatisch verarbeitet. Dies kann auch bei Elterntrennungen der Fall sein, wenn du beispielsweise sehr unter den Konflikten deiner Eltern leiden musstest oder es so empfindest, dass du einen Elternteil verloren hast. Dabei können Gefühle von Ausgeliefertsein und extremer Hilflosigkeit entstehen.

Eine Studie erforschte, welche Lebensereignisse mit der Auslösung depressiver Episoden verbunden waren: Dies waren nicht jene, die mit Lebensgefahr einhergingen, »sondern solche, die mit sozialen Beziehungen zu tun hatten: Verluste, Trennungen, Beschämungen und Erniedrigungen«.[39]

Wenn unsere Psyche das Geschehene als zu schlimm empfindet, kann es sein, dass sie als »Ausweg« Teile der Wahrnehmung abspaltet. Auf der körperlichen Ebene wird man beispielweise gefühllos gegenüber Schmerz. Aber auch Gefühle und Erinnerungen an die Situation an sich oder daran, wie sich die Eltern verhalten haben, verpackt unsere Psyche gut. Aber auf diese Weise ist keine Befreiung vom Leid möglich: Die Erfahrungen bleiben präsent in Träumen, aber auch in Gedanken und Bildern.

Alltagserlebnisse, sei es in der Partnerschaft oder mit den Kindern, können diese Erinnerungen wecken. Wenn du als Erwachsene:r die Nähe, Bindung und Zugewandtheit erfährst, die dir möglicherweise als Kind gefehlt hat, kann es dir dabei helfen, dass du deine Gefühle aushalten und letztlich auch verarbeiten kannst. Du kannst dann deine Kindheitsgefühle hinter dir lassen und deine Bewältigungskraft nutzen, um deine Alltagsschwierigkeiten zu meistern. Dabei sagst dir innerlich möglicherweise ganz automatisch *Meine Erfahrung als Kind war schlimm, aber heute bin ich erwachsen und kann mir helfen.*

Fehlen dir aber auch als Erwachsene:r Menschen in deiner Umgebung, die dir Schutz geben und dich halten, kann diese Hilflosigkeit unerträglich werden. Deine Psyche springt dann möglicherweise helfend ein und schaltet deine Gefühle aus. Eine Depression kann sich verfestigen.

Impulse für dich

- Wie sind meine Eltern nach der Trennung auf mich eingegangen? Konnte ich meine Bedürfnisse äußern? Wurde ich mit meinen Gefühlen ernst genommen? Wurde sich um mich gekümmert?
- War die Trennung für mich absehbar oder ein Schock für mich?
- Gab es veränderte Lebenssituationen, etwa Umzüge?
- Gibt es heute Beziehungen, die mir nicht guttun oder sogar schädlich für mich sind?
- Welche Emotionen löst es heute noch in mir aus, wenn ich als erwachsene Person über die Trennung meiner Eltern spreche oder daran denke?

Die Betroffenen ziehen sich häufig zurück, meiden Familienfeiern oder Freundschaftsbesuche und im weiteren Verlauf ist die alltägliche Arbeitssituation eine große Herausforderung und bei schlimmeren Erkrankungsverläufen oft nicht mehr zu bewältigen.

Depressionen sind also oft nur die Spitze des Eisbergs. Darunter liegen verborgene Gefühle von Angst, Trauer, Wut, Hoffnungslosigkeit und so viel mehr. Die Depression legt sich oft wie ein Schleier über diese Gefühle, die dann erst einmal nicht mehr so schmerzhaft wirken, der Alltag scheint vorerst erträglicher. Doch sich dauerhaft nicht mehr zu spüren, sich innerlich leer zu fühlen, ist sehr belastend.

Als Marias Eltern sich trennten, wohnte der Vater einige Zeit noch in der gemeinsamen Wohnung. Als sie sieben Jahre alt war, zog er in die USA und Maria blieb mit ihrer Mutter und ihrem Bruder in Deutschland zurück. Maria hatte das Gefühl, dass sie ab dem Zeitpunkt keinen Vater mehr hatte: »Er war einfach weg.«

Auch als er seinen Lebensmittelpunkt wieder nach Deutschland verlegte, gab es nur selten Kontakte mit ihm. Maria entwickelte daraufhin Verlustängste und fühlte sich verlassen. Dies spürte sie vor allem, wenn ihre Mutter Termine ohne die Kinder hatte, beispielsweise bei Elternabenden. Sie hatte Angst, dass ihrer Mutter etwas passieren könnte, sie auch »einfach weg sein könnte«. Maria verhielt sich daraufhin angepasst und verantwortungsbewusst: »Ich war immer nett, freundlich und eine Traumschülerin, würde ich aus meiner heutigen Perspektive sagen.« Auf die Frage, was sie aus heutiger Sicht für den Grund für ihr damaliges Verhalten hält, antwortet Maria: »Ich wollte anderen gefallen. Ich habe die Schuld bei mir gesucht, wenn jemand ablehnend mir gegenüber war.« Ihre eigenen Bedürfnisse danach, gesehen zu werden oder ihre Meinung kundzutun, unterdrückte sie.

Maria befindet sich aktuell in Trennung von ihrem Mann, mit dem sie zwei Kinder hat. Heute sagt sie, dass sie sich auch deshalb in ihn verliebt hat, weil sie das Gefühl hatte, dass seine anfänglich starke Zuwendung das war, was sie nach Mangelerfahrungen in der Kindheit endlich brauchte: »Ich habe mich endlich geliebt und gesehen gefühlt.« Gerade weil Maria dies zu Hause nicht erfahren hat, genoss sie die Aufmerksamkeit, die sie anfangs von ihrem Mann bekam, sehr.

Nach dem zweiten Kind änderte sich jedoch das Verhalten des Mannes: »Er hat es einfach nicht überwunden, dass das Kind so viel Aufmerksamkeit bekommt.« Maria entwickelte zwar im Verlauf der Beziehung immer mehr Wut auf das Verhalten ihres Mannes, konnte dies aber kaum äußern: »Ich stimme immer dem anderen zu.« Sie ordnet dieses Muster der Zeit nach der Trennung ihrer Eltern zu, wo sie in Loyalitätskonflikte geriet, weil die Eltern »übereinander herzogen«: »Ich habe meine Meinung dann immer dem Elternteil angepasst, der gerade bei mir war.« Auch in der partnerschaftlichen Beziehung bemerkte sie ihre alten Verlustängste und Schuldgefühle. Sie nahm sich daraufhin sehr zurück, weil sie einerseits Angst hatte, ihren Mann zu verlieren, und andererseits das Gefühl hatte, dass sie Fehler mache und ihm gefallen müsse.

Nach 20 Jahren Beziehung kam es zur Trennung. Maria litt danach unter massiven Schuldgefühlen, weil sie das Gefühl hatte, es viel zu lange mit ihm ausgehalten zu haben, und weil sie zeitweise sogar meinte, an der Trennung schuld zu sein, obwohl ihr Mann sie verlassen hat. Diese Schuldgefühle, gepaart mit dem inneren Satz »Ich muss anderen gefallen, sonst verliere ich sie«, den Erinnerungen an die Trennung der Eltern und dem damit verbundenen Verlust des Vaters haben Maria sehr zugesetzt und letztlich auch gelähmt: »Ich war wie paralysiert.«

Sie geriet daraufhin in eine depressive Phase. Die Antriebsarmut und das Gefühl der inneren Leere beschreibt sie für sich als völlig untypisch: »Eigentlich bin ich ein fröhlicher, lebensbejahender Mensch.«

Maria war noch im Kindergartenalter, als ihr Vater ins Ausland zog und sie diesen Verlust bewältigen musste. Ihre Psyche wählte damals die für sie beste Möglichkeit, die Situation zu bewältigen: Sie verhielt sich freundlich und nett und möglichst kooperativ, um so das Risiko, auch noch andere Bezugspersonen zu verlieren, zu minimieren.

In ihrer Beziehung zu dem Mann ihrer Kinder spürte sie Gefühle von Wut, Angst und innerer Zerrissenheit. Sie verließ ihn nicht, wahrscheinlich auch, weil ihre alten Mechanismen, sich kooperativ und nett zu verhalten, bis heute wirken. Als ihr Mann sich trennte, erlebte sie den Verlust einer Beziehung erneut. Möglicherweise kamen zu viele Stressfaktoren zusammen und die Trennung löste eine depressive Episode bei Maria aus.

Wiederholte Hilflosigkeit

Partnerschaftsprobleme können Auslöser für eine Depression sein, die dann, ähnlich wie bei Maria, alte Gefühle von Hilflosigkeit wecken. Wenn du von Depressionen betroffen bist, kennst du vielleicht das Gefühl, nichts tun zu können und dich teilweise wieder als Kind zu fühlen, das keine Kontrolle über die Situation hat und den Entscheidungen der Eltern ausgeliefert ist. Du hast möglicherweise gelernt *Egal, was ich tue, es bringt nichts* und versuchst es dann gar nicht erst.

Es fällt dir schwer, Lösungen zu entwickeln, weil du nicht erlebt hast, dass es möglich ist, Probleme anzugehen. Du hast nicht ausreichend erfahren, dass deine Meinung wichtig ist und du dir helfen kannst. Auch wenn du heute als Erwachsene:r eigentlich über die Fähigkeiten verfügst und Menschen hast, die dich unterstützen, bist du innerlich immer noch gefangen im Gefühl *Ich kann nichts tun*. Dieses Muster nennt die Psychologie »erlernte Hilflosigkeit«.

Den guten Grund von Depressionen verstehen und bewältigen

Manche erwachsene Trennungskinder kennen es, dass ein:e Freund:in ihnen immer wieder sagt, wie liebenswert sie sind, doch sie selbst können das nicht glauben. Vielleicht hast du das auch schon so empfunden. Dann kann es sein, dass deine alten Erfahrungen Spuren hinterlassen haben und du möglicherweise immer noch versuchst, dich vor Verletzungen zu schützen.

Wenn man Depressionen nun in diesem Licht sehen kann, nicht als Feind, den man bekämpfen muss, sondern als Folge von schmerzhaften Erfahrungen, kann Veränderung in kleinen Schritten geschehen.

Maria konnte die depressive Phase mit psychotherapeutischer Hilfe überwinden: »Der wichtigste Punkt war, dass ich lernte für mich einzustehen. Heute will ich mich nicht immer in den Hintergrund schieben aus Angst, verlassen zu werden.« Ein anderer wichtiger Punkt in der therapeutischen Arbeit war, dass Maria lernte, Beziehungen zu Menschen abzubrechen, die ihr nicht guttun.

Egal, worunter man leidet oder was das Problem ist – wichtig ist, sich anzunehmen, wie man ist. So banal das klingen mag, ist es doch der wichtige erste Schritt. Der Druck, sich verändern, anders denken, fühlen und letztlich auch handeln zu müssen, ist Wasser auf die Mühlen der psychischen Erkrankung. Druck erzeugt Stress und Stress verstärkt psychisches Leiden.

Du darfst dich an dieser Stelle gerne einen Moment entspannen, suche dir einen ruhigen Ort, an dem du dich wohlfühlst und ganz für dich allein bist.

Impulse für dich: Deine liebevolle Person

Stell dir vor, du begegnest der liebevollsten Person, die du dir vorstellen kannst. Diese Person erzählt dir von deinen Stärken und dass du in Ordnung bist, wie du bist. Sie sagt dir, dass du alles so gut machst, wie es eben geht. Sie sagt dir auch, dass es gute Gründe gibt, warum es sich manchmal so schwer anfühlt. Lass es einen Moment wirken. Nimm dir dann einen Zettel und einen Stift und beantworte dir folgende Fragen:

- Was magst du an dir?
- Welche guten Gründe gibt es für dich, dass das Leben sich manchmal nicht leicht anfühlt?
- Wie geht es dir, wenn du hörst, dass du in Ordnung bist, so wie du bist?

Vielleicht ist dir diese Übung leichtgefallen, vielleicht sind auch alte Dinge aus deiner Vergangenheit aufgetaucht. Wenn ja, welche Erinnerungen und Erfahrungen kommen hoch, wenn du an deine Stärken denkst? Was blockiert dich, dich anzunehmen, so wie du bist?

Mach an dieser Stelle nur weiter, wenn du dich dafür ausreichend stabil fühlst. Wenn deine Psyche immer wieder ins Gefühllose abrutscht oder du gar nicht mehr aufhören kannst, an die alten Erinnerungen zu denken, dann höre an diesem Punkt auf und versuche, mit den alten Themen wieder abzuschließen. Das kannst du tun, indem du dich körperlich aktivierst oder jemanden anrufst, der dir nahesteht. Oder du sagst dir selbst, dass es alte Erinnerungen sind und du heute erwachsen bist.

Wenn du dich stabil fühlst, kannst du versuchen, im nächsten Schritt deine alten Gefühle und Erinnerungen zu bearbeiten.

Impulse für dich: Loslassen schlimmer Erinnerungen

Nimm dir einen Schreibblock oder ein schönes Heft. Suche dir einen Stift aus und fange an, deine Geschichte aufzuschreiben.

- Welche Erinnerungen möchtest du loslassen?
- Was hindert dich heute noch daran, dich wohlzufühlen? Sind es Aussagen oder Erfahrungen, die du gemacht hast? Schreibe sie auf in dem Wissen, dass sie sehr lange her und vorbei sind.

Wie geht es dir, wenn du das aufschreibst? Welche Gefühle kommen hoch?

Überlege, was du mit deiner Geschichte machen möchtest. Löst sie noch so viel aus, dass du dir Unterstützung suchen möchtest? Oder möchtest du sie verbrennen, weil du sie endlich loswerden willst? Oder möchtest du sie in ein Regal stellen zu anderen Geschichten und Erinnerungen, immer in dem Wissen, dass du sie wieder hervorholen kannst, wenn du möchtest, es aber nicht musst. Sie darf da auch einfach stehen bleiben.

Oder tut es dir gut, diese Geschichte immer wieder zu lesen und sie ganz offen auf deinem Tisch liegen zu haben? Vielleicht mit dem Gedanken, dass diese Geschichte ganz lange her ist. Je öfter du diese Geschichte liest, desto weniger heftig überfallen dich möglicherweise die Gefühle und desto distanzierter kannst du sie wahrnehmen. Du gewöhnst dich an den Gedanken *Heute ist es anders, ich bin erwachsen.*

Du entscheidest, was du machen möchtest und welche Wege du ausprobieren magst.

Im nächsten Schritt darfst du ganz mutig sein und jeden Tag

eine Aufgabe lösen, die du dir selbst stellst. Mit welchem Freund oder welcher Freundin möchtest du wieder einmal in Kontakt sein? Welchen Konflikt wolltest du immer schon einmal ansprechen? Was kannst du dir Gutes tun?

Bestimmt hast du noch viele Ideen, was du tun kannst, um aus alten Mustern auszubrechen, die deine Gefühle betäuben, deinen Antrieb lähmen oder dich freudlos machen. Aber Vorsicht: Falls du dich übernimmst, lade dir schnell wieder deine liebevolle Person ein und gehe mit ihr durch die oben beschriebene Übung.

Dritter Teil

Blick auf meine Beziehungen

Beziehungen in der Familie – damals und heute

Die Beziehung zu den Eltern ist deine früheste und prägendste Erfahrung. An die Zeit als sehr kleines Kind hast du zwar keine bildliche Erinnerung mehr, aber die Bindungserfahrungen bleiben in dir abgespeichert: in den Schlaf gestreichelt werden, der Vater, der bei Halsschmerzen den Lieblingstee kocht, die Mutter, die dich beim Spielen durch die Luft wirbelt und dabei Fluggeräusche macht, das Kuscheln im Bett am Sonntagmorgen. Die Beziehung zu deinen Eltern, die Fürsorge, die Anteilnahme ist das Fundament, auf das du dein Lebenshaus baust. Deine Beziehungen damals prägen deine Beziehungen heute.

das Kind wurde gross, erwachsen … aber innendrin ist immer noch das Kind, das auf der Treppe sitzt und die Eltern streiten hört.

@Msucrier, Twitter

Katha ist heute 37 Jahre alt. Sie hat drei Kinder und lebt aktuell in Trennung von ihrem Mann. Bis heute kennt sie das Gefühl, sich um andere zu kümmern und dabei ihre eigenen Gefühle hintanzustellen: »Ich möchte immer, dass es anderen gut geht! Gerade wenn ich in neue Gruppen komme, sehe ich es als meine Aufgabe, für gute Stimmung zu sorgen.«

Als ihre Eltern sich trennten, war Katha zwölf Jahre alt und die älteste von drei Schwestern. Ihr Vater zog nach der Trennung zu seiner Mutter. Katha lebte mit ihren beiden jüngeren Schwestern bei ihrer

Mutter. Sie erinnert sich daran, dass ihre Mutter in der Trennungsphase viel geweint hat. Katha hat sich dafür die Schuld gegeben und die Trauer ihrer Mutter auf sich selbst bezogen. »Ich habe die Verantwortung für die Gefühle meiner Mutter übernommen.« Dies wurde sicherlich auch dadurch verstärkt, dass ihre Mutter Katha viel über ihre Verletzungen in der Ehe erzählte.

Die Zeit nach der Trennung war einerseits davon geprägt, dass ihre Mutter eine Umschulung brauchte, um beruflich wieder Fuß fassen zu können. Die Familie lebte in der Zwischenzeit von Sozialleistungen. Katha erinnert sich, dass sie zwar sehr sparsam sein mussten, sie jedoch keine Mangelgefühle entwickelte, da die Wohnung, in der sie lebten, recht großzügig war. Als Erfahrung nimmt sie mit, dass sie nicht viel Materielles braucht, um glücklich zu sein. Katha berät heute unter anderem Frauen als Businesscoach in Geldfragen und sieht ihre Erfahrungen, mit wenig Geld zurechtkommen zu können, als prägend: »Ich nehme für mich und meine Beratungen mit, dass ich nie abhängig sein wollte von einem Mann.«

Der andere Teil der für Katha prägenden Trennungsgeschichte ist, dass sie sich wenig gesehen fühlte von ihren Eltern. Sie haben sich zwar gekümmert, es gab regelmäßige Kontakte und ihre Eltern zeigten Interesse am Leben von Katha, es fehlte ihr jedoch emotionale Zuwendung. Geborgenheit durch Umarmungen und liebevolle Worte hätte sie sich als emotionalen Halt so sehr gewünscht. Besonders verletzend empfand sie, dass ihre Mutter schnell wieder eine neue Beziehung aufnahm. Gerade weil die Eltern wenig mit ihr über die Gründe ihrer Trennung gesprochen hatten, projizierte sie ihre Wut und Kränkung auf den neuen Partner der Mutter. »Meine Eltern haben irgendwann einfach aufgehört, miteinander zu reden.«

Rollenumkehr

In Kathas Familie übernahmen die verschiedenen Familienmitglieder ganz unterschiedliche Rollen. Kathas Schwester zeigte eher ihre rebellische Seite, während Katha sich eher vernünftig und angepasst verhielt und sich um die Gefühle und Bedürfnisse anderer Familienmitglieder kümmerte.

Werden Eltern von ihren Kindern als bedürftig empfunden, kann es, auch ohne dass Eltern dies explizit fordern, zu einer Rollenumkehr kommen: Das Kind kümmert sich um die Eltern statt die Eltern ums Kind. Diese Rollenumkehr heißt fachsprachlich »Parentifizierung«.

Die systemische Familientherapeutin Jessica Fenzl sagte mir dazu im Gespräch: »Parentifizierung beschreibt die Übernahme der elterlichen Rolle von einem oder mehreren Kindern. Dieser Rollentausch innerhalb der Familienstrukturen ist oft mit einer Störung von Generationsgrenzen verbunden. Parentifizierte Kinder fühlen sich für das Leben und Wohl ihrer Eltern verantwortlich, was dazu führt, dass sie sich für die Probleme ihrer Eltern aufopfern und natürliche, kindliche Bedürfnisse unterdrücken. Kinder stimmen diesem Prozess der Parentifizierung nicht aktiv zu, sie nehmen die Einladung unbewusst und als Mechanismus zur Überlebenssicherung an. Oft entstehen dadurch eine Überforderung und eine Verantwortungsübernahme, die sich später in partnerschaftlichen Beziehungen nicht nur vorteilhaft ausdrückt«.

Einerseits schaffte diese Rollenumkehr für Katha als Kind das Gefühl, zumindest auf die Bedürftigkeit ihrer Mutter Einfluss nehmen zu können. Vermutlich fühlte sie sich auch verantwortlich für ihre Mutter, weil diese so viele schmerzhafte Erfahrungen mit ihr teilte. Die Diplom-Psychologin Janna Marie Ohntrup sagt hierzu: »Bei einer emotionalen Parentifizierung wird das Kind dazu eingesetzt, um die emotionalen Bedürfnisse des Elternteils zu befriedigen. Dabei soll das Kind in einer überfordernden und unangemessenen Dimension Zuneigung, emotionale Unterstützung und Liebe zeigen.«[40] Oft wird das Kind auch in die Rolle des Nachrichtenüberbringers oder Friedensstifters zwischen den Eltern gedrängt.

Andere parentifizierte Trennungskinder übernehmen eher solche Aufgaben wie Kochen, Pflegen von Angehörigen bis hin zur Finanzplanung. Neben den bereits genannten Funktionen kann das Kind auch zur Verwirklichung des elterlichen »idealen Selbst« genutzt werden. Kinder sollen die Lebensträume, Ziele und Wünsche der Eltern erfüllen, die sie selbst nicht erreichen konnten.

Ein solcher Rollentausch kann bei Kindern das Gefühl von Anerkennung und Gesehenwerden auslösen. Studien zeigen aber, dass diese Verantwortungsübernahme den Kindern schaden kann.[41]

Katha hatte oft den Eindruck, dass niemand ihre Bedürfnisse und Gefühle sieht. Als junge Erwachsene versuchte sie in ihrer Not, über auffällige Verhaltensweisen auf sich aufmerksam zu machen, und entwickelte ein gestörtes Essverhalten in Form einer Bulimie. Als erwachsene Frau spürt sie die Folgen dieser frühen Rollenumkehr in ihrer Beziehung zu Männern. Da sie ihre Bedürfnisse zu lange zurückstellt hatte, merkt sie erst, wenn sie sehr wütend ist und sich beispielsweise lautstark mit dem Vater ihrer Kinder streitet, dass ihr eigentlich alles zu viel ist. Sie gleitet dann in einen kindlichen Anteil, der sich nichts sehnlicher wünscht, als dass ein Elternteil sie sieht.

Auch viele andere erwachsenen Trennungskinder beschreiben die Auswirkungen der Rollenumkehr bis ins Erwachsenenalter. Hier ein Beispiel aus der Beratungspraxis von Jessica Fenzl:

Davids Eltern haben sich getrennt, als er drei Jahre alt war. Als Einzelkind ist David nah an der Mutter aufgewachsen und wurde früh als Partnerersatz in die Themen des täglichen Lebens einbezogen. Es war für ihn ab dem Grundschulalter selbstverständlich, viel allein zu Hause zu sein, im Haushalt mitzuhelfen, sich um das Essen zu küm-

mern und kaum Ansprüche an Freizeitbeschäftigungen oder finanzielle Ausgaben zu stellen, um seine alleinerziehende Mutter nicht zu belasten. Diese wertete Männer ab mit Sätzen wie: »Männer sind eh zu nichts zu gebrauchen«, »Männer sind nie da, wenn man sie braucht.« usw. Dass sie damit auch einen Anteil in ihrem Jungen ablehnte, war ihr nicht bewusst.

In Bezug auf Partnerschaft beschrieb David massive Schwierigkeiten. Er hatte den starken Wunsch nach einer Partnerin und sehnte sich nach Verschmelzung (wie früher mit seiner Mutter) und nach einer tiefen Verbindung. Von den Frauen wurde David als »wenig männlich« beschrieben, sie sahen ihn eher als »guten Kumpel« und lehnten eine sexuelle Verbindung ab. Er hatte Probleme damit, dass nicht immer gut angenommen wurde, wenn er alles so machte, wie er glaubte, dass eine Frau es sich wünschen würde. David bekam oft die Rückmeldung, dass sich die Frauen in ihrer eigenen Stärke und Selbstständigkeit nicht gesehen fühlen würden. Seine hohe Anpassungsfähigkeit wurde dann aber häufig als unauthentisch und unterwürfig erlebt.

In der Therapie/Beratung konnte David sich mehr und mehr mit seinem männlichen Anteil anfreunden, sich mit seinem (abwesenden) Vater versöhnen und mehr in eine ausgereifte Persönlichkeit im Zusammenwirken aller Facetten kommen, um den potenziellen Partnerinnen mehr zutrauen zu können.

Die besondere Beziehung zur Mutter

Die Beziehung zu ihrer Mutter ist für Katha bis heute nicht so haltgebend und liebevoll, wie sie es sich gewünscht hätte.

Ihre Mutter hatte, seit sie sich erinnern kann, die Einstellung »Katha schafft das schon«. So wurden beispielsweise ihre Schulleistungen als selbstverständlich angesehen, ihre Ängste und Sorgen abgetan mit »das wird schon«. Katha hatte einen Großteil ihrer Kindheit über das

Gefühl, dass ihre Mutter ihre Bedürftigkeit nicht gesehen hat. In der Zeit kurz nach der Trennung ihrer Eltern zog sie sich zurück, verhielt sich lieb und angepasst. Als junge Erwachsene stritt sie viel mit ihrer Mutter, machte ihr Vorwürfe. Im Studium entwickelte sie eine Bulimie: »Ich wurde immer weniger.« Gesehen und wertgeschätzt fühlte sie sich überwiegend nicht. Als Schlüsselmoment beschrieb sie eine Situation, in der sie aufgrund ihrer Essstörung stark untergewichtig war und die Mutter damit drohte, sie in eine Klinik zu bringen. Katha erlebte das erste Mal, dass sie in ihrer Bedürftigkeit gesehen wurde. Die Essstörung bewältigte sie mit therapeutischer Hilfe. Bis heute sind die Folgen der Beziehung zu ihrer Mutter deutlich spürbar.

Auch heute fühlt sie sich unverstanden von ihrer Mutter. Gerade in ihrer aktuellen Trennungssituation hätte sie sich so sehr gewünscht, dass ihre Mutter sie und ihre Themen beachtet. Diese hört jedoch nicht zu, fragt nicht nach, sondern äußert nur pauschal »Das kenne ich auch alles«.

Seit 2002 nimmt der Anteil der 12- bis 25-Jährigen stetig zu, die ihre Eltern als Erziehungsvorbilder sehen. Auch wenn sich die Jugendlichen im Laufe ihres Jugendalters von ihren Eltern ablösen, bleibt die Beziehung nicht nur emotional wichtig, sondern auch als Orientierung dafür, wie sie ihre eigenen Kinder erziehen wollen.[42]

Doch wieso erleben Katha und viele andere Kinder auch noch später als Erwachsene die Beziehung zur eigenen Mutter als so schmerzhaft? Warum fühlen sie sich in ihrer Entwicklung oder ihren Bedürfnissen nicht gesehen, obwohl die meisten Mütter ihr Bestes geben und versuchen, ihren Kindern eine möglichst gute Zukunft zu eröffnen? Welcher Faktor blockiert diese Beziehungen?

Dazu lohnt sich ein Blick in die Vergangenheit. Die Begleitung von Kindern ist stark geprägt von Glaubenssätzen und Anweisungen, die die Gesellschaft vorgibt. Es kann helfen, diese zu kennen, um kleine Veränderungen anzustreben und die Mutter in einem gesellschaftlichen Zusammenhang zu sehen, der es nicht immer leicht macht, die Bedürfnisse der Kinder im Blick zu haben.

Mir ist an dieser Stelle wichtig, dass du die folgenden Absätze aus deiner Erwachsenenperspektive liest. Als kleines Kind konntest du das Verhalten deiner Mutter noch nicht verstehen – wieso ihr manches wichtiger war, als dich liebevoll in der Trennungsphase zu begleiten. Für dich als erwachsenes Trennungskind kann dieser Blickwinkel möglicherweise hilfreich sein, um mit deiner Mutter ins Gespräch zu gehen oder auch um mit Teilen deiner Vergangenheit abschließen zu können.

Sei lieb, angepasst und zufrieden

Sei lieb, brav, halte dich an die Regeln. So etwas hast vielleicht auch du als Kind von deinen Eltern gehört. Aller Wahrscheinlichkeit nach wurde aber vor allem deine Mutter, sicher mehr noch als dein Vater, mit diesen und ähnlichen Sätzen kleingehalten. Hintergrund sind die patriarchalen Rollenbilder, in denen zum Beispiel Wut bei Frauen verpönt war. Susanne Mierau hält dazu fest: »Erziehung [bedeutete] sehr lange vor allem die Anpassung des Kindes an die Wünsche und Interessen des Erziehenden und in ein bestehendes System […].«[43]

Sich anpassen, immer helfen, nicht laut sein. Auch Katha kennt diese Ermahnungen sowohl von ihrer Mutter als auch von ihrer Oma: »Du musst als Älteste deiner Mutter helfen, du darfst dich nicht gegen deine Mutter auflehnen, das ist Sünde.« Katha erlebte von früh an, dass sie ihre Wut besser zurückhalten sollte und man sich nicht gegen die eigenen Eltern auflehnt. Es gibt also sozusagen eine »Vererbung« von Anpassung der Frauen. Das kann genauso auch für männliche Trennungskinder gelten, die bei einer angepassten alleinerziehenden Mutter groß werden und sich ebenso stark zurücknehmen.

Ein weiterer Aspekt ist, dass viele erwachsene Trennungskinder berichteten, sie hätten meist genau wahrgenommen, dass es zwischen den Eltern Probleme und Spannungen gab, es habe jedoch keine offene Kommunikation darüber stattgefunden. Wenn Eltern dann noch sagen, alles sei in Ordnung, lernen die Kinder daraus, dass sie sich auf ihre eigene Wahrnehmung nicht mehr verlassen können. Auch berichten viele erwachsene Trennungskinder, dass sie angewiesen wurden, mit niemandem über die Situation in der Familie zu sprechen: »Das geht andere nichts an.« Als Erwachsene erleben sie häufig ein Misstrauen anderen Menschen und auch ihrer eigenen Wahrnehmung gegenüber. Sie können in einer Partnerschaft schwerer Vertrauen fassen und sind öfter unsicher, wenn es um ihre Gefühle geht.

Für dich als erwachsenes Trennungskind egal welchen Geschlechts ist es wichtig zu wissen, dass du diese Rollenerwartung an dich, angepasst und leise zu sein, möglicherweise so verinnerlicht hast, dass sie dich bis heute in deinen Handlungen und Gefühlen beeinflusst. Möglicherweise bemerkst du sie bis heute in der Beziehung zu deiner Mutter.

Impulse für dich

- Fühlst du dich frei, wenn du mit deiner Mutter sprichst oder an sie denkst? Kannst du ganz offen mit ihr über deine Wünsche, Belastungen und eure Beziehungen sprechen?
- Wenn ja, war das immer so oder hat es sich verändert?
- Wenn du merkst, dass es dir manchmal schwerfällt, offen mit ihr zu sprechen, was würde dir helfen?

Alles unter einen Hut bekommen

Es gibt Gesetze zur Gleichstellung von Frauen und dennoch sieht die Realität anders aus. Gerade nach der Trennung sind diese Strukturen für Frauen mehr als toxisch. Dazu ein paar Fakten:

- In neun von zehn Fällen ist der alleinerziehende Elternteil die Mutter. Alleinerziehende Mütter betreuen häufiger jüngere Kinder, alleinerziehende Väter dagegen eher bereits ältere Kinder.[44]
- Frauen leisten täglich 52,4 Prozent mehr unbezahlte Sorgearbeit als Männer.[45]
- Frauen, die überwiegend alleinerziehend sind (mehr als die Hälfte der Erziehungszeit), müssen im Vergleich zu verheirateten Müttern durchschnittliche Einkommenseinbußen von rund 25 Prozent hinnehmen.[46]

Die Folgen dieser blanken Zahlen können in den Familien ganz unterschiedlich aussehen. Hier möchte ich nur ein paar der möglichen Auswirkungen der Ungleichheit zwischen Männern und Frauen aufzuzählen:

- ständige innere Zerrissenheit zwischen den Wünschen der Kinder und den finanziellen Sorgen
- wenig Kapazitäten, die Trennungsgeschichte zu verarbeiten
- kaum Zeit für sich selbst
- viel Stress und Belastung, um die tägliche Fürsorgearbeit, die Bedürfnisse der Kinder und die eigenen Bedürfnisse im Blick zu behalten

Als Gesellschaft haben wir viel zu tun. Familiäre Modelle und steuerliche Vorteile sollten neu gedacht, Betreuungsmöglichkeiten ausgebaut werden.

Ist die Gesellschaft auch heute nicht ideal, war sie es für Frauen zur Zeit der Trennung deiner Eltern auf jeden Fall noch weniger: All das war für deine Mutter hochrelevant.

Impulse für dich

- Wenn du deine Mutter in dem Licht siehst zwischen patriarchalen Denkstrukturen, transgenerationalen Traumata und geschlechterungerechten Strukturen in der Gesellschaft, wie geht es dir damit? Was löst dieser Blick in dir aus?
- Was magst du an der Beziehung zu deiner Mutter, was stärkt dich? Was empfindest du als ungünstig? Welche Erwartungen hast du heute (noch) an deine Mutter?
- Welche deiner Stärken und Fähigkeiten sind dir nützlich, um dich mit belastenden Themen aus der Mutterbindung zu beschäftigen?
- Wenn es zu einem ehrlichen und geschützten Austausch mit deiner Mutter käme (Gespräch, Brief, SMS, Gebet, …), welche Sätze möchtest du ihr gerne sagen? Was sollte sie von dir einmal hören? Und andersherum: Was würdest du gerne von ihr hören? Was sollte sie (endlich einmal) deutlich machen?
- Was unterstützt dich dabei, dich im Kontakt mit deiner Mutter frei und abgelöst, dennoch gleichzeitig auch verbunden zu fühlen?

Traumatisierungen bis heute

Dieser Abschnitt beschäftigt sich mit Gewalt an Frauen und deren Auswirkungen, die du möglicherweise in deiner Beziehung zu deiner Mutter spürst. Es sind historische Beschreibungen, hinter denen sich so viel Leid verbirgt und die wir nicht vergessen dürfen. Doch warum ist es so wichtig, dieses Leid noch mal zu zeigen?

Für dich als Kind macht es zunächst keinen Unterschied, warum deine Mutter so reagierte und was sie erleben musste. Sie ist deine möglicherweise wichtigste Bezugsperson gewesen und du hast dir von ihr Liebe und Fürsorge gewünscht. Doch der Umgang mit deinen Gefühlen, mit Leid und Schmerz, den du möglicherweise nicht nur aus der Zeit kennst, in der deine Eltern sich trennten, ist geprägt von den Erfahrungen, die deine Mutter gesellschaftlich und ganz individuell gemacht hat.

Ich lade dich ein, ein wenig von dieser Geschichte zu fühlen und für dich als erwachsene Person eine Erklärung zu finden, wieso es deiner Mutter vielleicht so schwergefallen ist, dein Leid und deine Gefühle als Kind und möglicherweise auch als erwachsene Person anzuerkennen.

Bis in die 70er-Jahre hinein war es für Frauen sehr schwer, sich aus der Ehe zu lösen und sich vor gewalttätigen Beziehungen zu schützen – ein Aspekt, der Traumatisierungen von Frauen befeuerte. Das Scheidungsrecht war über Jahrhunderte hinweg religiös geprägt, und in der katholischen Kirche gilt die Ehe als Sakrament, ein Bund, der auf Lebenszeit geschlossen wird: »Was aber Gott verbunden hat, das darf der Mensch nicht trennen.«[47]

Auch als sich das Ehe- und damit auch das Scheidungsrecht tendenziell von kirchlichen Vorgaben ablöste, galt in Deutschland seit dem Inkrafttreten des Bürgerlichen Gesetzbuches (BGB) 1900 das Verschuldensprinzip. Wenn das Gericht Frauen im Scheidungsverfahren persönliches Fehlverhalten nachweisen konnte, hatte der Mann im Hinblick auf finanzielle Leistungen Vorteile. Erst 1977 wurde das Verschuldensprinzip bei Ehescheidungen aufgehoben. Zu dem Zeitpunkt war in den USA – in einer annähernd vergleichbaren Gesellschaft – noch jede vierte Frau vergewaltigt worden und jede dritte Frau erlitt in ihrer Kindheit sexuellen Missbrauch.[48] Den Tatbestand der Vergewaltigung erfüllte in Deutschland noch lange nur die Nötigung zum »außerehelichem« Beischlaf – erst 1997 wurde dieser Zusatz endlich aus dem entsprechenden Paragrafen 177 des Strafgesetzbuches gestrichen.[49]

Auch in der Psychologie wurde Gewalt an Frauen lange nicht als solche thematisiert und beachtet. Ende des 19. Jahrhunderts wurde die Hysterie als weibliche Krankheit abgetan, deren Ursache nicht in Traumatisierungen, sondern in der Gebärmutter der Frau gesehen wurde. Auch der Psychoanalytiker Sigmund Freud, der durchaus einen Zusammenhang herstellte zwischen sexuellem Missbrauch und der damals so genannten Hysterie (heute würde man die Symptome einer dissoziativen und posttraumatischen Belastungsstörung zuordnen), verwarf die Theorie von Trauma als Ursache dieses Krankheitsbildes. Grund waren wohl nicht die Forschungsergebnisse, sondern die drastischen Konsequenzen, die diese mit sich gebracht hätten. Sigmund Freuds Ausführungen zu traumatischen Störungen legten den Schluss nahe, dass sexueller Missbrauch an der Tagesordnung war in allen gesellschaftlichen Schichten, und dieser Gedanke war für ihn schlichtweg unannehmbar.[50]

Doch was haben diese gesellschaftlichen Zustände mit Frauen, auch mit deiner Mutter, gemacht? Und wie wirkt sich dies auf eure Beziehung aus? Traumatisierung bedeutet erst mal, dass es Verletzungen gab und die Wahrscheinlichkeit hoch ist, dass dies psychische Folgen hat. Diese können sich auf unterschiedlichen Ebenen zeigen, in Einstellungen, Gefühlen und Verhalten. Gefühle werden abgespalten, um sie erträglicher zu machen. Vielleicht kennst du das, dass es eine Seite in deiner sonst mitfühlenden Mutter gab, die ihre Gefühle ausgeschaltet hat, sodass sie dir möglicherweise kalt und unnahbar erschienen ist. Auch die Einstellungen, wie beispielsweise *Stell dich nicht so an* oder *Reiß dich mal zusammen*, können Hinweise darauf sein, dass über Generationen hinweg die Erfahrung verinnerlicht wurde, dass es nicht gut ist, empfindsam zu sein, weil sonst Gewalt und Verletzungen, vor denen es keinen Schutz gibt, zu sehr schmerzen.

Einen psychisch gesunden Umgang mit Gefühlen und Leid gab es eher selten und bis heute steckt viel Entwicklungspotenzial in diesem Thema. Vorherige Generationen hatten kaum Erfahrung mit Trennungen und über Gefühle zu reden, ist bis heute nicht enttabuisiert.

Die Folgen dieser Traumatisierungen, die sich im Umgang mit Gefühlen zeigen, wirken häufig über Generationen hinweg weiter. Was wir erlernt haben, führen wir erst mal fort. Man spricht auch von einer transgenerationalen Weitergabe von Traumata. Aus diesen Mustern auszubrechen ist schwer, aber nicht unmöglich. Der erste Schritt dabei ist, zu erkennen, wo einem diese Muster begegnen.

Impulse für dich

- Wie geht es dir beim Lesen dieses Abschnitts?
- Kennst du Sätze wie *Reiß dich zusammen* oder *Stell dich nicht so an*? Und wenn ja, woher kennst du sie? Wo begegnen sie dir heute noch?
- Gibt es bei dir Ziele, wie du mit dir und den Gefühlen deiner Mitmenschen umgehen möchtest? Was hast du möglicherweise schon geschafft und wo siehst du Entwicklungspotenzial?

Die besondere Beziehung zum Vater

Von einer Elternschaft, die Verantwortung gleichberechtigt verteilt, oder davon, dass ebenso oft Männer wie Frauen primäre Bezugsperson sind, sind wir sicherlich noch immer weit entfernt. Das Statistische Bundesamt meldet beispielsweise für 2019 eine Elternzeitquote für Väter mit einem Kind unter sechs Jahren von nur 1,6 Prozent.[51] Doch ist es in weiten Teilen der Gesellschaft Konsens, dass Personen jedwedes Geschlechts Elternzeit nehmen, Kinderalltag gestalten oder erzieherische Pflichten übernehmen können und sollten.

Vätercoach Vonnoh fasste es mir gegenüber in folgende Worte: »Das Verständnis der Vaterrolle in Deutschland hat sich in den letzten Jahrzehnten zum Glück sehr gewandelt. Heute weiß die entwicklungspsychologische Forschung längst, dass selbst eine primäre Bindung nicht von Schwangerschaft oder Stillen abhängt, sondern von Feinfühligkeit und Qualität der Entwicklungsbegleitung des Kindes. Und welche weitreichenden Folgen oberflächliches Miteinander und besonders Vaterabwesenheit haben kann. Der Einfluss des Vaters auf die psychische Gesundheit eines Kindes ist laut Amato[52] und auch Della Casa[53] gerade im Jugendalter um ein Vielfaches höher als der Einfluss der Mutter – ein fehlender Vater dementsprechend fatal, besonders wenn dessen Lücke nicht durch andere Bezugspersonen gut gefüllt wird.«

Immer mehr Väter gehen dies heute aktiv an und sind keine Papas, die nur Spiel und Strafe in die Beziehung einbringen, sondern wirklich eng mit ihren Kindern verbunden. Sie verringern beispielsweise die Erwerbsarbeitszeit dauerhaft (trotz häufiger Vorbehalte im beruflichen Umfeld), setzen sich interessiert mit den Entwicklungsthemen ihrer Kinder auseinander und sind auch nach einer Trennung weiterhin zuverlässig für ihre Kinder da. Sie zeigen sich an vielen Stellen sichtbarer gleichberechtigt, sei es in nicht getrennten oder in getrennten Familien.

Das wirkt sich positiv auf das Selbstbild der Männer und auf die Beziehungen zu den Kindern aus: Die Väter sind dann wichtige Bezugspersonen.

Kinder brauchen gute Eltern-Kind-Beziehungen viel mehr als partnerschaftlich verbundene Eltern. Darum kann auch ein Stiefelternteil manchmal einen leer gewordenen Platz einnehmen. Mütter und Väter sollten sich aktiv und rasch um sich kümmern, um sich dann wieder ganz auf ihre Kinder einlassen zu können. Leider fehlen Alleinerziehenden heute immer noch häufig entsprechende Ressourcen. Lief es damals nicht ideal, muss das Trennungskind eventuell als Erwachsener aktiv werden, um abschließen zu können.

In den vielen Gesprächen mit Trennungskindern wurde deutlich, was auch in der Väterstudie des Familienministeriums[54] aufgeführt wurde: dass sich die Beziehung zu beiden Elternteilen unabhängig vom Geschlecht und vom gemeinsamen Hausstand sehr nachteilig entwickeln kann, wenn ein getrennter Erwachsener den Fokus sehr auf sich richtet (teilweise richten muss) statt aufs Kind. Wie ein roter Faden zogen sich Beziehungsprobleme zwischen Kind und einem Elternteil durch alle für dieses Buch geführten Interviews. Überdurchschnittlich oft kam es (vor allem wegen fehlender emotionaler Nähe) zu Krisen in den Vater-Kind-Beziehungen oder gar zu Vaterverlust. Daher wird dieser Themenbereich gesondert betrachtet. Denn Väter sind wichtig, Väter werden gebraucht!

Wenig Rollenvorbilder für liebevolle Papas

Lies den folgenden Abschnitt wieder aus deiner heutigen Perspektive. Du als Kind musstest deinen möglicherweise abwesenden Vater nicht verstehen und durftest verletzt sein. Aber dein erwachsenes Ich kann sich die möglichen Prägungen deines Vaters bewusst machen, um mit manchen Verletzungen vielleicht abschließen zu können.

Damals, als heute 40- bis 50-Jährige die Trennung ihrer Eltern erlebten, war es noch untypischer als heute, dass der Alltag bei getrennten Haushalten zu großen Teilen auch beim Vater stattfand. Enge Vater-Kind-Beziehungen sowie feinfühlige Väter waren gesellschaftlich noch eher vorbildlos und seltener anzutreffen als heute. Die Rollenerwartungen an die Männer waren andere und entsprechend wurden Jungs oft erzogen. Dadurch waren etliche wichtige Elternthemen von Vätern noch wenig besetzt: Einen Papa, der zeitlich umfassend, emotional, verantwortungsbewusst, kommunikativ und feinfühlig für seine Kinder da ist, den gab in den 80er- und 90er-Jahren in vielen Familien noch nicht. Das tradierte, patriarchale Vaterbild aus den vorvergangenen Jahrzehnten hielt sich hartnäckig. Und natürlich erzeugte auch die immer noch häufige Festlegung des Mannes auf die Rolle als Alleinverdiener großen Druck auf die Väter, im Arbeitsleben hundert Prozent zu geben.

Dies bedeutete, dass Väter schon vor Trennungen oft keine engen, guten Bezugspersonen ihrer Kinder waren und auch nach dem Auseinanderfallen der Familie nicht ausreichend für ihre Kinder da waren. Forschungsergebnisse wie die von Cowan/Cowan[55] legen die Vermutung nahe, dass die Qualität von Vater-Kind-Beziehungen stark abhängig von der Güte der partnerschaftlichen Beziehungen ist: Wenn es zu einer Trennung der Partner kommt, leidet darunter auch allzu oft die Vater-Kind-Beziehung. Aufgrund der typischen Arbeitsteilung fanden die Sorgerechtsentscheidungen außerdem häufig zugunsten der Mutter statt und ließen Vätern gar nicht viel Spielraum. Damals kam hinzu, dass es gerade Männer nicht kannten, sich in einer schwierigen Situation Hilfe zu suchen. Auch dazu waren sie selten erzogen worden. Coaches, Psychologen, Eheberatung – professionelle Hilfsangebote waren auch bei Trennungen eher etwas für Frauen. Auch heute bremst diese Ansicht noch viele Männer aus. Elterncoach Christopher End sagte mir im

Interview dazu: »Männer suchen seltener den Arzt auf als Frauen, schlampen bei den Vorsorgeuntersuchungen und gehen nur ungern zur Psychotherapie. Ich höre tatsächlich immer noch häufig: ›Solche Fragen mach ich mit mir allein aus.‹«

Fehlende Vater-Kind-Beziehungen schmerzen

In den 80er- und 90er-Jahren war es also bemerkenswert, wenn Väter und ihr Nachwuchs auch nach dem Ende der elterlichen Partnerschaft eng verbunden blieben. Etliche erwachsene Trennungskinder kennen das Gefühl, ihren Vater verloren zu haben.

Sandra leidet unter Vaterverlust. Sie musste unseren Gesprächstermin dazu schon zweimal verschieben, und auch heute erwische ich sie am Telefon im Auto, weil sie unsere Verabredung vergessen hatte. Denn sie steckt mittendrin im Aufbau ihres eigenen Lebens. Endlich – mit Ende 30. Das Verschwinden ihres Vaters hatte Entwicklungen nach sich gezogen, die sie bis heute einschränken.

Sie kam 1982 als einziges Kind eines unverheirateten Paares in einem kleinen Ort in Norddeutschland zur Welt und musste schon als Zweijährige die Trennung der Eltern erleben. Sie hat kaum Erinnerungen daran. Die nachfolgenden Jahre haben sich dann schärfer eingeprägt: »Meine Mutter zog mit mir in eine winzige Wohnung in der Nähe ihrer Eltern, denn sie musste sofort eine Vollzeitstelle annehmen, da sie von meinem Vater keinen Unterhalt bekam. So verbrachte ich meine Tage bei meinen sehr distanzierten Großeltern, die Abende zu Hause bei Mama. Mein Vater war total unzuverlässig, dachte zwar meist an Geburtstage und Weihnachten, aber nicht viel mehr. Und im Einschulungsalter endete der Kontakt plötzlich. Mir blieb noch eine Weile der Umgang mit seiner Mutter. Bei Familienfeiern dort sah ich ihn und er forderte plötzlich Umarmungen ein, die ich nicht geben wollte. Ich konnte mit dieser plötzlichen Zuneigung nichts anfangen und war eher verwirrt. Sehnsucht und Wut kämpften miteinander. Ich war in vielerlei Hinsicht belastet.«

Gleichzeitig war die Beziehung zwischen Mutter und Tochter schwierig: Die getrennte Frau war gern allein unterwegs, zu Hause oft müde und desinteressiert. Echte Nähe fand nicht statt. Süßigkeiten waren das Mittel ihrer Wahl, um dem Kind wenigstens irgendetwas zu geben, was bei Sandra bis heute zu einem gestörten Essverhalten führte. »Ich war mit sechs schon übergewichtig«, erinnert Sandra sich, »meine Familie meckerte ständig an meiner Figur herum, sodass ich als Dreizehnjährige bereits bei den Weight Watchers angemeldet war und mich von Diätshakes ernährte. In der Schule wurde ich gehänselt. Ich bin sehr sicher, dass da depressive Episoden begannen. Und ich schlitterte in eine Anorexie, dann in die Bulimie. Heute stecke ich im Binge-Eating fest.« Damals habe sie eigentlich vor allem Sehnsucht gespürt nach Liebe und Zuneigung, sie jedoch von keiner Seite bekommen. Äußern konnte sie das nicht. Sandra hatte keinen guten Zugang zu ihrer Gefühlswelt und hat hier heute noch Defizite. Herausforderungen bewältigt hat sie immer allein.

Ihre Mutter hat Uneinigkeiten ignoriert und ausgesessen. Sandra selbst hat die Diskussion dann auch nicht gesucht: »Harmoniesucht«, sagt sie ganz klar, »habe ich immer noch, hab sie von meiner Mutter übernommen, die genauso ist. Ich hatte so eine große Angst, dass das bisschen an Beziehung auch noch wegbricht. Dass sich noch jemand von mir abwendet nach meinem Vater. Nicht nur meine Mutter. Mein Gefühl war, dass mir die Botschaft mitgegeben worden war, ich solle still, leise, unauffällig sein.« Der fehlende Vater war Grund genug für die Befürchtung, dass auch andere Personen sich noch derartig aus ihrem Leben hätten verabschieden können. Also kam Sandra der Botschaft nach und versuchte unentwegt, es allen recht zu machen, nicht anzuecken. Das führte so weit, dass sie sich nach dem Abitur dem mütterlichen Wunsch beugte, nicht zu studieren, son-

dern einen Ausbildungsjob zu starten. Unglücklich und mit geringem Selbstvertrauen steckte sie 15 Jahre lang auf diesem Weg fest, was sie heute noch wütend macht. Die Therapie wegen ihrer Depression und eine glückliche Beziehung haben Sandra endlich Kraft und Zuversicht gegeben: Sie hat sich erstmals gegen ihre Mutter, gegen ihre Harmoniesucht und die Verlustängste durchgesetzt. »Ich habe eine Zusatzausbildung gemacht, was meine Mutter für falsch hielt, und habe nun seit Kurzem eigene Geschäftsräume.«

Ihr Vater weiß nichts von alledem: Als Sandra 2017 einen mehrwöchigen Aufenthalt in einer psychosomatischen Klinik absolvierte, erhielt sie einen Brief von einer ihrer Tanten. Diese informierte sie knapp darüber, dass ihr Vater verstorben sei und anonym beerdigt wurde. »Da ist so viel unausgesprochene Wut, und nun habe ich nicht mal ein Grab, an das ich gehen und alles rausschreien kann.«

Sandras Weg zeigt, dass ein Vaterverlust nicht einfach zu verarbeiten ist. Immer wieder wurde in Interviews deutlich, dass der Wegfall einer elterlichen Bezugsperson Kinder langfristig in ihrem Verhalten beeinflusste: Die Angst vor weiteren Beziehungsabbrüchen hallt lange nach, etwa in Form von Konfliktscheu. Sie vermindert das Selbstwertgefühl und hinterlässt Zweifel. Ständige Anpassung kann die Folge sein, um keine weiteren Verluste erleben zu müssen.

»Ich war immer anders … kein Papa kam mich abholen in der Schule. Ich war es ihm nicht wert«, fasst Sandra es zusammen. Der Vaterverlust hat sie geprägt. Der Vätercoach Carsten Vonnoh betonte im Interview mir gegenüber: »Der tiefe Schmerz, der oft mit einer Trennung einhergeht, ist für viele Männer eine Herausforderung, die ganz unterschiedlich aussehen kann, aber immer danach verlangt, neu für sich als Mann und als Vater Verantwortung zu übernehmen. Es ist immer wieder notwendig, den Blick auf sich und die Kinder nicht zu verlieren.«

Impulse für dich

- Wenn du an die Zeit der Elterntrennung erinnerst, welche Gefühle kommen in dir hoch, wenn du an deinen Vater denkst?
- Welche Themen mit deinem Vater sind bis heute offen?
- Formuliere dein Leid, deine Angst, Wut und Trauer. Schreibe es zunächst für dich nieder. Du darfst dabei alle Gefühle zulassen, musst auf niemanden Rücksicht nehmen. Du darfst anerkennen, dass vieles damals wirklich schwer war. Vielleicht magst du es aussprechen: »Es war wirklich schlimm.«
- Dann darfst du dich Schritt für Schritt in dein erwachsenes Ich einfühlen und versuchen, das Handeln deines Vaters besser zu verstehen. Welche guten Gründe hatte dein Vater damals, so zu handeln?
- Was möchtest du mit den Erkenntnissen tun? Hilft es dir, um wirklich noch mal ganz tief zu verstehen, dass du nicht schuld daran warst, wie dein Vater sich verhalten hat, andere an deinen Gedanken teilhaben zu lassen? Vielleicht deinen Vater oder auch eine andere nahestehende Person? Oder möchtest du deine Aufzeichnungen vergraben, beerdigen, in einen Schrank stellen, um dich davon zu distanzieren? Dann hilft dir der Satz *Es ist vorbei!* – möglicherweise auch, um einen Abschluss zu finden.
- Diese Fragen kannst du dir immer wieder stellen und neue Entscheidungen, Erkenntnisse, Gefühle für dich zulassen oder schauen, ob du die Themen abschließen möchtest.
- Schon heute kannst du dir sagen: Du bist in Ordnung, so wie du bist!

Du kannst Vergangenes nicht ungeschehen machen, aber du kannst dich damit aussöhnen. Vor allem wenn du für dich sehen kannst, dass du keine Schuld trägst. Du darfst entscheiden, ob du versuchen möchtest, im Gespräch Verständnis und Ablösung zu erreichen. Du darfst auch die Beziehung aufgeben, wenn sie ohnehin nur noch in Trümmern liegt. Selbstschutz ist wichtig!

Und vergiss nicht: Wenn du von deinen Eltern das Gefühl bekommen hast, wertlos zu sein, bist nicht du dafür verantwortlich. Grenze dich ab und erkenne: Du bist wertvoll!

Es ist vorbei. Heute darfst du entscheiden. Du darfst dich abgrenzen! sind Sätze, die helfen können. Für jeden Menschen bedeutet Heilung etwas anderes. Für uns bedeutet es, symptomfreier zu sein.

@traumaimpuls, Twitter – Julias Twitteraccount

Geschwister

Sie sind oft unsere ersten Freunde, manchmal auch unsere ersten Feinde. Sie kennen unsere Macken, unsere Stärken und unsere Schwächen. Sie wissen, welchen Käse wir nicht ausstehen können, womit wir am liebsten gespielt haben und welcher Spruch der Eltern uns am schnellsten auf die Palme bringt. Sie sind Vorbilder und Beschützer, Sicherheitsnetz und Vertrauenspersonen: Geschwister.

Acht von zehn Menschen haben mindestens einen Bruder oder eine Schwester. Sie sind die Familienmitglieder, die wir am längsten kennen werden. Sie gelten als Fels in der Brandung für das seelische Wohlbefinden. Vor allem in Krisenzeiten können sie Verbündete sein.

Wenn die Eltern sich trennen, wenn ihre Kinder noch klein sind, ist das für Geschwister meist das erste einschneidende Lebensereignis, das sie gemeinsam erleben. Die oder der andere weiß, was man durchmacht, weiß, wie es sich anfühlt. Brüder und Schwestern können in dieser Situation ein wichtiger Anker füreinander sein – aber auch der Grund für Frust und Aggression.

Viele Einflüsse auf das Miteinander

Wie Geschwister zueinander stehen, sich gegenseitig beeinflussen und verändern, dazu wird leider noch immer wenig geforscht. Folglich gibt es auch wenig wissenschaftliche Erkenntnisse darüber, wie sich eine Trennung der Eltern auf Geschwister und ihr Miteinander auswirkt oder inwiefern die Anwesenheit von Bruder oder Schwester in dieser Situation hilfreich sein kann. Die Befunde, die es gibt, werfen nur Schlaglichter auf die Situation und deren Folgen.

Gleichzeitig ist es schwer, die Gemengelage in handfeste Daten zu gießen. Sehr viele verschiedene Faktoren nehmen Einfluss darauf, wie Geschwister generell miteinander auskommen. Ist der Altersabstand klein, kann das die emotionale Nähe verstärken, ebenso aber auch die Rivalität. Wie verhalten sich die Eltern gegenüber den Kindern, haben sie einen Liebling? Das kann Probleme befördern. Wirken die Eltern darauf hin, dass die Kinder respektvoll miteinander umgehen, und sind sie auch selbst untereinander umsichtig, dann spiegelt sich das im kindlichen Miteinander wider. Zudem macht es einen Unterschied, ob wir Geschwister im Kindesalter oder etwa in der Jugend betrachten. In manchen Lebensphasen stehen sich Geschwister nahe, dann gehen sie sich gegenseitig auf die Nerven, um später wieder zusammenzurücken. Persönlichkeitseigenschaften wirken bei Kindern wie bei Erwachsenen darauf ein, ob Geschwister gut miteinander können oder eher nicht. Und so gibt es viele weitere mögliche Einflussfaktoren.

Die Trennungssituation und ihre jeweiligen Umstände mischen zusätzlich mit. Auch hier gibt es vielfältige Ausprägungen und entsprechend auch unterschiedliche Effekte auf die Beziehung der Kinder untereinander. Hat ein Elternteil die Familie für einen neuen Partner, eine neue Partnerin verlassen? Wie alt sind die Kinder, als die Eltern die Trennung bekannt geben? Und besonders bedeutsam: Sind die Eltern im Streit auseinandergegangen – und hält dieser an?

Bei all den vielen Facetten, in denen Geschwisterbeziehungen schimmern können, gibt es dennoch ein paar Muster, die häufiger auftreten.

Geschwister sind Anker

Einen Bruder oder eine Schwester zu haben, gilt in der psychologischen Forschung als Ressource, als etwas, woraus man Kraft schöpfen kann, das einem Halt gibt – speziell auch in belastenden Zeiten.[56]

Coras Eltern ließen sich scheiden, als sie etwa zehn Jahre alt war. Ihr Bruder Ben ist nur ein Jahr älter. Die Nachricht über die Trennung erhalten beide an einem Sonntagmorgen am Frühstückstisch. Es gab im Vorfeld keinen großen Streit oder Konflikte. Der Vater hatte sich in einen Arbeitskollegen verliebt. Für Cora war das eine gute Erklärung, sie konnte den Schritt ihrer Eltern nachvollziehen. Trotzdem haben beide Kinder viel geweint. Damals teilten sie sich ein Zimmer. Abends im Stockbett liegend haben sie sich darüber unterhalten, was passiert ist und was sie daran blöd finden. Und dass sie beide verstehen, warum der Papa ausziehen wird.

»Ich fand es vor allem schlimm, ein Kind von Eltern zu sein, die sich scheiden lassen, dass ich nicht mehr in einer heilen Familie lebe«, sagt Cora. Sie habe sich dafür geschämt. »Und mit diesem Schamgefühl musste ich dann umgehen, besser gesagt, wir.« Sie betont das Wir. Sie habe schon immer für beide gedacht, auch als kleines Kind.

»Ich habe uns immer in Kombi gesehen«, sagt Cora. Hätte sie entscheiden müssen, wo sie nach der Trennung wohnen wolle, wäre ihre Antwort gewesen: »Nicht ohne meinen Bruder!« Sie und Ben standen sich schon vor der Scheidung sehr nahe, doch die Trennungssituation habe sie noch nähergebracht, meint Cora.

Und dennoch: Es gab Momente in der Zeit nach der Trennung, auf die beide sehr unterschiedlich reagiert haben. Beide Kinder wohnen weiterhin bei der Mutter, Ben nimmt zu Hause die Männerrolle ein. Dass die Vaterfigur für ihn fehlt, ist für die Mutter ein wichtiges Thema, sie liest Ratgeber à la »Mütter machen Männer«. Cora denkt damals schon: »Moment mal, aber ich habe meinen Vater auch nicht mehr hier.« Doch dafür ist in dem neuen Familiengespann kein Raum. Es ist ein Konflikt, der lange in ihr schwelen und sogar Jahrzehnte später noch in einer Psychotherapie hochkommen wird. Gleichzeitig kommt sie besser damit zurecht, als sich die Rollen daheim ändern: Die Mutter hat nach einiger Zeit einen neuen Lebensgefährten. Während Cora sich hervorragend mit ihm versteht, gerät Ben öfter in Konflikte mit dem neuen Mann im Haus.

Der Vater entwickelt unterdessen nach der Scheidung eine Alkoholabhängigkeit. Als die beiden Kinder ihn ein Wochenende lang in seiner Wohnung in einer anderen Stadt besuchen und der Vater abends in die Kneipe gehen will, platzt Ben der Kragen. Er packt sein Zeug und droht zu gehen, wenn der Vater wirklich lieber die Zeit am Bartresen verbringt. »Dann sehe ich dich nie wieder«, habe er zu seinem Vater gesagt, berichtet Cora. Da waren Cora und Ben zwölf und 13 Jahre alt. »Das war der Punkt, an dem Ben für sich entschieden hat, dass diese Beziehung für ihn vorbei ist«, sagt Cora rückblickend. Ihr Bruder kapselt sich emotional vom Vater ab, hält keinen Kontakt mehr und steht ihm sehr kritisch gegenüber. Bei Cora geschieht das Gegenteil. »Ich war co-abhängig und habe versucht, seine Sucht zu vertuschen, und ihn in Schutz genommen«, sagt sie. Sie sei damals richtig sauer auf Ben gewesen, dass er sich da so abgrenzen konnte – und sie nicht.

In einer Umfrage von 2003 unter Geschwistern, die eine Trennung ihrer Eltern miterlebt haben, berichten rund 65 Prozent, dass die Beziehung zu Bruder oder Schwester durch die belastende Familiensituation enger geworden sei.[57] So empfindet es auch Cora.

»Haben Geschwistern eine gute Beziehung zueinander, können sie sich in einer Krisensituation wie der Trennung der Eltern gegenseitig unterstützen, wenn sie alt genug sind, auch miteinander darüber sprechen. Solche Gespräche untereinander sind sehr wichtig. Vor allem ist aber das Gefühl hilfreich, nicht allein zu sein in der Situation«, sagte mir der Psychologieprofessor Jürg Frick im Interview. Er forscht zur Beziehung zwischen Geschwistern und berät in seiner Praxis regelmäßig auch Familien sowie Geschwister jeglichen Alters.

Der große Bruder wird zum Vater

Cora und Ben waren sich gegenseitig wie so viele Geschwisterkinder in der Trennungssituation eine emotionale Stütze. Nicht ungewöhnlich ist auch, dass die älteren Geschwister, wie auch Ben, eine Art Elternrolle für die jüngeren Geschwister übernehmen, etwa indem sie diese davor schützen, Konflikte von Mutter und Vater mitanzuhören, oder im Haushalt Aufgaben übernehmen, um die Jüngeren zu umsorgen. Davon berichten auch zahlreiche Frauen in einer US-amerikanischen Untersuchung[58] von Geschwistern aus Trennungsfamilien. Von den 32 befragten Frauen sagte eine: »Ich habe meinen Bruder und meine Schwester quasi aufgezogen, mein Vater verließ sich auf mich. Ich musste schnell erwachsen werden und mich irgendwie um alle kümmern.« Für die Jüngeren ist das ein Segen, wie der Beitrag einer weiteren Studienteilnehmerin verdeutlicht: »Ich habe den Großteil von den Streitereien meiner Eltern nicht mitbekommen, während mein Bruder immer alles mitansah. Er schaffte es trotzdem, mit mir fröhlich und positiv zu sein, was ich heute sehr zu schätzen weiß.« Der große Bruder setzt eine frohe Maske auf, um die kleine Schwester zu beschützen. Diese Dynamik wirkt in zahlreichen Trennungsfamilien.

Gleichzeitig kann genau diese Situation zu einer konfliktbehafteten Schieflage zwischen den Geschwistern führen.[59] Das ältere Geschwisterkind kennt die Probleme zwischen den Eltern, macht vielleicht für sich eine vermeintlich schuldige Person aus oder nimmt eine Seite ein. Das jüngere Kind bleibt unbedarft und sucht eventuell genau zu jenem Elternteil die Nähe, von dem das ältere Kind enttäuscht ist. Spannungen sind dann vorprogrammiert. Die wenigsten Kinder können die fröhliche Maske für ihre jüngeren Geschwister auf Dauer aufbehalten.

Jedes Kind empfindet es anders

Cora und Bens Geschichte zeigt auch, dass jedes Kind anders mit den Problemen im Elternhaus umgeht. Der Psychotherapeut Jürg Frick berichtete mir dazu aus seiner Praxis und Forschung: »Manche Kinder ziehen sich zurück, um der Mutter, dem Vater nicht noch mehr Sorgen zu bereiten, andere quengeln mehr, um ausreichend Aufmerksamkeit zu erhalten. Einige suchen den schuldigen Elternteil, andere hoffen, dass die Eltern wieder zusammenkommen. Die psychische Belastung können Geschwister oft miteinander kompensieren. Manchmal führen die Unterschiede im Umgang mit der neuen Lebenslage aber auch hier zu Differenzen.«

Unterschwellige Konflikte, wie sie bei Cora und Ben auftraten, können also durchaus auch bei eng verbundenen Geschwistern zu Frust und Verärgerung führen. Zum Aspekt »Lieblingselternteil« erklärt Frick: »Häufig gibt es schon vor der Trennung in Familien sogenannte Subsysteme, also dass beispielsweise Mutter und Sohn sich gut verstehen oder Tochter und Vater eher auf einer Wellenlinie sind. Das kann durch die Trennung verstärkt werden und zu einer Konkurrenz oder Konflikten unter den Geschwistern führen.« Diese Entwicklung wird zum Beispiel deutlich an der Geschichte von Felix und seiner Schwester Tina.

Felix und Tina sind fünf Jahre auseinander. Als ihre Eltern mitteilen, dass sie sich scheiden lassen, ist Felix 15 Jahre alt, geht noch zur Schule. Seine Schwester lebt da schon in einer eigenen Wohnung, hat einen Job, einen Freund und ein Auto. Die Lebenswelten der beiden waren schon deswegen sehr verschieden. Dennoch würde Felix heute sagen, dass sie damals ein gutes Verhältnis hatten, besser sogar noch als vor dem Auszug der Schwester. »Wir haben bei vielen Sachen ähnlich getickt«, sagt er. Tina ist die erste Person, die Felix anruft, nachdem seine Eltern ihm von ihrer Trennung erzählt haben. »Ich wollte hören, was sie weiß und wie es ihr geht«, erzählt er. Heute, 20 Jahre später, beobachtet er Spätfolgen von der Trennung seiner Eltern, die auch seine Beziehung zu der Schwester betreffen. Felix steht seinem Vater näher, Tina eher der Mutter. Felix berichtet: »Inzwischen haben meine Mutter und ich seit knapp vier Jahren keinen Kontakt mehr zueinander. Wir sind wegen alter Sachen mehrfach aneinandergeraten. Ich hatte immer wieder das Gefühl, dass sie das Verhalten meines Vaters auf mich abgewälzt hat. Meine Schwester wiederum macht meinem Vater Vorwürfe, die ich nicht nachvollziehen kann.« Wenn die Oma heute also zum Familienfest lädt, dann gibt es immer zwei Feiern, eine für Felix' Mutter und seine Schwester und eine für den Rest der Familie. Der Kontakt zu seiner Schwester ist durch all das eingeschlafen. »Wir schreiben uns zum Geburtstag Nachrichten, aber wenn man den Chatverlauf liest, dann ist das eigentlich immer Copy-and-paste vom Vorjahr«, berichtet Felix. Wenn die beiden sich auf Familienfeiern sehen, dann reden sie, aber sehr oberflächlich. »Urlaub, Job, Tag und Tschüss. Es ist eher wie ein Arbeitsverhältnis: Man versteht sich, aber nach Dienstschluss geht jeder zu sich nach Hause. Sicherlich standen wir uns noch nie ganz nah, aber ohne die Scheidung wäre das vielleicht nicht so gekommen«, schlussfolgert Felix für sich.

Steht die Beziehung zwischen den Geschwistern in einer Trennungssituation nicht auf breiten und stabilen Pfeilern, kann die Beziehung der Brüder und Schwestern ins Wanken kommen, wie bei Felix und Tina. Eine niederländische Studie[60] mit Befunden von mehr als 5000 Frauen und Männern ergab 2009 sogar: Streiten Mutter und Vater während der Trennungszeit oder im Vorfeld besonders viel, wirkt sich das sichtbar auf das Miteinander der Kinder aus – auch Jahrzehnte später noch. Geschwister aus zerstrittenen Elternhäusern haben als Erwachsene weniger Kontakt zueinander und eine geringe Beziehungsqualität zueinander. Sie neigen zudem eher zu Streit im Geschwisterkreis.

Das Klima zwischen Mutter und Vater ist also auch hier wie bei vielen anderen Entwicklungsaspekten von Kindern entscheidend. Gehen Eltern trotz Zerwürfnissen und Trennungswünschen herzlich oder zumindest respektvoll miteinander um, spiegelt sich dies auch im Miteinander der Geschwister wider. Ist der Umgang von den Erwachsenen untereinander feindselig, färbt das auf den Nachwuchs ab. Kinder neigen sogar dazu, die Streitsituation der Eltern nachzuahmen.[61] Sobald die Konflikte beigelegt sind, nimmt die Spannung unter den Geschwistern meist wieder ab.

Ins Gespräch kommen

Die Geschwister Cora und Ben, die im Alter nur ein Jahr auseinander liegen, haben über die Spannungen, die es auch in ihrer Kindheit und Jugend unter anderem durch die Trennungssituation gab, nicht gesprochen – obwohl sie sich nach wie vor eng verbunden fühlen. Es bleiben offene Themen: dass die Mutter umsichtig war und erkannte, dass Ben die Vaterfigur fehlt, aber gleichzeitig Coras Mangel ebendort nicht sah. Dass Ben sich vom Vater wegen dessen Alkoholabhängigkeit abwandte, während Cora gefühlt tief mit drinhing. Dass sie den neuen Lebensgefährten der Mutter klasse fand, Ben aber massive Auseinandersetzungen mit ihm hatte. »Ich wüsste gern, wie es Ben damals damit ging, wie er das erlebt hat. Zum Beispiel, ob seine Beziehung zu unserem Vater vielleicht auch schon früher nicht so gut war. Das sind noch immer unausgesprochene Themen zwischen uns«, sagt Cora. Und trotzdem betont sie: »Bis wir als junge Erwachsene zu Hause ausgezogen sind, war Ben mein engster und bester Vertrauter.«

»Ich ermuntere Menschen jeden Alters, auch heute noch ins Gespräch mit ihren Geschwistern zu gehen und offene Themen anzusprechen«, sagt Jürg Frick. Das könne heilsam, zumindest aber erleichternd sein. Und es könne helfen, die erlebten Situationen neu einzuordnen. Frick empfiehlt, das Gespräch möglichst offen zu gestalten, und vor allem ohne Vorwürfe. Beide Seiten sollten einfach beschreiben können, was und wie sie es erlebt haben. »Mitunter löst das beim anderen ein Aha-Erlebnis aus. Eine Frage an Bruder oder Schwester könnte sein: ›Ich habe jenen Moment so und so erlebt. Wie war das für dich?‹«, sagt Frick. Es gehe darum, Wahrnehmung zu teilen, nicht vermeintliche Wahrheiten.

Auch wenn Streit und Konflikte den Alltag von Geschwistern säumen, können Bruder und Schwester einander eine emotionale Stütze und Kraftquelle sein. Sie wissen voneinander, was der andere durchgemacht hat. Sie sind füreinander trotz aller Querelen ein Stück Heimat und Zuhause. Kennen Rituale, Sprichwörter, Verhaltensweisen und tragen diese gemeinsam weiter.

Exkurs: Getrennt aufwachsende Geschwister
Denkt man an Scheidung und Geschwisterkinder, fällt manchem vielleicht die Geschichte »Das Doppelte Lottchen« von Erich Kästner ein. Ein Mädchen-Zwillingspaar wächst nach der Scheidung der Eltern in unterschiedlichen Städten, also getrennt voneinander, auf. Die eineiigen Schwestern waren zum Zeitpunkt der Trennung noch so klein, dass sie nicht einmal wissen, dass es die andere gibt. Sie begegnen sich erst zufällig auf einer Ferienfahrt. Eine Situation, die heute kaum mehr denkbar ist.

- **Rechte von Geschwistern:** Dass Geschwister tatsächlich in getrennten Haushalten groß werden – zum Beispiel einer bei Mama, einer bei Papa –, kommt vor, ist aber nicht mehr üblich und wird versucht zu vermeiden. Geschwister haben nach Bürgerlichem Gesetzbuch ein Recht auf den Umgang miteinander. Die UN-Kinderrechtskonvention zählt jegliche Familienmitglieder sogar zur Identität des Kindes und mahnt, dass es ein Recht hat, diese zu behalten.
- **Psychische Folgen:** Die Folgen von getrennten Kindheiten sind nicht unerheblich.[62] Dass sich die Kinder entfremden, ist nur eine, deutlich auf der Hand liegende Konsequenz. Tatsächlich werten manche Expertinnen und Experten es gar als weitere traumatische Situation und Verlust, wenn Brüder und Schwestern nach der Trennung der Eltern ebenfalls getrennt leben. Einsamkeit und ein erhöhtes Stresslevel können weitere Folgen sein. Immerhin leben die Kinder dann zumeist allein mit einem der Elternteile, der oder die selbst das Auseinanderbrechen der Familie und Partnerschaft verarbeiten muss sowie künftig den Alltag finanziell und organisatorisch allein stemmen muss. Oder: Es kommen Stiefgeschwister von neuen Lebensgefährten der Elternteile dazu. Hier müssen sich Rollen innerhalb der Familie

neu sortieren. Auch das kann zunächst eine Belastung für Kinder sein.

- **Schutz voreinander:** In seltenen Fällen ist es zum Wohl der Geschwister sinnvoll, diese zu separieren, etwa wenn sie im Streit zunehmend handgreiflich wurden und Feindseligkeit das Miteinander prägt.

Vergangenes bewältigen und gemeinsam neue Wege gehen

Erinnerung von Inke, 2014, Bonn:
Kurz nach Neujahr wurde bei meinem Vater, während er immer noch zu Besuch bei meiner Schwester in Bonn war, Krebs diagnostiziert. Er musste umgehend ins Krankenhaus, konnte auch nicht zurück nach Flensburg; alles musste hier geschehen.

Hier traf ich den zweiten Teil meiner Entscheidung in Bezug auf ihn: Ich wollte mich nicht mehr nur verbiegen und ungesund zurücknehmen, ich wollte und konnte auch in dieser schweren Zeit nicht mehr tun als das Nötigste. Ich half so gut, wie ich konnte, mit Besuchen in der Klinik, kaufte auf seinen Wunsch hin Süßigkeiten oder Kleidung ein und wusch mal seine Wäsche. Doch meine Schwester und ihr Mann machten tausendmal mehr und gaben sich echt fast auf, vor allem, als sie ihn später zu Hause bei sich aufnahmen, bis er transportfähig war. Davor ziehe ich meinen Hut und bin sehr dankbar, dass sie das leisten konnten. Mir war das nicht mehr möglich.

Meine Kindheit hatte ich nicht bestimmen können. Meine Entwicklung hatte ich da noch nicht in die Hand nehmen können. Aber mir wurde klar, dass ich meine Gegenwart gestalten konnte – und das tat ich. Für mich.

Deine Zukunft mit deinen Beziehungen, Werten, Mustern und Handlungen neu zu gestalten, zu hinterfragen und zu verändern, das kannst du als erwachsenes Trennungskind heute für dich tun. Es ist möglich, dass du dafür noch einmal mit deinen Eltern ins Gespräch gehst, alte Verletzungen, Wünsche und Gefühle benennst und ihr eure Sichtweisen miteinander teilt. Dies ist jedoch nicht immer möglich. Manche Eltern können vor dem Hintergrund ihrer eigenen Prägungen nicht aus ihrer Haut und auch du als erwachsenes Trennungskind bist nicht verpflichtet zu verzeihen, ins Gespräch zu gehen oder die Beziehung zu halten.

Wenn du merkst, dass die alten Verletzungen noch zu stark sind, du wenig Verständnis erhältst, kannst du deine eigenen Wege gehen, auch ganz ohne deine Eltern oder ein Elternteil. Meistens ist die Realität jedoch ein »Dazwischen«. Teile der Kommunikation gelingen euch schon gut und du fühlst dich verstanden. Es gibt aber auch immer wieder mal wunde Punkte, an denen ihr kaum weiterkommt und euch verrennt, euch streitet und neue Verletzungen entstehen.

Impulse für dich: Alten Schmerz verarbeiten

- Schreibe auf oder zeichne, welche Erinnerungen oder Eigenschaften von deinen Eltern du gerne loslassen möchtest.
- Wie fühlt sich das an, wenn du heute darauf schaust?
- Was brauchst du, um dich von alten Belastungen zu distanzieren?

Wichtig dabei ist, dass du dir bewusst bist, dass du deinen Schmerz behalten darfst, wenn er (noch) wichtig für dich ist. Merkst du aber, dass es dir nicht hilft, die alten Erinnerungen in dir zu tragen, darfst du sie loslassen.

Möglicherweise helfen dir deine Erkenntnisse aus der Übung, das Gespräch mit deinen Eltern zu suchen. Oder es gibt ein Ritual, wie beispielsweise eine kleine Zeremonie, in der du die Erinnerungen vergräbst oder verbrennst. Schließlich kannst du versuchen, neue Einstellungen zu entwickeln: Mal angenommen, die Erinnerungen wären nicht mehr so nah bei dir und du hättest Abstand von ihnen gewonnen, wie würde sich das anfühlen? Welche Worte würden diese neue Freiheit in dir auslösen?

Impulse für dich: Neue Wege gehen

Mal angenommen, du könntest dich innerlich öffnen für Einstellungen wie beispielsweise *Ich darf über meine Gefühle reden* oder *Heute bin ich erwachsen und kann meine Beziehungen ganz neu sortieren und gestalten*:

- Welche Veränderungen würdest du ganz konkret in deinem Alltag wahrnehmen?
- Wie würde sich das auf die Beziehung zu deinen Eltern auswirken und wie auf deine Partnerschaft oder die Beziehung zu deinen Kindern?

Partnerschaften

In Partnerschaften suchen wir in der Regel nach Nähe, Halt, Bestätigung und Angenommensein. Wir leuchten gemeinsam und streiten um ein besseres Miteinander. Unter einer erfüllten Beziehung stellen sich viele Menschen mehr vor als eine reine Versorgungsgemeinschaft. Sich freundschaftlich verbunden zu fühlen, gemeinsame Ziele und Werte zu verfolgen, sind neben einer für beide Partnerpersonen stimmigen Sexualität nur ein paar von so vielen Wünschen an eine Beziehung.

Doch nicht immer ist Beziehung haltgebend. Unterschiedliche Bedürfnisse, Erfahrungen und Vorstellungen können die Beziehung trüben und phasenweise erschweren. Vielleicht merkst du als erwachsenes Trennungskind, dass es dir manchmal schwerfällt, deine Bedürfnisse anzusprechen, zu sagen, was du möchtest. Vielleicht bist du eher zurückhaltend und traust dich nicht mitzuteilen, dass du Zeit für dich brauchst. Vielleicht ziehst du dich dann zurück und dein:e Partner:in wünscht sich, dass du mehr darüber redest und nicht einfach etwas tust oder lässt.

Dahinter kann bei erwachsenen Trennungskindern die Angst stehen, dass es ihnen wieder passiert, die Trennung von den Personen, die sie lieben. Möglicherweise kennst du auch das Gefühl, lieber weglaufen zu wollen, bevor du alles wieder als zu schmerzhaft empfindest? Oder du möchtest immer wissen, wo deine Partnerin oder dein Partner gerade ist oder was sie tut? Oder du brauchst so viel Nähe, hast das Gefühl, ohne sie nicht leben zu können, und möchtest am liebsten mit deiner Partnerperson verschmelzen?

In diesem Kapitel erfährst du zunächst, welche Kindheitsmuster die Partnerschaften von erwachsenen Trennungskindern prägen können. Anhand eines Beispiels für einen möglichen Partnerschaftskonflikt beleuchten wir, wie du womöglich in sicheren und unsicheren Beziehungsmustern damit umgehen würdest. So kannst du dich reflektieren und erkennen, ob du Ähnliches in deiner Partnerschaft wahrnimmst. Dann kannst du mithilfe unserer Reflexionsfragen daran arbeiten, um dich von alten Lasten zu befreien. Und so unbeschwerter und freier du selbst sein zu können, denn dies ist die beste Grundlage für eine liebevolle Partnerschaft auf Augenhöhe!

Kindheitserfahrungen prägen unsere Partnerschaft

Unsere aus der Kindheit geprägte Persönlichkeit nehmen wir mit in unsere Beziehungen. Ob wir uns sicher fühlen oder ängstlich im Umgang mit unseren Mitmenschen sind, hängt maßgeblich davon ab, welche Erfahrungen wir im Leben gemacht haben.

Der Wissenschaftsjournalist und Bestsellerautor Bas Kast beschreibt dies so: »Dabei bestimmt vielleicht nichts Ihre Sicht auf eine intime Bindung so sehr wie die Erfahrung, die Sie mit Ihrer ersten intimen Bindung gemacht haben: der zu Ihren Eltern.«[63]

Natürlich können uns auch viele weitere Beziehungen prägen und belastende Erfahrungen weniger schlimm erscheinen lassen. Vielleicht hast du auch jemanden (oder mehrere Personen) im Kopf und Herzen, der oder die dich liebevoll begleiten konnte, als es deinen Eltern gerade sehr schwergefallen ist. Auch diese Menschen prägen unser Gefühl von Sicherheit: *Es ist jemand für uns da.*

Doch manchmal fehlt so ein Netzwerk, das die Folgen einer konfliktreichen Elterntrennung abpuffert. Ängste, dass auch die eigene Beziehung irgendwann so konfliktreich endet, können die Partnerschaft erwachsener Trennungskinder beeinflussen. Diese sogenannten Bindungsängste bedeuten jedoch nicht per se, dass wir uns nicht binden können und ständige Beziehungsabbrüche die Folge sind. Sie zeigen sich in vielen Facetten, Fragen wie *Liebst du mich noch?*

oder *Wie sicher bist du dir mit mir?* können damit im Zusammenhang stehen. Bindungsängste äußern sich typischerweise durch:

- den Wunsch, sich absichern zu wollen, aus der Sorge heraus, die Partnerperson zu verlieren – beispielsweise indem du dich ständig mittels Fragen rückversicherst, was deine Partnerperson fühlt.
- den Wunsch, miteinander zu verschmelzen – beispielsweise indem du es nur schwer zulassen kannst, dass deine Partnerperson ihre Freizeit ohne dich verplant.
- die Angst vor zu enger Bindung – beispielsweise, wenn du die Gedanken an eine gemeinsame Zukunft stets schnell wieder wegschiebst oder nur kurze oder gar keine Beziehungen eingehst.

Lena ist heute 28 Jahre alt, arbeitet in einem Großkonzern und ist studierte Germanistin. Ihre Eltern trennten sich, als sie zwölf Jahre alt war. Lena erinnert sich an lautstarken Streit und körperliche Gewalt. Sie berichtet von Szenen, in denen ihr Vater im Streit mit Möbeln warf oder Türen eintrat. Ihre Eltern hat sie als wenig einfühlsam erlebt: Sie wurde zur Strafe geohrfeigt oder unter die kalte Dusche gestellt, Zuwendung erfolgte durch Materielles. Lena berichtet, dass ihr der Blick auf die Erfahrungen ihrer Kindheit heute nicht mehr so weh tut, sie es jedoch bis heute bedauert, dass sie Gewalt erfahren hat.

Vor der Trennung ihrer Eltern war der Vater wenig zu Hause. Die Wochenenden oder die Urlaube, die sie mit beiden Elternteilen verbracht hat, verbindet sie mit lautstarkem Streit zwischen den Eltern. Am Tag der Trennung wurde Lena von ihren Großeltern betreut. Als sie nach Hause kam, war die Mutter bereits weg. Der Vater hatte der Mutter deren Affäre mit Lenas Musiklehrer vorgeworfen. Für Lena war die Trennung keine Überraschung, die Umstände jedoch schon. Im Rückblick sagt sie: »Für mich war meine Mutter tot.« Ihre Mut-

ter wurde kurz nach der Trennung wieder schwanger. Lena hingegen blieb mit ihrer zehnjährigen Schwester beim Vater. Die Eltern führten einen »Rosenkrieg«, sprachen nicht mehr miteinander und trugen Konflikte über die Kinder aus.

Lena beschreibt sich als zurückhaltendes und ängstliches Kind. Nach der Trennung hat ihr Vater viel gearbeitet und sie war nach der Schule oft allein zu Hause. Ihre Mutter ging völlig in ihrer neuen Partnerschaft und Familie mit Baby auf. Lena fühlte sich verlassen und einsam. Ihre Ängstlichkeit und Zurückgezogenheit, die sie schon vor der Trennung kannte, verstärkten sich. »Ich fühlte mich wie Hänsel und Gretel, die im Wald ausgesetzt wurden.« Sie entwickelte das Gefühl, sich allein auf sich selbst verlassen zu können: »Nur ich bin immer da.«

Lenas erste Beziehung war geprägt von der Erwartung an sich selbst, es viel besser machen zu wollen als die eigenen Eltern. Sie wollte um jeden Preis mit ihrem Partner zusammenbleiben, auch als er sie betrogen hatte. Sie konnte ihre Bedürfnisse nicht benennen, fühlte sich in Konflikten wie erstarrt.

In ihrer heutigen Beziehung kann Lena besser Hilfe annehmen, weil sie bei ihrem neuen Partner spürt, dass er sicher bei ihr bleibt. Es fällt ihr leichter, loszulassen. Sie nennt es selbst »Heilung in Beziehung«. Trotzdem spürt Lena manchmal Ängste, ihren Partner zu verlieren. Und sie hat immer noch ab und an Angst, dass die Beziehung nicht hält: »Mein Partner muss mich dann wieder überzeugen, dass er nicht gehen will.«

Lenas Bindungserfahrungen sind geprägt von Unsicherheit. Die Streitigkeiten der Eltern und die wenig mitfühlenden bis gewaltsamen Erziehungsmethoden, die der Trennung vorausgingen, erschütterten ihr Grundvertrauen. Die Trennung ihrer Eltern verstärkte vorhandene Unsicherheiten. Lena fühlte sich einsam und verlassen. Ihre Psyche wählte den Weg, sich auf sich selbst zurückzuziehen. Dieser Rückzug hatte in Lenas Kindheit gute Gründe. Schließlich fühlte sie sich ganz allein und konnte sich ihren Eltern nicht anvertrauen.

Lenas aktueller Partner konnte sie mit seiner zuverlässigen Zugewandtheit überzeugen, sich auf eine Partnerschaft einzulassen, sogar mit ihm zusammenzuziehen.

Alte Bindungsmuster geben Sicherheit

Beziehungsmuster, mit denen Partnerpersonen sich wohlfühlen, die Kraft spenden und Freiheiten zulassen, haben mit innerer Sicherheit zu tun. Wenn du dich in dir sicher fühlst, fällt es dir auch in der Partnerschaft leichter, zu vertrauen, loszulassen und Nähe zuzulassen.

Am folgendem Fallbeispiel können die verschiedenen Reaktionsmuster durchgespielt werden: Stell dir vor, deine Partnerperson und du hattet verabredet, gemeinsam zu kochen und Paarzeit miteinander zu verbringen. Zum vereinbarten Zeitpunkt ist dein:e Partner:in jedoch nicht zu Hause.

Wenn du einen guten Zugriff auf deine Gefühle hast und dich in der Beziehung sicher fühlst, kannst du deinen Ärger wahrnehmen und äußern sowie darum bitten, dass der oder die andere nächstes Mal pünktlich ist. Du kannst aber auch die Perspektive wechseln und den anderen nach seinen Gründen fragen und diese anerkennen:

- »Ich ärgere mich über dich.«
- »Kannst du mir die Gründe für dein Zuspätkommen erklären?«
- »Ich wünsche mir, dass du mir beim nächsten Mal rechtzeitig Bescheid gibst.«

Doch genau dieses Vertrauen kann beeinträchtigt sein durch die Bindungserfahrungen in der eigenen Kindheit. Die Angst, wieder verletzt zu werden, ist verständlich. Die Folge, Beziehungen deshalb aus dem Weg zu gehen, erzeugt jedoch häufig erneuten Schmerz. Schließlich wollen viele erwachsene Trennungskinder Beziehungen eingehen, Halt finden, sich geborgen und angenommen fühlen. Doch auch in Beziehungen begegnet ihnen der alte Schmerz und die Angst vor Verletzungen. So wie bei Lena, die aufgrund ihrer Ängste oft konträr zu dem handelt, was sie eigentlich möchte: »Ich schubse Männer immer wieder von mir weg, damit ich nicht verletzt werde, obwohl ich eigentlich möchte, dass mich jemand in den Arm nimmt.«

Vermeidet ein erwachsenes Trennungskind Beziehungen nicht, sondern wagt sie, können sich Ängste dennoch auf verschiedene Arten und Weisen zeigen: Vielleicht verbirgt es eigene Bedürfnisse oder greift die Partnerperson an, übt starke Kontrolle aus oder lebt Verschmelzungswünsche mit dem anderen. Das sind Muster, die nicht nur erwachsene Trennungskinder kennen. Sie können sich unterschiedlich zeigen und sich im Laufe des Lebens oder bei bestimmten Situationen verändern und abwechseln. Letztlich dienen sie dazu, sich sicherer zu fühlen, können aber auch zu Konflikten in Partnerschaften führen.

Vielleicht erkennst du Muster wieder? Oder du erlebst dich ganz anders? Auf den nächsten Seiten darfst du ohne Bewertung, ob es hilfreich ist oder nicht, fühlen und reflektieren, wie es dir beim Lesen geht.

Verbergen eigener Bedürfnisse

Viele erwachsene Trennungskinder berichten, dass sie ihre Bedürfnisse zurückstellen. Die Angst, die Beziehung zu verlieren, wenn sie ihre eigenen Anliegen durchsetzen, möglicherweise auch gegen den Wunsch der Partnerperson, stellt für Betroffene eine hohe Belastung dar.

Zurück zum Fallbeispiel: Deine Partnerperson und du hatten verabredet, gemeinsam zu kochen und Paarzeit miteinander zu verbringen. Zum vereinbarten Zeitpunkt ist dein:e Partner:in jedoch nicht zu Hause.

Wenn du Angst hast, deine Beziehung aufs Spiel zu setzen, falls du deinen Ärger über das Zuspätkommen äußerst, bist du vielleicht eher ruhig und versuchst, deinen Zorn mit dir selbst auszumachen. Möglicherweise bleibst du in Gedankenkreisen hängen wie:

- »Es wäre so schön, wenn er/sie mich sehen würde, aber es ist zu gefährlich, über meinen Ärger zu sprechen.«
- »Sicher hatte er/sie einen wirklich wichtigen Grund. Wichtiger als ich es bin.«

Viele erwachsenen Trennungskinder berichteten uns, dass ihre Wut dennoch in ihnen bleibt, sich aber an anderer Stelle entlädt.

Immer wieder spreche ich in Beratungsgesprächen in der Familienbegleitung mit Eltern, die Frust und Wut spüren, weil sich vielleicht die Partnerperson nicht so in die Familie einbringt, wie sie es sich erhoffen. Doch statt das eigentliche Thema mit dem oder der anderen zu besprechen, behalten sie es für sich und werden immer wütender. Diese Wut entlädt sich dann oft im Umgang mit den Kindern: Es fehlt ihnen die Kraft, dort brüllen sie »plötzlich«. Es ist eine Strategie, die aus Angst entsteht, und die Sorge um die Partnerschaft ist größer als die um die Eltern-Kind-Beziehung.

Die Wut kommt manchmal an anderer Stelle heraus, nämlich möglicherweise in den Beziehungen, bei denen die Angst, verlassen zu werden, geringer erscheint. Die Konflikte verschieben sich auf andere Bereiche wie die Arbeit oder eben die eigenen Kinder.

Hinterher kann es zu Scham darüber kommen, es wieder nicht geschafft zu haben, die eigene Meinung in Konflikten zu äußern, stattdessen die Wut bei jemandem herausgelassen zu haben, zu dem sie gar nicht gehört.

Oft entlädt sich Wut auch in Form von Vorwürfen, die für das Gegenüber wenig verständlich sind oder sich übertrieben anfühlen. Beispielsweise:

- »Du bist immer unterwegs, nie hast du Zeit für mich!«
- »Wieso musst du denn unbedingt jede Woche Sport machen?«

Impulse für dich

- Wie erlebst du dich in deiner Partnerschaft? Ziehst du dich in Konflikten eher zurück oder kannst du deine Meinung benennen?
- Was glaubst du, wie erlebt dich dein Partner oder deine Partnerin, wenn du deine Bedürfnisse und Wünsche benennst? Bist du bestimmt, ruppig, zaghaft oder unsicher?
- Was wünschst du dir? Wie möchtest du sein?

Es kann sein, dass deine Partnerperson eure Beziehung dominiert, gerade wenn du eher den ängstlichen Part übernimmst und deine Bedürfnisse im Verborgenen hältst. Deine Partnerperson nimmt dir dann Entscheidungen eher ab oder gibt Lösungswege vor – auch bei so persönlichen Themen wie der Arbeitssuche oder der Frage, ob ein:e Freund:in gut zu dir passt. Das kann dir anfangs Sicherheit geben, doch langfristig auch dazu führen, dass du aus der Rolle der Zurückhaltenden nicht herauskommst. Wenn Menschen sich z. B.

mit therapeutischer Hilfe aus diesem Muster befreien und mutige Verhaltensweisen zeigen, kann die Partnerperson mit Unverständnis bis hin zu Widerstand reagieren, weil er/sie deine übliche Reaktionsweise gewohnt war. Es ist dann hilfreich, die Partnerperson in die Veränderungsprozesse transparent und aktiv miteinzubeziehen.

Du hast jeden Tag die Wahl, dich Schritt für Schritt aus der Angst herauszubewegen und deine Partnerperson liebevoll zu betrachten, statt sie als gemein und dominant abzustempeln. Wir laden dich ein, dich aus deiner Angst herauszubewegen. Du hast die Chance, dich aufzurichten und die Dynamik zwischen euch zu verändern.

Impulse für dich: Den Berg der Angst besteigen

- Stell dir vor, du besteigst einen hohen Berg. Oben angekommen kannst du dich frei fühlen und alles, was dir wichtig ist, äußern, egal wem gegenüber.
- Du gehst den Weg nun an: Auf welche Stolpersteine wirst du stoßen? Welche Ängste spürst du?
- Schau dir den ersten Stein der Angst an. Wie groß ist er? Stell dir vor, du nimmst einen Stift und beschriftest ihn: Was steht darauf? Stell dir vor, dass du den Stein in deinen Rucksack steckst. Du spürst die Last auf deinem Rücken. Steige nun weiter den Berg hinauf: Welche Ängste spürst du noch? Wie sehen deine Steine aus? Was steht darauf?
- Auf deinem Weg kommst du an eine Quelle. Hier darfst du deinen Rucksack absetzen und dich erfrischen. Daneben steht ein wunderschönes Behältnis. Wie sieht es aus? Welches Material hat es und welche Form? Welche Farbe?

- Stell dir vor, dass du deinen Rucksack nun ausleeren darfst. Packe alle Steine, die dir zu schwer erscheinen, in das Behältnis. Möchtest du noch einen Stein in deinem Rucksack behalten oder alle Steine ablegen? Wie fühlt sich das an? Wenn du eine Erleichterung spürst, wo genau nimmst du sie wahr?
- Geh den Weg weiter bis nach oben und nimm die Leichtigkeit mit. Welche Farbe hat sie? Welche Form? Oben angekommen schaust du auf den Berg hinunter. Vielleicht erblickst du von hier das Behältnis mit all den Steinen, die dort gut und sicher verpackt liegen. Wem möchtest du was sagen? Welche Worte sprudeln aus dir heraus? Nimm dir ein Blatt Papier und schreibe alles auf.
- Du darfst entscheiden, was du davon mitteilen, was du für dich behalten möchtest.

Verschmelzungswünsche

In der Verliebtheitsphase am Anfang einer Beziehung erleben das fast alle Paare: Ihr beschäftigt euch stundenlang mit euch als Paar, vergesst die Außenwelt und möchtet jede Minute miteinander verbringen. In der Regel verändert sich diese erste Phase im Laufe der Beziehung hin zu einem Mix aus Bindung und Autonomie. Das bedeutet, dass alle Partnerpersonen zunehmend wieder ihre eigenen Hobbys und Freundschaften pflegen, auch einmal nur für sich sein mögen, dann erneut die Nähe in der Partnerschaft genießen.

Aufgrund der Elterntrennung und damit verbundenen Verlusterfahrungen oder anderweitig schmerzhaften Erlebnisse können die psychischen Grundbedürfnisse nach Nähe und nach Autonomie von Verlustangst geprägt sein. Die Angst, dass auch die eigene Partnerschaft nicht hält, die Angst, verlassen zu werden, bringt das natürliche Gleichgewicht zwischen diesen beiden Bedürfnissen ins

Schwanken. Gerade erwachsene Trennungskinder erleben die Autonomiewünsche der Partnerperson oft als ein Warnsignal dafür, dass in der Beziehung etwas nicht stimmt. Zudem können stressige Phasen, beispielsweise Paarkonflikte, sie schnell an die Beziehungsprobleme ihrer Eltern erinnern. Die Angst davor, dass die eigene Beziehung ebenfalls zerbrechen könnte, verstärkt das Verlangen nach Intimität, nährt den Wunsch, mit der Partnerperson völlig eins zu werden.

Wie verhältst du dich dann im bekannten Fallbeispiel? Deine Partnerperson und du hattet verabredet, gemeinsam zu kochen und Paarzeit miteinander zu verbringen. Zum vereinbarten Zeitpunkt ist dein:e Partner:in jedoch nicht zu Hause.

Wenn deine Angst vor dem Verlust deiner Partnerperson sehr stark ist, unterdrückst du möglicherweise impulsiven Ärger sofort und ersetzt ihn durch ein extremes Nähebedürfnis:

- Statt den Ärger auszusprechen, bietest du Nähe an in Form von Versorgung oder Sexualität.
- Du überlegst dir, was du tun kannst, um den Konflikt vergessen zu machen.
- Du überlegst: »Was kann ich tun, damit er/sie mich weiterhin liebt?«

Die Psyche versucht ganz automatisch, die Angst zu neutralisieren. Der Aufbau extremer Nähe soll eine vermeintliche Sicherheit schaffen. Doch auch hier bleiben Gefühle wie Ärger oder Wut im Inneren verborgen. In den Interviews berichteten uns viele erwachsene Trennungskinder, dass sie, wenn sie ihre Bedürfnisse und Wünsche nicht direkt in der Partnerschaft klären konnten, ihrem Ärger häufiger bei ihren Freund:innen Luft machen. Auch hier suchen Personen dann eher eine andere und sichere Beziehung, um Gefühle zu zeigen. Die Verschmelzungswünsche zeigen sich jedoch nicht nur in Konflikten. Im Alltag zeigt sich die Angst vor Verlust der Partnerschaft deutlich daran, dass Autonomiebestrebungen wenig Raum bekommen:

- »Wir können doch den Sport auch gemeinsam machen.«
- »Nimm mich doch mit zu deinen Freunden.«

Das kann die Partnerperson als anklammerndes Verhalten erleben. Sie fühlt sich möglicherweise bedrängt, wünscht sich mehr Freiraum, was wiederum die Angst der/des anderen verstärkt. Ein Teufelskreis. Ein wichtiger erster Schritt ist, sich seiner Bedürfnisse und auch seiner Angst bewusst zu werden. Dabei können dir die folgenden Fragen helfen:

Impulse für dich

- Kennst du es, dass Ärger oder Wut auf deine Partnerperson den Impuls auslösen, dich noch enger verbinden zu wollen?
- Welche Strategien oder Verhaltensweisen nutzt du, wenn du dir Dinge anders wünschst in deiner Partnerschaft?
- Angenommen, deine Partnerperson könnte antworten: Sind Freiräume und Intimität/Nähe ausgeglichen? Oder gibt es dort Veränderungsbedarf?

Wie geht es dir mit den Fragen? Wenn du eher die Angst in Konflikten spürst, greife gerne erneut auf die Übung »Den Berg der Angst besteigen« zurück.

Werde dir deiner Wünsche bewusst, dann kannst du schrittweise lernen, diese auch zu äußern. Wenn es dir eher schwerfällt, Autonomie zuzulassen, weil du Angst davor hast, deine Partnerperson zu verlieren, darfst du dich an die nächste Übung wagen.

Impulse für dich: Sich selbst und anderen Freiheit gönnen

- Stell dir vor, deine Angst, deine Partnerschaft zu verlieren, fährt in den Urlaub. Vielleicht sogar ganz weit weg, an einen Ort, wo es ihr gutgeht. Vielleicht verabschiedet sie sich nur für einen Minimoment, möglicherweise aber auch sogar für ein paar Stunden oder sogar Wochen bis Tage.
- Was würdest du gerne wieder einmal tun? Welche Hobbys hast du in deiner Partnerschaft vernachlässigt? Welches Essen möchtest du dir ganz allein zaubern? Welchen Weg würdest du gerne wandern? An welchen Ort (nah oder fern) würdest du gern reisen?
- Stell dir vor, dass statt deiner Angst vor dem Verlust deiner Partnerperson eine Sicherheit dich begleitet. Diese Sicherheit sagt dir immer wieder folgende Sätze:
  »Ich bin liebenswert.«
  »Ich darf mir Gutes tun.«
  »Ich kann für mich sorgen.«
- Wie geht es dir bei diesen Gedanken? Was davon möchtest du verwirklichen und was bräuchtest du dazu? Vielleicht ist es hilfreich, die Ideen zunächst mit einem/einer Freund:in anzugehen und erst im nächsten Schritt allein? Überfordere dich nicht: Vielleicht formulierst du deine Ziele erst einmal für dich und setzt sie um, wann immer du dich sicher genug dazu fühlst.

Angriff
Neben dem Verbergen von eigenen Bedürfnissen und Verschmelzungswünschen ist ein anderer Reaktionsmechanismus bei Angst der Angriff. Dabei sind nicht Konflikte gemeint, die dafür sorgen, dass ihr euch seht, einander versteht und Lösungen sucht, sondern diejenigen Konflikte, die zu noch mehr Verletzungen führen, statt Nähe zu schaffen. Typisch für ein Angriffsmuster ist Streit, der sich um Rechthaben, Belehrungen, Beschimpfungen und Abwertungen dreht.

Wie verläuft das Fallbeispiel dann? Versetze dich wieder in die Situation: Deine Partnerperson und du hattet verabredet, gemeinsam zu kochen und Paarzeit miteinander zu verbringen. Zum vereinbarten Zeitpunkt ist dein:e Partner:in jedoch nicht zu Hause.

Hast du Angst, nicht wichtig zu sein, und den Eindruck, dass deine Bedürfnisse in deiner Beziehung nicht gesehen werden? Beides kann alte Schmerzerfahrungen aus deiner Kindheit ganz automatisch aufwecken. Alte Schutzmechanismen laufen dann an. Du reagierst nicht gelassen auf das Zuspätkommen deiner Partnerperson und wirst nicht versuchen, ihre Gründe zu verstehen. Du wirst auch nicht den Wunsch äußern, dass es nächstes Mal anders laufen soll, sondern sofort angreifen.

- »Du vergisst mich einfach!«
- »Immer kommst du zu spät, es ist dir einfach nicht wichtig, mit mir Zeit zu verbringen!«
- »Ich bin dir egal.«

Manche erwachsene Trennungskinder beschreiben das Gefühl, dass andere sie erst wahrnehmen, wenn sie wütend werden. Eventuell hast du das bei dir auch schon beobachtet? Wenn es so ist, standen bei den Trennungseltern möglicherweise ihre eigenen Themen so im Vordergrund, dass du und andere Trennungskinder gelernt haben, dass nur Lautwerden hilft, mit den eigenen Gefühlen und Bedürfnissen nicht unterzugehen.

Doch wenn die Angst davor, nicht gesehen zu werden, die Angst davor, verletzt zu werden, oder auch die Angst vor zu viel Nähe dafür sorgen, dass du im Angriffsmodus bist, kann das für eine Partnerschaft belastend sein. Streit kann in den Alltag einziehen und Verletzungen vergrößern. Auch hier bleiben ähnlich wie beim Verbergen von Bedürfnissen oder bei Verschmelzungswünschen deine eigentlichen Wünsche und Anliegen im Verborgenen. Für die Partnerperson kann es schwer sein, deine eigentlichen Bedürfnisse nach Sicherheit und Gesehenwerden zu erkennen. Sie reagiert möglicherweise wenig verständnisvoll, sondern ihre eigenen Schutzmechanismen setzen ein. Reaktionen der Partnerperson können beispielsweise folgende sind:

- Angriff: Die Partnerperson geht ebenfalls in den Angriffsmodus, verteidigt sich gegenüber den Vorwürfen. Der Streit kann sich hochschaukeln.
- Rückzug: Wenn die Reaktion der angegriffenen Partnerperson ein eher ängstliches Verhalten ist und es keine oder nur wenig Reaktion auf deinen Ärger gibt, verstärkt sich in dir möglicherweise ganz automatisch dein altes Gefühl, dass dein Gegenüber dich nicht ausreichend sieht, dich nicht ernst nimmt. Folglich verschärfst du deinen Angriff, deine Vorwürfe an deine Partnerperson. Das geschieht möglicherweise aus der Verzweiflung heraus, dass sie dich in deinem eigentlichen Anliegen immer noch nicht erkennt. Wenn dies weiterhin zu keiner Lösung führt, kann der Streit in einem Abbruch enden, ohne dass eine Lösung miteinander gesucht wurde.

Auch deine Partnerperson hat gute Gründe, in ihr Muster zu verfallen. Es ist wichtig, sich diese Muster bewusst zu machen und darüber ins Gespräch zu kommen. Ansonsten besteht die Gefahr, dass die Verletzungen in der Gegenwart bestehen bleiben und dies, zumindest langfristig und bei häufigen Wiederholungen, für die Beziehung belastend sein kann. Vielleicht merkst du auch, dass es dir unangenehm ist, darüber nachzudenken. Wut und Aggressionen in Beziehungen sind häufig schambesetzt.

Impulse für dich

- In welcher Situation bist du zuletzt in ein Angriffsmuster verfallen und hast Sätze gesagt wie beispielsweise »Du nimmst mich nicht ernst« oder »Immer denkst du nur an dich«?
- Wenn du jetzt auf die Situation schaust, würdest du das immer noch so sehen oder gab es andere Gründe für das Verhalten deines Gegenübers?
- Wie würdest du dich verhalten, wenn du sicher wärst, dass dein:e Partner:in dich liebt, wertschätzt und ernst nimmt? Welche Gefühle hättest du dann in kleineren Konfliktsituationen und was wäre anders?
- Schreibe diese Gedanken auf. Du darfst sie für die nächste Übung nutzen.

Bei der Beantwortung der Fragen ist es jedoch sehr wichtig, einzuordnen, ob deine Ängste und deine Wut nicht doch heute hilfreich sind. In Beziehungen, die dir wirklich nicht guttun, wo du abgewertet wirst oder wo du Gewalt erfährst, solltest du dir unbedingt Hilfe suchen und deine Wut und Angst als Warnsignal verstehen.

Impulse für dich: Perspektivwechsel

- Erinnere dich an die letzte Situation, in der du im Angriffsmodus warst: Wo hast du deine Wut gespürt? Welche Farbe, welche Form hatte deine Wut?
- Welche Worte löst diese Situation in dir aus?
- Jetzt stell dir vor, du löst diese Situation heute anders: Statt deinem Partner Vorwürfe zu machen, atmest du dreimal ganz tief durch. Deine Wut in ihrer speziellen Farbe und Form zieht wie eine Wolke an dir vorbei und deine Worte lösen sich mit deiner Atmung auf.
- Nimm dir jetzt die Antworten auf die vorherigen Fragen und lies sie laut vor. Wiederhole dies alles gerne immer wieder. Es braucht viel Zeit und Übung, bis sich auch in deinem Handeln etwas verändert. Vielleicht nimmst du ja kleine Schritte schon in der nächsten Situation wahr? Vielleicht fällt es dir auch hinterher immer leichter, Alternativen zu finden.

Kontrolle

Erwachsene Trennungskinder, die eine sehr konfliktreiche Trennung ihrer Eltern erlebt haben oder sogar den Verlust eines Elternteils hinnehmen mussten, haben möglicherweise die Erfahrung abgespeichert, dass sie nicht kontrollieren können, was ihre Bezugspersonen machen und ob sie bei ihnen bleiben. Gerade wenn Trennungen der Eltern begleitet sind von häufigen und heftigen Streits, Abwertung des jeweils anderen Elternteils, Affären und wenn Kinder in Loyalitätskonflikte geraten, sind oft Gefühle von Hilflosigkeit und Ohnmacht bei den Trennungskindern entstanden. Das Grundbedürfnis nach Kontrolle war möglicherweise über eine sehr lange

Zeit nicht erfüllbar und bleibt oft bis ins Erwachsenenalter ein großes Thema, besonders in Partnerschaften.

Versetzen wir uns wieder in die Situation des Fallbeispiels: Deine Partnerperson und du hatten verabredet, gemeinsam zu kochen und Paarzeit miteinander zu verbringen. Zum vereinbarten Zeitpunkt ist dein:e Partner:in jedoch nicht zu Hause.

Fühlst du dich in dieser Situation hilflos und ausgeliefert, kann in dir der Impuls aufkommen, deine Partnerperson kontrollieren zu wollen. Innere Sätze wie diese begleiten dich:

- »Das kann doch nicht sein, der/die betrügt mich bestimmt.«
- »Ich muss immer wissen, wo meine Partnerperson ist, sonst habe ich sofort Angst, dass etwas passiert ist.«

Auf der Verhaltensebene ist dies möglicherweise sichtbar durch:

- ständiges Nachfragen, wo der/die Partner:in hingeht
- Tracking-Apps oder ständige Kontrollanrufe
- Kontrolle des Telefons des/der anderen

Hinter diesem übermäßigen Kontrollieren kann also die Angst davor stecken, die Partnerperson zu verlieren. Diese wird jedoch im Miteinander nicht thematisiert und bleibt deshalb unverstanden. Als Reaktionen zeigt die Partnerperson ähnlich wie bei den anderen bereits erwähnten Beziehungsmustern meist Schutzmechanismen wie die folgenden:

- Das Autonomiebestreben der Partnerperson verstärkt sich angesichts der übermäßigen Kontrolle weiter: Sie sieht ihre Eigenständigkeit gefährdet und geht deshalb extra lange weg oder schaltet das Telefon aus, um sich der Kontrolle zu entziehen. Ein Teufelskreis, der oft mit Eifersucht einhergeht, sorgt für Konflikte und ein Miteinander, das von Misstrauen und Distanz geprägt ist. Ein Beziehungsabbruch wird so immer wahrscheinlicher.

- Möglicherweise passt sich die Partnerperson an die Kontrollwünsche an, lässt sich komplett kontrollieren und stellt die eigenen Bedürfnisse nach Selbstbestimmung zurück. Können erwachsene Trennungskinder sich dann sicherer fühlen, gar gesunden? Leider nein. Diese Überanpassung an die Ängste der Partnerperson ändert nach meiner Erfahrung als Psychotherapeutin oft nur wenig an den Ängsten und dem Kontrollverhalten. Die alten Erfahrungen sind prägend und bestimmen meist auch weiterhin die aktuelle Beziehung.

Impulse für dich

- Wie sicher fühlst du dich in deiner Beziehung?
- Wenn du zu Kontrollverhalten neigst, wo im Alltag spürst du das besonders stark?
- Woher kennst du dieses Gefühl?

Welches Gefühl löst die Beantwortung der Fragen bei dir aus? Erwachsene Trennungskinder beschreiben häufig eine Scham, darüber zu sprechen und nachzudenken, haben das Gefühl, etwas falsch zu machen. Wir laden dich ein, dich nicht abzuwerten, sondern neugierig zu sein, woher dein Verhalten kommt, und dir neue Wege zu suchen.

Impulse für dich

- Versetze dich in die Situation hinein: Deine Partnerperson und du hattet verabredet, gemeinsam zu kochen und Paarzeit miteinander zu verbringen. Zum vereinbarten Zeitpunkt ist dein:e Partner:in jedoch nicht zu Hause.
- Stell dir jetzt den bestmöglichen Grund vor, warum deine Partnerperson zu spät gekommen ist. Vielleicht gab es Stau oder er/sie wollte noch etwas fürs gemeinsame Abendessen kaufen? Oder dir sogar noch schnell deine Lieblingsschokolade im Supermarkt besorgen?
- Wie würdest du reagieren, wenn du davon ausgehst, dass du und deine Partnerperson ein Team und füreinander da seid? Was würde das für die konkrete Situation verändern? Was vielleicht für eure Partnerschaft?

Miteinander neue Wege gehen

Nicht immer sind die Muster in einer Beziehung klar nur einer Kategorie zuzuordnen, natürlich bedienen wir uns mehrerer Strategien oder wechseln diese (unbewusst).

Wenn du dich unter den Überschriften *Verbergen*, *Verschmelzen*, *Angriff* und *Kontrolle* nicht wiederfindest und gleichzeitig Veränderungswünsche in deiner Beziehung wahrnimmst, dann hast du wahrscheinlich eine einzigartige Strategie für dich entwickelt. Wie nennst du sie? Aus welchen Facetten besteht sie?

In diesem Abschnitt laden wir dich ein, Ängste, Schmerzen und Frust aus Kindertagen aus deiner heutigen Liebesbeziehung rauszuhalten und stattdessen echte Nähe und Halt miteinzubringen.

Es lohnt sich, hinzuschauen und Wege der Veränderung zu gehen, egal ob du ein jugendliches erwachsenes Trennungskind bist und am

Anfang deiner Beziehungserfahrungen stehst oder ob du lange in Beziehung bist und dich wohler und befreiter fühlen möchtest.

Worte finden für den eigenen Schmerz

Wichtig ist, dir einzugestehen, dass alte Belastungen deine Partnerschaft beeinträchtigen. Den Blick auf dich selbst zu richten und deine eigenen Themen anzuerkennen, kann schmerzen, aber nur so machst du ein wahres Miteinander möglich. Nur wenn du dich selbst kennenlernst, Verständnis für dich selbst hast, kann auch deine Partnerperson dich verstehen lernen. Das ist ein erster Schritt, um eine gemeinsame Sprache zu entwickeln und Lösungen zu finden. Wenn dein Partner oder deine Partnerin beispielsweise gar nicht weiß, wie groß deine Angst vor einer Trennung ist, kann dein Gegenüber deinen Rückzug in Konflikten, dein Kontrollverhalten oder deine ständige Angst nicht nachvollziehen. Starke Konflikte werden wahrscheinlicher.

Es kann helfen, von deinem Schmerz zu berichten. Dazu braucht es Zeit und Raum, das geht nicht zwischen Tür und Angel. Schafft Gelegenheiten für gemeinsame Gespräche und legt, auch wenn dies ein wenig befremdlich klingt, Gesprächsregeln fest. Beispielsweise solche:

- Ausreden lassen.
- Keine Bewertungen, ob das Verhalten gut oder schlecht bzw. sinnvoll oder unsinnig ist.
- Zuhören. Nachfragen ist erlaubt, Lösungsideen dürfen aber erst ganz zum Schluss vorgeschlagen werden.
- Alles, was gesagt wird, darf nicht im Streit verwendet werden.

In Gesprächen geschieht es viel zu schnell, dass Menschen Gesagtes bewerten und Lösungen vorbringen: »Ist doch nicht so schlimm«

oder »Ach, das bekommen wir schon hin« ist oft vom Gegenüber gut gemeint, weil es die Trauer, Angst oder Hilflosigkeit schnell beenden möchte. Für dich als erwachsenes Trennungskind könnte es jedoch hilfreicher sein, wenn dein Gegenüber dem Thema Raum gibt: dir zuhört, da ist, nachfragt und dein Leid aushält.

Möglicherweise kennst du die Sorge, dass deine innersten Themen und Ängste anderen Menschen in Konfliktsituationen als Kanonenfutter dienen könnten, oder du malst dir ein inneres Szenario aus wie: *Wenn ich meiner Partnerperson sage, wie es mir geht, dann werde ich für immer allein sein.* Deswegen kann es für dich sehr wichtig sein, miteinander zu klären, dass dein Gegenüber alles, was du sagst, nicht im Streit gegen dich verwenden darf.

Du könntest deine Antworten zu den Fragen in diesem Kapitel aufschreiben und sie deiner Partnerperson vorlesen. Du könntest auch frei erzählen, welche alten Erinnerungen du mit deiner Angst und deinem Verhalten verbindest. Oder du kannst Teile aus diesem Buch vorlesen, um einen Einstieg zu finden.

Egal, welchen dieser Wege du gehst oder ob du dir möglicherweise eine:n Berater:in suchst, wichtig ist, dass ihr ins Gespräch kommt. Ich bezeichne das oft als »eine gemeinsame Sprache finden«.

Mögliche einleitende Sätze für ein gemeinsames Gespräch könnten sein:

- Ich möchte dir von mir erzählen, von meinen Ängsten und Erfahrungen. Ich möchte, dass du weißt, wieso meine Angst unsere Beziehung so sehr dominiert und ich beispielweise so oft wissen will, wo du bist.
- Ich möchte dir von mir erzählen, von meinem alten Schmerz. Auch wenn ich vom Kopf her weiß, wie lange die Trennung meiner Eltern her ist, prägt sie meine Gefühle und meine Gedanken bis heute.

- Ich möchte dir Einblick gewähren, woher es kommt, dass ich manchmal komplett mit dir verschmelzen möchte und dich dann andererseits wieder wegstoße. Das muss für dich schwierig sein – so wie auch für mich.

Nicht allein, sondern gemeinsam!

Wenn deine Partnerperson von deinem Schmerz weiß, wenn sie deine Erinnerungen kennt, kann sie diese vielleicht nicht genau nachvollziehen, aber anerkennen. Wenn du deine Erfahrungen, Gefühle und Gedanken teilst, kann dein Gegenüber verstehen, wieso du dich so verhältst und welche Bedürfnisse du dir mit deinem Verhalten zu erfüllen versuchst. Ihr kommt miteinander ins Gespräch und könnt neue Wege gehen. Die Leitfrage könnte dabei sein: Wie wollen wir damit umgehen, wenn dein alter Schmerz sich zeigt?

Wichtig ist, dass beide Partnerpersonen sich wohlfühlen und ihre Bedürfnisse benennen können. Kompromisse finden, ohne sich selbst dabei aufzugeben, ist ein zentraler Punkt in Beziehungen. Dabei ist es wichtig, nachzufragen, ohne zu verurteilen.

Mögliche Fragen, die ihr gemeinsam beantworten könnt:

- Wie sieht für uns eine Traumpartnerschaft aus? Was davon haben wir schon erreicht und wo können wir uns noch verändern?
- Wie kann ich möglicherweise mehr in Kontakt sein, wenn bei dir die Angst kommt, ohne mein Bedürfnis nach Autonomie komplett zu vernachlässigen?
- Woran erkenne ich, dass bei dir alte Gefühle eine Rolle spielen, und wie wollen wir damit umgehen? Was brauchst du von mir?
- Wie können wir gemeinsam als Paar mehr Vertrauen schaffen, um die alten Ängste langsam zu beruhigen? Was können wir ganz konkret tun? Wie wollen wir miteinander sprechen? Wie Konflikte lösen?

In Beziehung heilen
Jahrzehntelange psychologische Forschung zur Beziehungsführung hat gezeigt, dass gelungene Beziehungen auf Respekt, Empathie und einem tiefen Verständnis füreinander beruhen.[64] Wenn erwachsene Trennungskinder es schaffen, mit ihren Partnerpersonen ins Gespräch zu kommen, sie sich gegenseitig zuhören und nachfragen, statt zu bewerten, kann dies heilsam sein. Die Veränderung kann sich dann in Gesprächen zeigen, aber auch viele andere Formen des Ausdrucks finden: Handlungen, die zeigen, »ich bin für dich da«, Kunstwerke, die miteinander oder füreinander geschaffen werden, das gemeinsame Musizieren. Letztlich geht es um die Erfahrung, dass das Gegenüber echtes Verständnis zeigt, auch wenn er oder sie die Erfahrungen des erwachsenen Trennungskindes nicht erlebt hat. Statt Härte, Kampf und Distanz entsteht so Nähe – und genau die braucht es, damit alte Wunden heilen und Vertrauen und Sicherheit entstehen können. Alte Traumatisierungen können verblassen und ihr könnt gemeinsam neue Wege gehen!

Kinder

Wenn erwachsene Trennungskinder eigene Kinder bekommen und sie nun selbst die Elternrolle einnehmen, triggert das unter Umständen ihre Erfahrungen aus der Kindheit. Besonders familiäre Muster in Konflikt- und Beziehungsführung und auch erlebte Bindungssicherheit oder -unsicherheit sind Prägungen, die frischgebackene Eltern nicht nur in ihrer Partnerschaft herausfordern. Es ist eine Frage der Bewältigungskompetenz und der persönlichen Ressourcen, wie sie es schaffen, daran zu arbeiten, dass diese Muster im Umgang mit ihren Kindern nicht die Oberhand gewinnen.

Der Wunsch, es besser zu machen

Die Eltern, mit denen ich gesprochen habe, hatten sich in der Regel schon sehr tief mit ihren Prägungen auseinandergesetzt. Wie schnell und tiefgehend sie diese verändern können, hängt auch von ihrer Partnerschaft, den Temperamenten ihrer Kinder, der ganzen Lebenssituation ab, aber die meisten versuchen engagiert, sich freizustrampeln und es für sich und ihre Kinder anders zu machen als ihre eigenen Eltern.

Die Pädagogin Jasmin und ihr zweiter Mann Hannes sind ein spannendes Paar, denn beide haben unterschiedliche Trennungsgeschichten hinter sich und wollen bewusst mit ihren beiden gemeinsamen Kindern und dem Sohn aus Jasmins erster Ehe anders umgehen, als mit ihnen umgegangen wurde.

Mit 21 heiratete Jasmin zum ersten Mal. Ein Jahr zuvor war bereits ihr erstes Kind geboren worden, und noch im Wochenbett kamen verschiedene psychische Belastungen an die Oberfläche, von denen ein Großteil mit ihrer Erfahrung als Trennungskind zu tun hatte.

Sie ist mit zwei Geschwistern in einer Familie mit klassischer Rollenverteilung aufgewachsen: »Meine Mutter war zu Hause, mein Vater sorgte in Vollzeitanstellung für unsere finanzielle Sicherheit. Ich war das jüngste von drei Kindern und eigentlich glücklich. Als ich sieben oder acht Jahre alt war, wurde wie aus dem Nichts die Trennung angekündigt, doch wir Kinder haben uns aufgelehnt und das Ganze verzögert. Danach war aber bereits alles anders: Es gab etliche Streitgespräche und das Familienleben fand von jetzt auf gleich nicht mehr zu fünft statt.«

Als sie neun war, wurden die Konflikte zwischen den Eltern derartig heftig, dass sie die Trennung schließlich doch vollzogen. »Ich erinnere mich, wie wir zu dritt unten an der Treppe in unserem Haus standen und oben das Geschrei hörten«, erzählt sie mir.

»Meine Mutter zog mit uns drei Kindern aus dem schönen Haus in ein Neubauviertel um. Es war nur zehn Kilometer entfernt, doch die neue Umgebung und etliche weitere Veränderungen machten mir schwer zu schaffen: Es blieb kein Geld mehr übrig für meine Hobbys. Meine Mama musste sich einen Vollzeitjob suchen und war kaum noch zu Hause. Zur Schule musste ich dann mit dem Bus und war mittags ein Schlüsselkind. Im neu bezogenen Häuschen an einem See hatte ich nicht mal eigenes Zimmer, mein Bereich war eine offene Galerie. Ich hörte alles und jeden und hatte auch nach dem Einsetzen der Pubertät keine Chance auf Rückzug am Abend.«

Diese Zeit verbindet Jasmin vor allem mit dem Gefühl der Isolation. Sie passte sich an und funktionierte. Es gab keine Strafen und Konflikte – es gab eigentlich nichts, eher nur eine Wohngemeinschaft. Der Kontakt zu ihren Geschwistern war nicht innig: »Zu meiner Schwester hatte ich immer schon eine schwierige Beziehung, und mein Bruder war immer viel weg als Jugendlicher.« Die Mutter verwirklichte sich nicht nur im Job, sondern auch mit Hobbys und Freundschaften selbst, nachdem sie in der Ehe stark zurückgesteckt hatte. »Sie hat sich befreit«, beschreibt die Tochter es heute. Und ihr Vater wurde zum typischen Wochenendvater, der gut besondere Erlebnisse kreieren konnte, aber kein wirkliches Interesse an ihr als Person hatte.

Mitgenommen hat Jasmin aus dieser Zeit einen sehr niedrigen Selbstwert: »Mir wurde signalisiert, dass ich mich anzupassen hatte. ›Du bist nicht wichtig!‹ ist die Botschaft, die ich verinnerlicht habe.« Ihr Halt waren der neu angeschaffte Hund und die Familie einer engen Freundin, in der Jasmin ein echtes Zuhausegefühl geschenkt wurde. Jasmin beschreibt die Distanz bis heute als Familienmuster.

Mit der eigenen Mutterschaft kam all das wieder hoch: Wut, Angst, Schuldgefühle, Sehnsüchte, Erinnerungen an psychische Gewalt vom Vater gegen ihre Mutter, Loyalitätskonflikte, Leiden unter ökonomischen Einbußen: »Insgesamt fühlt es sich an wie ein unabgeschlossener Trauerprozess.« Jasmin geriet in eine Depression, zu deren Bewältigung sie sich therapeutische Hilfe suchte und vieles aufarbeiten konnte. Besonders half es Jasmin, dank ihres Therapeuten ihre Mutter besser verstehen zu können. Seitdem diese Oma ist, reflektiert sie einiges und zeigt teilweise Einsicht, was Jasmin wirklich guttut. So kann sie mit einigen Themen fast abschließen. Dennoch ist einiges übrig geblieben und prägt Jasmin als Mensch und in ihrer Rolle als Partnerin und als Mutter.

Jasmin hat ihre Zeit gebraucht, konnte jedoch am Ende ihren ersten Partner verlassen. »Es war ein Prozess des schrittweisen Einsehens«, beschreibt Jasmin den Weg zur eigenen Scheidung. Heute kommen sie und ihr Exmann gut miteinander aus. Beide sind Trennungskinder und nun auch in ihrer eigenen Ehe Getrennte. Doch sie konnten erlernte Familienmuster durchbrechen und haben bewusst gute Konfliktlösungen gesucht, sich immer wieder auf Kompromisse eingelassen, um ihrem Sohn das Erlebte zu erleichtern.

Das ist für Trennungskinder und mögliche Stiefgeschwister ein riesiger Gewinn.

Vielen erwachsenen Trennungskindern geht es wie Jasmin: Sie nehmen ihre eigene Geschichte erst so richtig mit dem eigenen Elternwerden wahr. Vielleicht wurde sie schon beim Eingehen einer festen Partnerschaft erstmals wichtiger. Aber wird dann ein Kind geboren, entsteht in der Regel ein starker Wunsch, alles anders (besser!) zu machen als die eigenen getrennten Eltern und die eigenen Kinder keinesfalls das spüren zu lassen, was man selbst durchmachen musste. Jasmin bestimmte dieses Ziel als Mutter sehr: Sie konnte ihre erste Ehe lange nicht aufgeben.

Viele erwachsene Trennungskinder berichten von diesem Wunsch, alles besser zu machen als die eigenen Eltern. Er kann dazu führen, dass erwachsene Trennungskinder viel zu lange an unglücklichen Partnerschaften festhalten – »für die Kinder«. Oft stecken Verlustängste und eine überhöhte Harmoniebedürftigkeit dahinter, die dazu führen, dass man versucht, erspürte Probleme eher wegzuschieben, »um des lieben Friedens willen«. Wenn Eltern sich nicht streiten, sondern ihre Konflikte eher vor den Kindern verheimlichen, ein Familienidyll vorspielen, spüren die Kinder die Probleme oft als diffuse, kontinuierliche Unsicherheit. Eine echte Krise durch eine Trennung, an deren Lösung Eltern arbeiten, würde sie im Gegensatz dazu im besten Fall nur kurzzeitig verstören.

Klarheit, Planbarkeit, Verlässlichkeit, Lösungsorientierung, offene Begleitung – Aspekte, die erwachsenen Trennungskindern so oft gefehlt haben, werden wieder nicht in der Familie gelebt, wenn heutige Eltern erstarren und an einer Partnerschaft festhalten, die sie nicht erfüllend führen. »Für die Kinder« bedeutet das dann im Grunde, dass man sich einem Verändern der erlernten Muster entzieht. Die Eltern halten aus und »überfunktionieren.«[65]

Gefahr der Überfürsorglichkeit

Die Angst, dass Zwist zum Beziehungs-Aus führt, kann auch dein Erziehungsverhalten gegenüber eigenen Kindern beeinflussen. Du möchtest dann im Alltag selbst normale Konflikte »für die Kinder« vermeiden.

Michelle ist Anfang 30 und dreifache Mutter. Sie berichtet am Telefon, dass sie jahrelang ein echtes Papakind war: »Er war mein Leuchtturm und Kuschelbär neben unserer emotional eher distanzierten Mutter. Als unsere Eltern mich und meinen großen Bruder im Alter von elf und 14 Jahren in einem Gespräch über die Trennung informierten, kam das wie aus dem Nichts. Es hatte keinen Streit vor uns gegeben; Konflikte kamen allgemein nie vor. Im Nachhinein erkannte ich aber meine Naivität, denn der Trennungsgrund waren die Frauengeschichten meines Vaters.«

Nach der Trennung gab es keine klare Umgangsregelung mit dem Vater, sondern unregelmäßige Treffen, von denen er etliche spontan absagte. Michelles Mutter arbeitete übermäßig viel und das Mädchen fühlte sich isoliert. Sie teilte die gespürte Leere intensiv mit ihrem Hund, den die Mutter ihr nach der Trennung gekauft hatte, und bereits im Alter von zwölf Jahren mit ihrem ersten Freund. Sehnsucht nach Beziehung und Zugehörigkeit pochte in ihr: »Rückblickend wurde ich in die ›Frühreife‹ hineingedrückt, sowohl hinsichtlich der ersten Liebeserfahrungen als auch im ganz normalen Alltag. Ich war Schlüsselkind und machte alles allein, auch Arzttermine«, erzählt sie, »selbst nach schulischen Belangen fragte niemand, sodass ich nach der siebten Klasse wegen mangelhafter Leistungen vom Gymnasium auf die Realschule wechseln musste.«

Michelle wünscht sich so sehr, dass ihre Kinder in einem intakten Elternhaus keine »Frühreife« entwickeln müssen, dass sie teilweise überfürsorglich agiert. Sie kann sich nicht gut zurücknehmen und die Kinder »machen lassen«. »Ich weiß, dass das nicht immer richtig ist«, sagt Michelle, »und ich ziehe mich nicht auf meine Geschichte zurück, sondern möchte das noch besser schaffen.«

Zur Verarbeitung der Kindheitserfahrungen hat sie im Erwachsenenalter versucht, mit ihren Eltern zu sprechen. Doch sie stieß auf Abwehr. Die heile Welt, die sie schon im Kindesalter für Nachbarn und Verwandte vorspielen musste, ist auch heute noch das, was ihre Eltern sich wünschen. Sie haben kein Konfliktbewusstsein, dementsprechend ist mit ihnen keine sinnvolle Bearbeitung der Erlebnisse möglich. Michelle nervt das und sie beschreibt sich selbst hier als nachtragend. In ihrem Mann hat sie eine bessere Hilfe gefunden. Sie sind seit zwölf Jahren liiert und hatten auch schon Krisenzeiten in ihrer Beziehung. Aber beide kämpfen dann sehr bewusst und miteinander um ihre Partnerschaft und ein freieres, mutigeres Erziehen.

Michelle vermeidet häufig Konflikte mit ihren Kindern, wahrscheinlich aus der Angst heraus, ihnen zu viel zuzumuten. Sie möchte ihre Kinder nicht in die überfordernde Selbstständigkeit drängen, wie sie es selbst als Kind erlebte. Michelle erkennt jedoch, dass sie teilweise zu überfürsorglich agiert, und befürchtet, damit die Selbstständigkeitsentwicklung ihrer Kinder zu hemmen.

Überbehütung in Form von verwöhnender, teilweise stark kontrollierender Überfürsorglichkeit kann aus verschiedenen (unbewussten), auch kombinierten Motivationen heraus entstehen, die problematische Folgen haben können:

- Auseinandersetzungen machen Angst. Du möchtest nicht wieder verletzt werden oder jemanden verlieren. Dein Kind lernt so aber auch keinen guten Umgang mit Konflikten und Frust.
- Das Bedürfnis danach, dass jemand dich liebt, ist groß. Du »verpflichtest« dein Kind unter Umständen innerlich dazu, dich zu

mögen, weil du ihm alles recht machst. Reagiert es einmal ablehnend, kann dich das sehr verletzen: »Ich gebe meinem Kind doch alles, wie kann es nur so zu mir sein?«

- Der Wunsch, das eigene Kind nicht so leiden zu lassen, wie du selbst gelitten hast, weil deine Eltern in der Nachtrennungssituation möglicherweise sehr autoritär oder sehr distanziert waren, ist groß. Dann setzt du in deinem eigenen Erziehungsstil Überfürsorglichkeit dagegen, indem du ihm jede Anforderung abnimmst. Das schadet aber ebenso. Nichts ist dadurch besser. Du bremst seine Entwicklung und Eigenständigkeit aus.

All das kann in dir und anderen erwachsenen Trennungskindern stark verankert sein. Viele erwachsene Trennungskinder berichten mir in der psychotherapeutischen Behandlung ihrer Kinder, dass es ihnen schwerfällt, klar zu sein zu ihren Kindern. Wie alte Gespenster schleichen sich immer wieder Verlustängste ein und blockieren die Kommunikation zwischen Eltern und Kindern. Oft kommen Familien zu mir, in denen gar nichts mehr funktioniert. Konfliktscheu und Unsicherheit bestimmen das Erziehungsverhalten. Auf Dauer kann es sein, dass die Kinder dann nicht mehr kooperieren, da ihnen Orientierung fehlt. Der Alltag mit dem täglichen Zähneputzen, Anziehen, Frühstücken führt so zum Dauerstress.

Eine gesunde Persönlichkeitsentwicklung ist deinem Kind dann ebenso erschwert, wie es vielleicht bei dir selbst der Fall war, als du möglicherweise früher schon konfliktscheu Rücksicht auf die Stimmung der Erwachsenen genommen hast, um Zugewandtheit zu erfahren. Im Mittelpunkt steht wie in deiner Familie damals wieder ein Elternteil, nicht das Kind. Einen überfürsorglichen Erziehungsstil wählst du – in der Regel natürlich unbewusst – *für dich*, weil er dir Sicherheit gibt, er ist jedoch selten zum Wohl des Kindes.

Harmoniebedürftigkeit und Anzeichen von Helfen ohne Grenzen als Folgen der Trennungserfahrung können in der Rolle als Mutter oder Vater für die Kinder eher ungünstige Folgen haben. Denn Kinder benötigen Entwicklungsgelegenheiten, bei denen sie lernen dürfen, auch mit Frust oder Kompromissen zurechtzukommen. Sie brauchen Eltern, die …

- … einerseits gut auf sich achten. – Eltern können sich vor Überfürsorglichkeit selbst vergessen: *Ich tue alles für dich, auch wenn ich eigentlich nicht mehr kann.* Durch solch ein beständiges Missachten der eigenen Grenzen geraten sie über kurz oder lang leichter in Rage und richten ihre Wut dann vielleicht gegen die Kinder.
- … andererseits die Kinder im Blick behalten und nicht in eigene Ängste oder Muster abrutschen, die zwar dem eigenen Sicherheitsbedürfnis dienen, die Kinder jedoch in ihrer Entwicklung hemmen können. Überfürsorglichkeit nutzt im Grunde vor allem dem oder der Sorgenden selbst: *Mir geht es gut, wenn ich mich kümmere. Ob mein Kind mehr Selbstständigkeit bräuchte, kann ich nicht sehen.* – Wenn dein Kind das Gefühl hat, dass du am glücklichsten bist, wenn du ihm möglichst alles abnimmst, verhält es sich tatsächlich häufig passiv. Deine Überfürsorge wirkt wie ein unbewusster Auftrag für dein Kind.

Gibt es bei Eltern noch Entwicklungsbedarf in Sachen gesunder Fürsorglichkeit und Selbstfürsorge, passen sich die Kinder meist in ihrem (Bindungs-)Verhalten ihren Eltern und deren Ängsten an. Sie zeigen sich deutlich bedürftiger und rascher frustriert.

Was kannst du tun, um aus solch einem Verhalten auszusteigen? Du solltest dich mit deinem alten Schmerz auseinandersetzen. Das ist oft schwer und im Alltag fehlt häufig die Zeit dafür. Doch lohnt es sich, hinzuschauen und mit alten Ängsten abzuschließen. Wenn du das schaffst, kann sich dies auch auf die Beziehungsqualität zwischen Eltern und Kindern auswirken und zusätzlich können deine Kinder lernen, wie man aus Unsicherheiten, Ängsten und Trauer herausfindet. Sie erwerben Bewältigungskompetenz.

Impulse für dich

- Was macht es mit den Kindern, wenn sie sehen, dass Konflikte häufig vermieden werden? Dass ein Elternteil so lange zurücksteckt um des lieben Friedens willen, bis er oder sie nicht mehr kann?
- Wie gehst du mit dem Thema Konflikten um: Kannst du sie angehen und Uneinigkeit aushalten bzw. nach Lösungen suchen? Sind Konflikte für dich etwas Bedrohliches, was es zu vermeiden gilt? Spürst du Ängste, dass Uneinigkeit zum Abbruch von Beziehungen führen kann?
- Was, glaubst du, liegt hinter deiner Konfliktscheu? Verbindest du deinen Wert und deine Liebenswürdigkeit damit, wie häufig du in Konflikten steckst?
- Wie geht es dir bei der Beantwortung der Fragen? Was kannst du möglicherweise schon ausreichend gut? Was möchtest du noch verändern?
- Nimm dir auch diese Sätze mit:
  »Du darfst lernen, dich zu streiten.«
  »Konflikte sind nichts Bedrohliches.«
  »Ich traue mir das zu.«

Beginne in deiner Partnerschaft oder mit deinen Kindern so zu streiten, dass alle Seiten (auch deine!) gehört werden. Du fühlst mit den anderen mit und siehst ihre Bedürfnisse, formulierst aber auch deine. Dann sucht ihr gemeinsam Kompromisse und Lösungen. Es geht um das jeweilige Thema, nicht darum, die Beziehung als Ganzes infrage zu stellen.

Gefahr der Distanzierung

Eltern zu sein bedeutet heute, neben der reinen Versorgung auch die Bedürfnisse der Kinder gut im Blick zu haben. Dabei stellen sich viele Eltern täglich feinfühlige Fragen, wie beispielsweise: Wozu dient das Verhalten meines Kindes? Braucht es Sicherheit, indem ich die Führung übernehme, oder braucht es gerade Nähe? Ist mein Kind mit dem Kindergarten überfordert und braucht Ruhe oder braucht es noch mehr Anreize?

Kinder haben feine Antennen. Sie spüren ganz genau, wie es ihren Eltern geht, und treffen bei der altersgemäßen Durchsetzung ihrer Bedürfnisse und Wünsche oft die verwundbaren Stellen ihrer Eltern.

Haben Eltern tief verankerte Erfahrungen mit distanzierten eigenen Eltern gemacht, zum Beispiel weil diese nach einer Trennung eher abwesend waren, kann es sein, dass die Trauer darüber noch nicht verarbeitet ist. Eine Strategie der Psyche ist es dann, die Gefühle abzudämpfen bis zur Gefühlstaubheit, um die Schmerzen auszublenden. Infolgedessen empfinden sich Eltern auch bei ihren Kindern oft als gefühllos und leer. Falls es dir genauso geht, ist es ganz wichtig, dass du dich dafür nicht abwertest. Du darfst weiterlesen und spüren, ob es dir so geht. Und falls ja, ist dies der erste Schritt, dieses Thema anzugehen. Trau dich, die folgenden Fragen zu bearbeiten. Versuche wahrzunehmen, was bei dir los ist, auch wenn es erst einmal schwer erscheint.

Impulse für dich

- Hast du häufig Konflikte mit deinem Kind? Tut es dir hinterher wahnsinnig leid, wie du gehandelt oder was du gesagt hast?
- Kannst du dich auch in emotional schwierigen Situationen gut steuern? Oder hast du eher das Gefühl, es legt sich dann ein Schalter um und du kannst nichts mehr kontrollieren?
- Fühlst du dich deinen Kindern gegenüber oft hart und versteinert? Möchtest du eigentlich ganz anders sein?

Wie ging es dir mit den Fragen? Möglicherweise hast du gemerkt, dass du, genauso wie andere erwachsene Trennungskinder auch, als Mutter oder Vater Nähe und Verantwortung genauso wenig zulassen kannst wie deine eigenen Eltern damals. So reichst du möglicherweise Bindungs*un*sicherheit weiter. Natürlich möchtest du deine eigenen Kinder durch deine negativen Erfahrungen nicht beeinflussen, doch das ist nicht so einfach. Wenn deine eigenen Gefühle oft ausgeschaltet sind, leidet häufig auch das Mitgefühl für dein Kind. Du kannst seine Bedürfnisse dann nicht mehr gut wahrnehmen und es schleicht sich eine gewisse Härte in eure Beziehung.

Auch das hat Folgen für die Konfliktführung: Statt Vermeidung kommt es eher zu vermehrten Streitigkeiten von verstärkter Intensität. Im schlimmsten Fall kann das eure Beziehung und dein Kind so belasten, dass beispielsweise Depressionen oder Angststörungen entstehen.

Wenn du dieses Muster bei dir bemerkst, kannst du es durchbrechen und für dich und deine Kinder eine Veränderung wagen.

Vorab gesagt: Kein Elternteil ist perfekt. Wenn du allerdings gerne etwas verändern möchtest, möglicherweise auch Folgen bei deinem Kind erkennst wie beispielsweise erhöhte Reizbarkeit oder Rückzug, kann es wichtig sein, dich mit deinen alten Ängsten, Unsicherheiten und möglicherweise auch mit deiner alten Trauer auseinanderzusetzen. Lies dazu gerne noch einmal das Kapitel zur Trauer im ersten Teil.

Konfliktbewältigung lernen

Egal, ob du eher konfliktscheu bist oder ob wegen unterdrücktem Mitgefühl eine emotionale Distanz zwischen dir und deinem Kind besteht und es infolgedessen vermehrt zu Konflikten kommt: Du darfst dich jeden Tag neu dazu entscheiden, deine Konfliktbewältigungsstrategie zu ändern und zu euer aller Wohl zu verbessern. Denn auch dein Kind profitiert von deiner konstruktiven Bewältigungskraft, kann gestärkt sein eigenes Leben angehen.

Im Alltag ihrer zweiten Ehe kämpft Jasmin wieder mit dem Thema Konfliktbewältigung. Ihre Eltern hatten irgendwann nur noch über Anwälte miteinander kommuniziert. Streitereien hatte ihre Mutter nach der Trennung nie aufkommen lassen. Als die Auflehnung von Jasmins pubertierendem Bruder nicht mehr zu ignorieren war, wurde er rausgeworfen und zog zum Vater. Lösungsorientierung hatte Jasmin also nie erlebt und muss nun mit Mann und den inzwischen drei Kindern im Alter von vier, acht und 13 Jahren immer noch mühsam konstruktives Streiten erlernen. »Sich das Thema bewusst zu machen, ist sicher der erste wichtige Schritt«, überlegt sie. »Mir helfen dabei ganz sicher die Erfahrungen aus der Therapie und auch meine pädagogische Ausbildung.«

Für ihre Kinder will sie eine andere Mutter sein als die, die sie selbst hatte und die eher nur eine Freundin sein wollte. Ihr Mann wünscht sich genauso ein warmes Zuhause wie sie, in dem Beziehung gelebt wird und Auseinandersetzungen möglich sind. Jasmin glaubt, dieses Andersmachen bekommen sie ziemlich gut hin. Gerade die unerwartet intensive Familienzeit in der Coronaphase des Lockdowns hat ihr gezeigt, wie gegensätzlich zur Herkunftsfamilie ihre Lieben nun aufgestellt sind. Jasmins Mann Hannes ist ein wichtiger Faktor in diesem Prozess: Er ist ebenfalls Pädagoge und hat eine eigene Trennungsgeschichte hinter sich, in der er psychische Gewalt gegen seine Mutter erlebte, von den Eltern in Loyalitätskonflikte gebracht wurde und auch durch finanzielle Nöte belastet war.

Hannes, Mitte 30, ist feinfühlig und reflektiert. Er erläutert mir, wie viele Details rund um die Trennung seiner Eltern Anfang der 90er-Jahre er vergessen bzw. wahrscheinlich aus Selbstschutz gut weggepackt hat. Als bestimmende Eindrücke geblieben sind fehlende Elternbeziehungen sowie dadurch Isolation und Verlustangst. Hannes' Mutter hat sich nach dem Ehe-Aus in die Arbeit gestürzt, anstatt irgendetwas aufzuarbeiten oder ihren Söhnen beizustehen. Sein Vater war nie mehr als ein »Eventpapa«. Hannes' Lebensweg war infolgedessen geprägt durch Selbstzweifel, Vermeidungsmechanismen und auch Wechseln zwischen angepasstem Strebertum und aufsässigem Schikanieren anderer. »›Komm allein klar!‹ war das, was meine Eltern mir signalisiert haben. Am Ende führte mich das in eine Depression, und auch dank der notwendigen Therapie mache ich heute so vieles anders.« Er beschreibt sich als Familienmensch: »Ich bin selbstbewusster als früher und habe mich aus Selbstschutz von meinen Eltern und anderen Verwandten abgegrenzt. Jetzt steht meine Familie, stehen meine Kinder im Mittelpunkt. Meine Arbeit und meine Freizeit sind mir wichtig, aber niemals Fluchtpunkte, wie sie es für meine Eltern waren. Und meine Kinder habe ich im Blick, verbringe gerne Zeit mit ihnen. Ich will ihnen ein gutes Vorbild sein, ein echter Papa, ›der gefühlvolle Mann‹, als der ich auch im Kitaalltag immer wahrgenommen werde. Das passt schon. Sie lernen eine vernünftige Fehler- und Streitkultur. Und von klein auf war ich der Papa, der auch getra-

gen oder beim Einschlafen begleitet hat. Eine Bezugsperson! Aber es bleibt ein Weg: Ich vermeide manche unangenehmen Gespräche immer noch gerne und muss mich aktiv gegen eigene alte Glaubenssätze stellen. Wenn mich Gefühle aus der Vergangenheit triggern, handle ich immer noch unreif.«

Jasmin und Hannes können durch ihren bewussten Umgang mit ihren Vorgeschichten reflektierte Eltern sein. Bei ihnen spürt man minimale Anzeichen von Harmoniebedürftigkeit und Verlustängsten nur noch im Verhalten auf Paarebene, da sie sich hier weiterhin damit schwertun, Streitigkeiten anzugehen und jeweils für ihre Bedürfnisse einzustehen. Als Eltern haben sie sich davon frei gemacht. Sie wollen ihren Kindern authentisch begegnen. Sie lassen Konflikte zu.

»Ich will nicht, dass es bei mir auch so wird!« und »Ich will etwas dafür tun, dass es bei mir anders läuft!« sind zwei sehr unterschiedliche Startpunkte.

@HummelFamilie, Twitter

Um Konflikte mit den eigenen Kindern anders angehen zu können, kann es hilfreich sein, erst einmal dort Auseinandersetzungen zu wagen, wo es emotional einfacher erscheint: beispielsweise im Geschäft etwas umzutauschen oder auf der Arbeit im Meeting den eigenen Standpunkt zu vertreten. Das kann für jeden Menschen ganz unterschiedlich sein. Wo würde es dir leichter fallen, ein neues Konfliktverhalten zu üben?

Jasmin traute sich als Erwachsene, sich ihrem Vater gegenüber zu positionieren. Nach misslungenen Gesprächsversuchen eröffnete sie ihm in einem Brief, was ihr als Kind gefehlt hatte. Sie hegte die leise Hoffnung, dass ihre Offenheit ihren Vater berühren könnte, aber auch mit seinem möglichen Unverständnis würde sie umgehen können. Tatsächlich herrscht seit diesem Brief Funkstille zwischen Jasmin und ihrem Vater. Aus Selbstschutz hat sie das angenommen und sieht es als guten Teil ihrer Verarbeitung des ganzen Themas.

Impulse für dich

- Wie war der Erziehungsstil deiner Eltern? Wie war ihr Umgang mit Konflikten? Wie haben sie sich Sicherheit gesucht? Wie hast du dir Sicherheit gesucht?
- Schaffst du es, deinem Kind Herausforderungen zuzumuten? Wovor hast du Angst, wenn du eine für dein Kind unangenehme Situation vermeidest?
- Fühlst du dich meist sicher in deiner Rolle als Mutter oder Vater? Oder solltest du (mit Hilfe) hinschauen, ob du dir auf eher überbehütende oder distanzierte Art Sicherheit holst?
- Wie selbstständig ist dein Kind? Altersentsprechend? Wo machst du zu viel? Sprich ggf. mit einer pädagogischen Fachkraft, die den entwicklungspsychologischen Stand und die Bedürfnisse deines Kindes mit dir einschätzen kann.
- Wo bist du zu hart? Kannst du deinem Kind Raum lassen für seine eigenen Entscheidungen? Kannst du ihm zuhören? Kannst du Kontrolle abgeben und mitfühlen? Hast du deine Wut meist unter Kontrolle oder solltest du daran arbeiten?
- Denke darüber nach, warum dein Kind dich liebt. Frag es ruhig nach den Gründen.
- Schau hin, warum du dein Kind liebst. Was verbindet euch?

Wenn du erlebst, dass du es heute schaffen kannst, Streitigkeiten mit anderen Erwachsenen und besonders den eigenen Eltern nicht mehr aus dem Weg zu gehen, und in der Lage bist, Beziehungen zu klären und vielleicht zu verbessern, hilft dir das entscheidend dabei, auch mit deinen eigenen Kindern sinnvoll zu kommunizieren.

Impulse für dich:
Sinnvolle Kommunikation mit deinem Kind

- Starte ein Gespräch nicht mit Vorwürfen und Schuldsuche, sondern lass dir erklären, was aus der Sicht deines Kindes geschehen ist und was es beabsichtigte.
- Nimm dir Zeit, berühre dein Kind und blicke es an.
- Frag dein Kind nach seiner Meinung und seinen Lösungsideen und findet Kompromisse, die mal für dich und mal für dein Kind bedeuten können, dass ihr eure Komfortzone verlassen und auf den anderen mehr zugehen müsst.
- Sprich deinem Kind offen Zutrauen aus, dass es Lösungen finden und Herausforderungen bewältigen kann.

Annehmen, dass etwas zurückbleibt

Um Muster zu durchbrechen, braucht es Zeit und viel Verständnis für dich. Natürlich kann es auch wehtun, denn schließlich gab es ja lange gute Gründe, diese Muster beizubehalten. Doch vielleicht kannst du die Befreiung, die Leichtigkeit spüren, die eine Veränderung von alten Mustern mit sich bringen kann. Hilfreich ist meist auch der Gedanke daran, dass du nicht allein bist.

Inke beschreibt: »Mir selbst ging es auch so: Ich behielt meine Schauspielstrategie bei bis ins Erwachsenenalter. Harmoniebedürftigkeit. Rücksichtnahme. Bloß nichts kritisieren. Nur keine eigenen Ansprüche stellen. Mich nicht zumuten. Nicht gucken, was insgesamt falschläuft, um nicht im offenen Konflikt daran arbeiten zu müssen. Schuldgefühle. Misslungene Kommunikation. Wirklich etwas verändert hat erst eine Verhaltenstherapie.«

»Aber einiges wird wohl immer bleiben«, seufzte auch Jasmin am Ende unseres Gespräches und sprach damit aus, was auch viele andere erwachsene Trennungskinder fühlten.

Sehr berührend ist der Blick von Silke, die über ihre Maskerade gesprochen hatte: Sie ist realistisch genug, um zu sagen, dass ihre Kinder durch die Trennungsgeschichten ihrer Mutter auch nicht »ganz heile groß werden«. Aber das macht ihr keinen Druck. Denn sie bietet den dreien einen bewussten Umgang mit allen Sorgen. Sie sprechen offen und helfen einander. »Meine pädagogische Ausbildung bietet mir die Grundausrüstung für meine Reise auf diesem Weg. Durch die Therapie habe ich auch endlich nicht mehr nur auf meinen Vater geblickt, sondern die Bedeutung meiner Mutter in den Fokus gerückt«, fasst sie zusammen. »Sie hat eine Rolle gespielt und sich meinem Vater angepasst, sodass ich gelitten habe. Und später hat sie nichts davon bearbeitet, sondern nur ihre Freiheit genossen, ohne mich abzusichern.« Silke macht es heute anders, und das tut ihren eigenen Kindern gut.

Ja, Reste können zurückbleiben. Momente, in denen du wieder in alte Verhaltensweisen rutscht. Wenn du das spürst, kannst du reflektieren, dass du es anders möchtest. Wichtig ist, dass du liebevoll auf dich schaust und lernst, dich selbst so zu begleiten, wie du es dir als Kind auch gewünscht hättest: ermutigend und verständnisvoll. Kinder brauchen keine perfekte Umgebung, um bindungssicher und stark groß werden zu können. Sie muss nur #gutgenug sein, also in der Mehrzahl der Situationen fürsorglich, stärkend und fördernd.

Nachwort

Unser Buch fing mit dem Gedanken an, dass die Zeit nicht alle Wunden heilen kann. Manchmal kannst du aber Trost und neue Zuversicht in den Geschichten von Menschen finden, die Ähnliches durchmachen mussten wie du. Wir hoffen, wir konnten dazu beitragen.

Dieses Buch ist für uns so außergewöhnlich, weil wir es mit Menschen zusammen geschrieben haben, nicht nur über sie. Wir haben viele Geschichten gehört. Darunter auch viele von glücklichen erwachsenen Trennungskindern, die ihre Trennungsgeschichte gut verarbeiten konnten.

Auch wenn es dir eine Zeit lang in deinem Leben nicht gut ging, können sehr viele gute Dinge daraus gewachsen sein: Die Erfahrungen können dich sensibler, reflektierter, bewusster gemacht haben. Das soll aber nicht bedeuten, dass jede Krise einen stärker macht oder hilfreich ist, vielmehr wünschen wir jedem Kind dieser Welt ein sicheres und schützendes Zuhause. Uns war es wichtig, dass du in unserem Buch Gleichgesinnte kennenlernen konntest und wir dir Impulse zur Verfügung stellen konnten, um alte Muster zu erkennen, und dass du Ideen für neue Wege erhältst.

Wir haben als Autorinnen zusammen gelacht, waren betroffen und so oft berührt. Wir haben unsere Lebensgeschichten geteilt und nicht selten bei den Übungen schmunzeln müssen, weil wir diese auch so oft selbst gut gebrauchen können (auch bei Schreibblockaden!). Wir haben immer wieder voneinander gelernt und nicht selten beim Gegenlesen ins Skript geschrieben: »Mäh, das kenne ich auch«.

Wir schließen dieses Werk mit einem lachenden und einem weinenden Auge ab. Das lachende ist voller Zuversicht, dass Menschen ihre Erfahrungen verarbeiten können. Das weinende resultiert daraus, dass es bis heute Kinder gibt, die unter den Folgen belastender Eltern-Kind-Beziehungen leiden. Und auch ganz persönlich bedauern wir, dass wir die Zusammenarbeit mit den Menschen, die dieses Buch lebendig gemacht haben, abschließen müssen. Wir danken euch.

Erinnerung von Inke, 1999–2003, Bonn:
Ich fand eine kleine Wohnung am Rhein, 35 m², ein Zimmer, Küche, Bad, schweinekaltes Souterrain, vom ängstlichen Vorbesitzer mit mehrfachen Schlosssicherungen an Tür und Fenstern ausgestattet. Hier lernte ich fürs Studium, hier übte ich mich im Kochen und Kellerspinnen-Selbsterlegen, hier rollte ich mein Kabel aus, quer durch die Wohnung zur Telefonbuchse, um mit dem Computer erstmals ins Internet zu gehen.

Ich fühlte mich groß und mutig und selbstbewusst. Bis mich manchmal die Panik wieder einholte, ob ich nicht doch klein und ängstlich und ein Nichtskönner sei. Mein Tagebuch aus dieser Zeit ist das dunkelste, das ich habe. Besonders groß war die Angst vor dem, was nach der Uni auf mich warten würde. Die Prüfungen schaffen, eine Arbeit finden – das war alles noch so vage! Etwas, das ich noch nie gut aushalten konnte. Ich erlebte Stolpern, starkes Stressempfinden, Schwarzsehen, Ängste. Vielleicht der Lebensphase geschuldet, aber sicher auch aufgrund der wackeligen Basis in mir.

Doch ich ließ mich nicht entmutigen und ging das an: Schrieb mir lieber To-do-Listen, klare, kleine Ziele und los. Ich bin noch immer auf dem Weg, auch mit fachkundiger Unterstützung. Denn ich wollte da durch – und ich komme da durch.

Anhang

Dank

Inke

Dieses Buch lag schon lange halb fertig in meiner Schreibtischschublade. Dass ich es endlich beenden konnte, habe ich vor allem der Geduld meiner Familie zu verdanken sowie dem organisatorischen, professionellen und freundschaftlichen Input von Rebecca Ehlers, Mildi Karin Sand, Anna Hofer, Ayla Jacob, Christopher End, Carsten Vonnoh, Christine Scheuer, Sabine Herkenrath, Nora Imlau, Bettina Brinkmann, Dorothea Bühler, Petra Dorn, Krisse Alex und Mark Wachsmann zu verdanken.

Ich danke auch meiner Mama fürs Zuhören und Austauschen sowie ihr, meiner Schwester, meinem Mann und meinen Kindern dafür, dass sie immer für mich da waren.

Außerdem wäre das Buch ohne die Twitter:innen und Blogger:innen, die mir ihre Tweets bzw. Zitate zur Verfügung gestellt haben, ohne die Interviewpartner:innen und Expert:innen nicht das, was es ist.

Und danke, danke, danke an Julia und Jana, dass ihr dieses wichtige »Baby« mit mir auf die Welt gebracht habt. Julia, ich kann mir niemand besseren am Schreibtisch gegenüber vorstellen als dich. Mehr Kuchen!

Julia

Es gibt ja immer wieder Dinge, die einen überraschen. Für mich war es die Begegnung mit Inke, die überhaupt nicht vorhersehbar war. Unser erster Kontakt war über Twitter und daraus wurde nicht nur eine intensive Arbeitsbeziehung, sondern auch eine Freundschaft. Ich möchte mich bei dir bedanken für dein Vertrauen, dieses Projekt mit mir zu machen, deine Motivation, dein Lachen und unsere vielen Gespräche. Ich möchte meiner Freundin Juli Ehl danken, dass sie als Psychologin, Psychotherapeutin und erwachsenes Trennungskind immer wieder beratend an meiner Seite stand. Dieses Buch wäre nicht so entstanden, hätten mir nicht so viel erwachsene Trennungskinder ihre Geschichten erzählt. Ich danke euch so sehr für euer Vertrauen und eure Bereitschaft, am Buch mitzuwirken. Ihr seid großartig! Danke an Beltz und vor allem an Dorothea Bühler für deine so hilfreichen und wertschätzenden Rückmeldungen.

Meine Freundin Jessica Fenzl ist so viel mehr als eine Freundin. Jessica, du bist zugewandt und in all deiner Fachlichkeit schaffst du es immer wieder, meine Perspektiven zu erweitern. Das hat mir nicht nur persönlich immer wieder geholfen, sondern hat auch diesem Buch unendlich gutgetan.

Der größte Dank gilt meinen beiden Kindern und meinem Mann: Ihr habt mich motiviert, ihr habt gemeinsam meine Schreibphasen ermöglicht und mich immer dabei unterstützt, dieses Projekt fertigzustellen.

Informationen und Angebote

Finde Therapie- und Beratungsangebote in deiner Nähe:
Unter https://www.kbv.de/html/arztsuche.php findest du alle in Deutschland niedergelassenen Ärzt:innen und Psychotherapeut:innen nach Bundesland sortiert.

Falls du psychotherapeutische Hilfe nach traumatischen Belastungen suchst, findest du diese unter:
https://www.degpt.de/therapeutinnen-suche/
https://www.emdria.de/therapeuteninnen/

Beratungsstellen sind aufgelistet unter:
https://www.dajeb.de/beratungsfuehrer-online/beratung-in-ihrer-naehe

Literatur

Albert, Matthias; Hurrelmann, Klaus; Quenzel, Gudrun: 18. *Shell Jugendstudie. Jugend 2019: Eine Generation meldet sich zu Wort.* Weinheim: Beltz, 2019.

Asen, Eia; Morris, Emma: *Kinder im Kreuzfeuer. Systemische Arbeit bei massiven Elternkonflikten.* Heidelberg: Carl Auer, 2021.

Auszra, Lars; Herrmann, Imke R.; Greenberg, Leslie S.: *Emotionsfokussierte Therapie. Ein Praxismanual.* Göttingen: Hogrefe, 2017.

Beal, Edward W., Hochman, Gloria: *Wenn Scheidungskinder erwachsen sind. Psychische Spätfolgen der Trennung.* Frankfurt am Main: Fischer, 2017 (Erstpublikation 1992).

Bönke, Tim; Glaubitz, Rick: *Wer gewinnt? Wer verliert? Die Absicherung von Lebenseinkommen durch Familie und Staat.* Gütersloh: Bertelsmann Stiftung, 2022.

Bowlby, John: *Verlust: Trauer und Depression.* München: Ernst Reinhardt Verlag, 2006.

Brisch, Karl-Heinz (Hrsg.): *Bindung – Scheidung – Neubeginn. Möglichkeiten der Begleitung, Beratung, Psychotherapie und Prävention.* Stuttgart: Klett-Cotta, 2019.

Brisch, Karl-Heinz (Hrsg.): *Bindung und emotionale Gewalt.* Stuttgart: Klett-Cotta, 2017.

Cowan, C. P.; Cowan, P. A.: *When partners become parents: The big life change for couples.* Mahwah, US: Lawrence Erlbaum Associates Publishers, 2000.

Figdor, Helmuth: *Praxis der psychoanalytischen Pädagogik 2: Vorträge und Aufsätze.* Gießen: Psychosozial-Verlag, 2007.

Grawe, Klaus: *Neuropsychotherapie.* Göttingen: Hogrefe, 2004.

Herman, Judith: *Die Narben der Gewalt: Traumatische Erfahrungen verstehen und überwinden.* Paderborn: Junfermann, 2018.

Heßler-Kaufmann, Johannes; Neudeck, Peter: *Therapie-Tools Störungsmodelle in der Verhaltenstherapie: Mit E-Book inside und Arbeitsmaterial.* Weinheim: Beltz, 2020.

Hofmann, Arne (Hrsg.): *EMDR: Praxishandbuch zur Behandlung traumatisierter Menschen.* Stuttgart: Thieme, 2014.

Hohmann, Kathrin: *Gemeinsam durch die Wut*. Limbach-Oberfrohna: edition claus, 2021.

Hummel, Inke: *Nicht zu streng, nicht zu eng: Dein sicherer Weg zwischen Schimpfen und falsch Verwöhnen*. Hannover: Humboldt, 2022.

Imlau, Nora: *Mein Familienkompass: Was brauch' ich und was brauchst du?* Berlin: Ullstein, 2020.

Imlau, Nora: *Meine Grenze ist dein Halt. Kindern liebevoll Stopp sagen*. Weinheim: Beltz, 2022.

Kast, Bas: *Die Liebe: und wie sich Leidenschaft erklärt*. Frankfurt am Main: Fischer, 2006.

Kast, Verena: *Sich einlassen und loslassen: Neue Lebensmöglichkeiten bei Trauer und Trennung*. Freiburg: Herder, 2000.

Kernstock-Redl, Helga: *Schuldgefühle. Woher sie kommen, welche Ängste sie verursachen, wie sie das Leben unterschwellig lenken und wie wir sie ablegen können*. Berlin: Goldegg, 2020.

Koch, Claus: *Trennungskinder*. Stuttgart: Patmos, 2019.

Kolk, Bessel van der: *Verkörperter Schrecken: Traumaspuren in Gehirn, Geist und Körper und wie man sie heilen kann*. Lichtenau: G. P. Probst, 2015.

Largo, Remo H.; Czernin, Monika: *Glückliche Scheidungskinder. Was Kinder nach der Trennung brauchen*. München: Piper, 2015.

Mierau, Susanne: *New Moms for Rebel Girls: Unsere Töchter für ein gleichberechtigtes Leben stärken*. Weinheim: Beltz, 2022.

Nolde, Marianne: *Eltern bleiben nach der Trennung: Was Ex-Partner für sich und ihre Kinder wissen sollten*. München: Knaur, 2022.

Schweitzer, Jochen; von Schlippe, Arist: *Lehrbuch der systemischen Therapie und Beratung II: Das störungsspezifische Wissen*. Göttingen: Vandenhoeck & Ruprecht, 2014.

Streeck-Fischer, Annette: *Trauma und Entwicklung. Adoleszenz – frühe Traumatisierungen und ihre Folgen*. Stuttgart: Schattauer, 2018.

Vonnoh, Carsten: *Up to Dad: Kinder entspannt begleiten und den eigenen Weg gehen*. Weinheim: Beltz, 2021.

Wallerstein, Judith S.; Lewis, Julia M.; Blakeslee, Sandra: *Scheidungsfolgen – Die Kinder tragen die Last. Eine Langzeitstudie über 25 Jahre*. Weinheim: Beltz, 2002.

Wolf, Norman: *Wenn die Pause zur Hölle wird*. München: mvg, 2021.

Artikel, Dissertationen et al.

Abbey, Caroline; Dallos, Rudi: *The experience of the impact of divorce on sibling relationship: A qualitative study.* In: Clinical Child Psychology And Psychiatry, 9/2, S. 241–259, 2004. DOI: 10.1177/1359104504041921

Amato, P.-R.: *The consequences of divorce for adults and children.* In: Journal of Marriage and the Family, 62, S. 1269–1287, 2000.

Auersperg, Felicitas; Vlasak, Thomas; Ponocny, Ivo; Barth, Alfred: *Long-term effects of parental divorce on mental health – A meta-analysis.* In: Journal of Psychiatry Research, 119, S. 107–115, 2019. DOI: 10.1016/j.jpsychires.2019.09.011

Braukmann, Jan; Stoll, Evelyn; Juncke, David: *Alleinerziehend – Situation und Bedarfe. Aktuelle Studienergebnisse zu Nordrhein-Westfalen und der Bundesrepublik Deutschland.* Erstellt im Auftrag von Verband alleinerziehender Mütter und Väter Landesverband Nordrhein-Westfalen e. V. Düsseldorf. 2019. www.landtag.nrw.de/portal/WWW/dokumentenarchiv/Dokument/MMV17-2423.pdf

Bundesministerium für Familien, Senioren und Jugend (Hrsg.): *Alleinerziehende in Deutschland – Lebenssituationen und Lebenswirklichkeiten von Müttern und Kindern. Monitor Familienforschung.* Beiträge aus Forschung, Statistik und Familienpolitik. Ausgabe 28, Berlin: 2012.

Bundesministerium für Familie, Senioren, Frauen und Jugend (Hrsg.): *Facetten der Vaterschaft.* Gutachten. Berlin, 2006. https://www.bmfsfj.de/blob/76350/71f7fd9dc8cafbe5ee2393cbe16b6e2c/facetten-vaterschaft-data.pdf

Bundesministerium für Familie, Senioren, Frauen und Jugend (Hrsg.): *Neunter Familienbericht: Eltern sein in Deutschland – Ansprüche, Anforderungen und Angebote bei wachsender Vielfalt.* Berlin: 2021.

Bundesministerium für Familie, Senioren, Frauen und Jugend. Referat Öffentlichkeitsarbeit (Hrsg.): *Zweiter Gleichstellungsbericht der Bundesregierung.* Berlin: 2017.

Bush, J. E.; Ehrenberg, M. F.: *Young persons' perspectives on the influence of family transitions on sibling relationships: A qualitative exploration.* In: Journal of Divorce & Remarriage, 39, S. 1–35, 2003.

Byng-Hall, John: *The significance of children fulfilling parental roles: implications for family therapy.* In: Journal of Family Therapy, 30 (2), S. 147–162, 2008.

Clemens, Vera; Plener, Paul L.; Brähler, Elmar; Strauß, Bernhard; Fegert, Jörg M.: *Trennung der Eltern – Liegt die Hauptbelastung in der Kumulation mit anderen Kindheitsbelastungen? Untersuchung einer repräsentativen Stichprobe der deut-*

schen Bevölkerung. In: Psychotherapie, Psychosomatik, Medizinische Psychologie, 71 (2), Seite 81–89, 2021.

Cummings, Mark E.; Bergman, Kathleen N.: *Die Theorie der emotionalen Sicherheit.* In: Brisch, Karl-Heinz (Hrsg.). *Bindung – Scheidung – Neubeginn. Möglichkeiten der Begleitung, Beratung, Psychotherapie und Prävention.* Stuttgart: Klett-Cotta, 2019, S. 49–62.

Della Casa, A.: *Das erzieherische Engagement getrenntlebender Väter.* Diss. University of Zurich. Zürich, 2010.

Engels, Ursula: *Arbeit als Suchtmittel.* Diplomarbeit. 2005. https://psychiatriegespraech.com/texte/engels_arbeitssucht.pdf

D'Onofrio, Brian; Emery, Robert: *Parental divorce or separation and children's mental health.* In: World Psychiatry, 18/1, S. 100–101, 2019. DOI: 10.1002/wps.20590

Dunlop, Rosemary; Burns, Alisa: *The Sleeper Effect. Myth or Reality?* In: Journal of Marriage and Family, 57/2, S. 375–386, 1995. DOI: 10.2307/353691

Feeney, J. A.: *Adult romantic attachment and couple relationships.* In: Cassidy, J.; Shaver, P. R. (Hrsg.): *Handbook of attachment: Theory, research, and clinical applications.* New York: Guilford Press, 1999, S. 355–377.

Franz, Matthias: *Wenn der Vater fehlt.* Deutsches Institut für Jugend und Gesellschaft: Reichelsheim, 2015. https://www.dijg.de/ehe-familie/forschung-kinder/vater-bezug/

Keite, Regina: *Spätfolgen für das Beziehungsverhalten erwachsener Scheidungskinder: Auswirkungen einer in der Kindheit erlebten Scheidung auf Frauen im Dritten und Vierten Lebensjahrzehnt.* Frankfurt am Main: University of Applied Sciences, 2010.

Kempton, Tracy; Armistead, Lisa; Wierson, Michelle; Forehand, Rex: *Presence of a sibling as a potential buffer following parental divorce: An examination of young adolescents.* In: Journal of Clinical Child Psychology, 20/4, S. 434–438, 1991. DOI: 10.1207/s15374424jccp2004_12

Klemm, Franziska/Romanos, Marcel: *Endstation Depression: Wenn Schülern alles zu viel wird.* KKH Kaufmännische Krankenkasse: Hannover, 2018. https://www.kkh.de/content/dam/kkh/presse/dokumente/endstation-depression-wenn-schuelern-alles-zu-viel-wird.pdf

Klovert, Heike: *Wenn Familien zerbrechen: Sie waren Trennungskinder. Wie geht es ihnen heute als Erwachsenen?* In: Spiegel Wissen, 2/2022, https://www.spiegel.de/familie/scheidung-der-eltern-wie-es-erwachsenen-trennungskindern-gehta-b97158ac-710b-46a0-8892-00954f2f0f80?sara_ecid=soci_upd_wbMbjhOSvViISjc8RPU89NcCvtlFcJ

Lenz, Albert: *Modelle psychischer Störungen des Kindes- und Jugendalters.* In: Borg-Laufs, Michael: *Lehrbuch der Verhaltenstherapie.* Tübingen: Dgvt, 2007, S. 121–162.

Lewandowska-Walter, Aleksandra; Blazek, Magdalena: *Sibling Separation due to parental divorce: Diagnostic Aspects.* In: International Journal of Environmental Research and Public Health, 19, S. 1–22, 2022. DOI: 10.3390/ijerph19106232

Napp-Peters, Anneke: *Mehrelternfamilien als »Normal«-Familien: Ausgrenzung und Eltern-Kind-Entfremdung nach Trennung und Scheidung.* In: Praxis der Kinderpsychologie und Kinderpsychiatrie 54/10, S. 792–801, 2005.

Ohntrup, J. M.; Pollak, E.; Plaßl-Christl, A.; Wiegand-Grefe, S.: *Parentifizierung. Elternbefragung zur destruktiven Parentifizierung von Kindern psychisch kranker Eltern.* In: *Klinik und Forschung.* Göttingen: Vandenhoeck & Ruprecht, 2011, S. 375–398.

Poortman, Anne-Rigt; Voorpostel, Marieke: *Parental divorce and sibling relationship.* In: Journal of family issues, 30/1, S. 74–91, 2009. DOI: 10.1177.0192513X08322782

Risch, N.; Herrell, R.; Lehner, T. et al.: *Interaction between the serotonin transporter gene (5-HTTLPR), stressful life events, and risk of depression: a meta-analysis.* In: Journal of the American Medical Association, 301 (23), S. 2462–2471, 2009.

Roth, Katia; Harkins, Debra; Eng, Lauren: *Parental conflict during divorce as an indicator of adjustment and future relationships: a retrospective sibling study.* In: Journal of Divorce & Remarriage, 55/2, S. 117–138, 2014. DOI: 10.1080/10502556.2013.871951

Russell, D. E. H.: *Sexual Exploitation, Rape, Child Sexual Abuse, and Sexual Harassment.* In: Herman, Judith: *Die Narben der Gewalt: Traumatische Erfahrungen verstehen und überwinden.* Paderborn: Junfermann, 2018.

Schaan, V. K; Schulz, A.; Rubel, J. A.; Bernstein, M.; Domes, G.; Schächinger, H.; Vögele, C.: *Childhood Trauma Affects Stress-Related Interoceptive Accuracy.* In: Frontiers in Psychiatry, 10:750, 2019. DOI: 10.3389/fpsyt.2019.00750

Schaan, Violetta K.; Vögele, Claus: *Resilience and rejection sensitivity mediate long-term outcomes of parental divorce.* In: European Child & Adolescent Psychiatry, 25, S. 1267–1269, 2016.

Sheehan, Grania; Darlington, Yvonne; Noller, Patricia; Feeney, Judith: *Chil-*

dren's perceptions of their sibling relationship during parental separation and divorce. Journal of Divorce & Remarriage, 40/1–2, S. 69–94, 2004. DOI: 10.1300/J087v41n01_05

Sickert, Teresa: *Wenn Scheidungskinder erwachsen sind: »Meine größte Angst ist, dass mir das auch passiert«.* Deutschlandfunk-Kultur. Beitrag vom 02.10.2017. https://www.deutschlandfunkkultur.de/wenn-scheidungskinder-erwachsen-sind-meine-groesste-angst.976.de.html?dram:article_id=397319

Statistisches Bundesamt: *Zahl der Ehescheidungen 2021 um 0,7 Prozent gesunken.* Pressemitteilung Nr. 301 vom 14. Juli 2022. Verfügbar unter: https://www.destatis.de/DE/Presse/Pressemitteilungen/2022/07/PD22_301_126.html

Statistisches Bundesamt: *Ehescheidungen und betroffene minderjährige Kinder.* Stand 14. Juli 2022. Verfügbar unter: https://www.destatis.de/DE/Themen/Gesellschaft-Umwelt/Bevoelkerung/Eheschliessungen-Ehescheidungen-Lebenspartnerschaften/Tabellen/ehescheidungen-kinder.html

Wallerstein, Judith; Corbin, Shauna: *Daughters of Divorce: Report from a Ten-Year Follow-Up.* In: American Journal of Orthopsychiatry, 59/4, S. 593–604, 1989. DOI: 10.1111/j.1939-0025.1989.tb02749

Wauterickx, N.; Gouwy, A.; Bracke, P.: *Parental Divorce and Depression: Long-Term Effects on Adult Children.* In: Journal of Divorce & Remarriage, Vol. 45 (3/4), S. 43–68, 2006.

Wolke, D.; Lereya, S. T.: *Long-term effects of bullying.* In: Archives of Disease in Childhood, 100 (9), S. 879–885, 2015.

Interviewpartner:innen

Betroffene

Benny, 37, ist Ingenieur. Im wahren Leben trägt er einen anderen Namen. Er lebt gemeinsam mit seiner Freundin, seiner Tochter und seiner Mutter in einem Haus im Saarland. Die Trennung seiner Eltern hat in ihm eine tiefe Traurigkeit entstehen lassen, bei deren Bearbeitung er am Anfang steht. Das Interview war für ihn der erste Schritt, seine Traurigkeit anzuerkennen und darüber zu sprechen.
Bianca, 38, lebt in Ostdeutschland. Ihre Mutter hat sie mit Schuldgefühlen belastet, ihr Vater hat sich für über 20 Jahre aus ihrem Leben verabschiedet. Infolgedessen hat sich bei ihr ein mittelstarkes Helfersyndrom entwickelt, das sie inzwischen recht erfolgreich regulieren kann.
Claudia heißt eigentlich anders. Sie ist Mitte 50, Musikerin und arbeitet therapeutisch. Die Musik ist der wichtigste Anker in ihrem Leben. Nur während einer Depression konnte sie keinen Zugang mehr zur Außenwelt und nur noch eingeschränkten Zugang zur Musik finden. Infolge ihrer Elterntrennung erlebt sie bis heute Schuldgefühle.
Cora, 39, lebt in Berlin. Die Scheidung ihrer Eltern hat sie und ihren Bruder insgesamt näher zueinander gebracht und trotzdem auch ungeahnte Spannungen entstehen lassen, über die beide noch nie gesprochen haben. Cora ist verheiratet und hat zwei Kinder. Ihr Name lautet eigentlich anders.
Dani ist 50 Jahre alt und Juristin. Sie hatte durch zahlreiche Umzüge und die Alkoholsucht ihres Vaters eine sehr herausfordernde Kindheit. Die Trennung ihrer Eltern hat sie zunächst als Erleichterung erlebt, doch in späteren Beziehungen und ihrer Berufstätigkeit

wurden ihr Langzeitfolgen wie Verlustängste und Probleme beim Setzen von Grenzen deutlich.

Daniel, Anfang 30, lebt in Rheinland-Pfalz. Die kontinuierlich erlebte Beziehungslosigkeit im Kindes- und Jugendalter haben ihn auf der Suche nach Anerkennung, Nähe, Erfüllung und Stolz in vielfältige Problematiken gestürzt: Ess- und Zwangsstörungen, Verlustängste und Arbeitssucht. Mit professioneller Hilfe hat er sich auf den Weg da heraus gemacht.

Fee ist Anfang 30. Ihre Eltern waren nur ein Jahr getrennt, doch diese Zeit mit all ihren Bürden und der familiäre Umgang mit Konflikten haben sie nachhaltig geprägt, sodass sie noch immer mit einer besonderen Form der Harmoniesucht zu kämpfen hat. Sie ist verheiratet und lebt mit zwei Töchtern in Süddeutschland.

Felix ist 35 Jahre und lebt in Berlin. Als seine Eltern ihm ihre Trennung bekannt gaben, rief er sofort seine Schwester an. Die eigentlich gute Beziehung ist heute aber fast eingeschlafen – auch als Spätfolge der Scheidung. Felix ist verheiratet und hat zwei Kinder. Er heißt eigentlich anders.

Franziska ist 36 und selbst Mutter. In den Beziehungen zu anderen Erwachsenen fehlt ihr oftmals Vertrauen, sodass schon Kleinigkeiten sie verunsichern und sie sich bei daraus folgenden Streitigkeiten oft ohnmächtig fühlt und sehr wütend reagiert. Im Umgang mit ihrem Kind ist es ihr daher besonders wichtig, dass es einen konstruktiveren Umgang mit Wut lernt als sie selbst.

Hannes ist Anfang 30 und heißt eigentlich anders. Er ist der zweite Mann von Jasmin. Als Trennungskind hat er im Grunde beide Eltern verloren, denn positive Beziehungen haben sie nicht zu ihm gepflegt. Als Vater will er heute alles anders machen.

Jasmin hat eigentlich einen anderen Namen. Sie ist Mitte 30, dreifache Mutter und in zweiter Ehe mit Hannes verheiratet. Mit ihrer Familie lebt sie in Niedersachsen. Im Wochenbett nach der Geburt ihres ersten Kindes entwickelte sich eine Depression, die in Teilen auch auf die Trennungserfahrungen zurückzuführen war. Sie würde sich wünschen, dass ihre Eltern ihr nicht das Gefühl gegeben hätten, unwichtig zu sein. Das möchte sie selbst als Mutter anders leben. Mit ihrer eigenen Mutter hat sie Kontakt und konnte einiges aufarbeiten. Die Verbindung zu ihrem Vater hat sie inzwischen aus Selbstschutz gekappt.

Katha ist 38, dreifache Mutter und Pädagogin. Sie lebt in Niedersachsen. Momentan arbeitet sie als Finanzcoach für Frauen. Aktuell befindet sie sich selbst im Trennungsprozess von ihrem Mann. Aufgrund einer herausfordernden Beziehung zu ihrer Mutter fiel es ihr lange schwer, ihre eigenen Bedürfnisse in den Blick zu nehmen, aber langsam kann sie besser für sich sorgen.

Lena ist 28 Jahre alt, Mutter eines Sohnes und lebt in Wien. Sie kämpft mit Verlust- und Bindungsängsten. Ihr heutiger Partner vermittelt ihr endlich eine stärkere Sicherheit, als sie es in vorherigen Beziehungen kannte. Das hilft ihr dabei, die alten Ängste endlich kleiner werden zu lassen.

Maria, 38, ist eine sehr fröhliche, lebensbejahende Person. Nach der Trennung von ihrem Mann ist sie in eine depressive Phase gerutscht, aus der sie sich durch therapeutische Hilfe und eigenem Antrieb wieder befreien konnte. Heute ist sie nach eigenen Worten unfassbar glücklich mit einem wundervollen Partner zusammen.

Michelle ist Anfang 30 und lebt mit Ehemann und drei Kindern in der Nähe von Bonn. Sie spürt keinen Groll mehr gegen ihre Eltern und hadert nicht wirklich mit der Vergangenheit. Aber sie muss noch an sich arbeiten in den Bereichen Konfliktführung und Kinderorientierung, da sie hier zu Übervorsicht neigt, um den Kindern keinesfalls Ähnliches aufzubürden, wie sie es selbst erleben musste. Sie hätte sich besonders im Jugendalter mehr Nähe und Unterstützung durch ihre Eltern beim Erwachsenwerden gewünscht.

Nadine, 35, lebt mit ihrem Partner und ihrem zweijährigen Sohn in Hessen. Die gelernte Zahntechnikerin wurde bereits als Kind gemobbt und erfuhr keine familiäre Unterstützung. Im Erwachsenenalter musste sie wieder mehrfach Mobbing durchmachen und befreit sich langsam aus dem Gefühl, immer wieder das wertlose Opfer zu sein, das keine Hilfe verdient hat.

Nike ist Anfang 40 und hat aus ihrer Kindheit mit einem alkoholkranken Vater und einer überforderten Mutter, deren On-off-Beziehung und schließlich endgültigen Trennung viele Themen mitgenommen. Insbesondere ihr Selbstwertgefühl und der Druck der Verantwortlichkeit für alles und jeden bereiten ihr noch immer große Probleme.

Paula ist fast 50. Sie lebt mit ihrem Ehemann in Süddeutschland. Ihren Vater hat sie schon vor der Elterntrennung vermisst, und ihre Mutter konnte das trotz großer Fürsorge nicht auffangen, was sich bei ihr in sexueller Frühreife zeigte. Die dahinterstehende Selbstwertproblematik und Sehnsucht leben bis heute in ihr.

Sandra ist Ende 30 und stammt aus Norddeutschland. Sie lebt in einer Beziehung und hat sich gerade entgegen allen familiären Unkenrufen selbstständig gemacht. Das ist ihr erster richtig großer Schritt hin zu einem besseren Selbstwertgefühl und weg von ihrer Harmoniebedürftigkeit, die sich infolge der Elterntrennung und besonders des Vaterverlusts entwickelte.

Silke ist Ende 30 und hat einen holprigen Weg hinter sich, auf dem sie versuchte, endlich nicht mehr so zu sein, wie ihre Eltern es forderten, dann doch unsicher in eine gleiche Schiene rutschte und inzwischen endlich voller Selbstsicherheit bei sich selbst angekommen ist. Heute wohnt die Rheinländerin in der Schweiz.

Anmerkung: Kristina, Lukas und **David** sind stark anonymisierte Fallbeschreibungen, sie waren keine Interviewpartner:innen.

Expert:innen

Carsten Vonnoh ist systemischer Berater für Väter, Familien und Organisationen sowie Konfliktberater (ZFD). Er ist Autor des Buches *Up to dad*, einem Ratgeber zu beziehungsorientierter Vaterschaft.

Christopher End begleitet Eltern dabei, Herausforderungen in der Erziehung in harmonische Familienzeit zu verwandeln. In seinem Podcast *Eltern-Gedöns* bringt er wöchentlich Tipps und Interviews rund um das achtsame Leben mit Kindern.

Gundula Göbel ist Kinder- und Jugendlichenpsychotherapeutin, arbeitet seit 30 Jahren in eigener Praxis mit Trennungskindern und gibt zahlreiche Fortbildungen zum Thema Umgang mit Elterntrennungen.

Jessica Fenzl ist systemische Therapeutin, Supervisorin und Coach in eigener Praxis. Sie arbeitet seit vielen Jahren als Dozentin an der Hochschule für angewandte Wissenschaft in Hildesheim und bei www.flowpunkt.de. Im Podcast *Erdbeerfrösche und Teppichäpfel* bringt sie graue Systemtheorie verständlich und humorvoll zum Leuchten.

Jürg Frick ist Psychologe und psychologischer Berater. Er war bis 2021 Professor an einer Fachhochschule in Zürich sowie Lehrender an Pädagogischen Hochschulen. Er ist nun in Pension, aber in eigener Praxis berät er weiterhin Familien und Einzelpersonen. Ein Schwerpunkt seiner Arbeit ist die Geschwisterpsychologie, wozu er mehrere Bücher publiziert hat.

Kathrin Hohmann ist Kindheitspädagogin (M. A.), Weiterbildnerin, Podcasterin und seit vielen Jahren in der Wissenschaft und Praxis tätig. Sie ist Autorin der Bücher *Gemeinsam durch die Wut*, *Kinder achtsam und bedürfnisorientiert begleiten* sowie *Augenhöhe statt Strafen*. Mehr zu ihr und ihrem Blog unter www.kathrinhohmann.de.

Norman Wolf (B. Sc.) studierte Psychologie in Marburg. Er twittert als @deinTherapeut zu Mental-Health-Themen und wurde 2018 mit dem *Goldenen Blogger* ausgezeichnet. Als Berater bei der »Nummer gegen Kummer« half er Kindern, die unter Mobbing litten. Inzwischen ist er für die AIDS-Hilfe tätig und unterstützt homosexuelle Jugendliche bei ihrem Coming-out. In seinem Buch *Wenn die Pause zur Hölle wird* berichtet er von seiner eigenen Mobbing-Vergangenheit, macht betroffenen Schüler:innen Mut und gibt konstruktive Hilfestellung.

Quellenbelege

1. Statistisches Bundesamt: *Zahl der Ehescheidungen 2021 um 0,7 Prozent gesunken.* Pressemitteilung Nr. 301 vom 14. Juli 2022. Verfügbar unter: https://www.destatis.de/DE/Presse/Pressemitteilungen/2022/07/PD22_301_126.html
2. Statistisches Bundesamt: *Ehescheidungen und betroffene minderjährige Kinder.* Stand 14. Juli 2022. Verfügbar unter: https://www.destatis.de/DE/Themen/Gesellschaft-Umwelt/Bevoelkerung/Eheschliessungen-Ehescheidungen-Lebenspartnerschaften/Tabellen/ehescheidungen-kinder.html
3. Wallerstein, Judith; Corbin, Shauna: *Daughters of Divorce: Report From a Ten-Year-Follow-Up.* In: American Journal of Orthopsychiatry, 59/4, S. 593–604, 1989. DOI: 10.1111/j.1939-0025.1989.tb02749.x
4. Dunlop, Rosemary; Burns, Alisa. *The Sleeper Effect. Myth or Reality?* In: Journal of Marriage and Family, 57/2, S. 375–386, 1995. DOI: 10.2307/353691
5. D'Onofrio, Brian; Emery, Robert: *Parental divorce or separation and children's mental health.* In: World Psychiatry, 18/1, S. 100–101, 2019. DOI: 10.1002/wps.20590
6. Auersperg, Felicitas; Vlasak, Thomas; Ponocny, Ivo; Barth, Alfred: *Long-term effects of parental divorce on mental health – A meta-analysis.* In: Journal of Psychiatry Research, 119, S. 107–115, 2019. DOI: 10.1016/j.jpsychires.2019.09.011
7. Clemens, Vera u. a.: *Trennung der Eltern – Liegt die Hauptbelastung in der Kumulation mit anderen Kindheitsbelastungen? Untersuchung einer repräsentativen Stichprobe der deutschen Bevölkerung.* In: Psychotherapie, Psychosomatik, Medizinische Psychologie, 71 (2), S. 81–89, 2021, S. 81.
8. Clemens, Vera u. a.: *Trennung der Eltern – Liegt die Hauptbelastung in der Kumulation mit anderen Kindheitsbelastungen? Untersuchung einer repräsentativen Stichprobe der deutschen Bevölkerung.* In: Psychotherapie, Psychosomatik, Medizinische Psychologie, 71 (2), S. 81–89, 2021.
9. Auersperg, Felicitas; Vlasak, Thomas; Ponocny, Ivo; Barth, Alfred: *Long-term effects of parental divorce on mental health – A meta-analysis.* In: Journal of Psychiatry Research, 119, S. 107–115, 2019. DOI: 10.1016/j.jpsychires.2019.09.011
10. Siehe: Clemens, Vera u. a.: *Trennung der Eltern – Liegt die Hauptbelastung in der*

Kumulation mit anderen Kindheitsbelastungen? Untersuchung einer repräsentativen Stichprobe der deutschen Bevölkerung. In: Psychotherapie, Psychosomatik, Medizinische Psychologie, 71 (2), S. 81–89, 2021.

11. Beal, Edward W.; Hochman, Gloria: *Wenn Scheidungskinder erwachsen sind: Psychische Spätfolgen der Trennung.* Frankfurt am Main: Fischer, 2017 (Erstpublikation 1992), S. 33.
12. ebd., S. 18.
13. ebd., S. 20.
14. Der vollständige Text erschien am 19.09.2017 auf dem Bindungsträume-Blog: https://bindungstraeume.de/dein-trennungskind-braucht-dich/
15. »Wenn die Liebe geht«, SWR Nachtcafé vom 05.02.2017, https://www.youtube.com/watch?v=W55mp3n2C54&feature=youtu.be
16. Bowlby, John: *Verlust: Trauer und Depression.* München: Ernst Reinhardt Verlag, 2006, S. 45.
17. Grawe, Klaus: *Neuropsychotherapie.* Göttingen: Hogrefe, 2004.
18. ebd., S. 185.
19. Wolf, Norman: *Wenn die Pause zur Hölle wird.* München: mvg, 2021.
20. Klemm, Franziska; Romanos, Marcel: *Endstation Depression: Wenn Schülern alles zu viel wird.* kkh.de/content/dam/kkh/presse/dokumente/endstation-depression-wenn-schuelern-alles-zu-viel-wird.pdf
21. Auersperg, Felicitas; Vlasak, Thomas; Ponocny, Ivo; Barth, Alfred: *Long-term effects of parental divorce on mental health: A meta-analysis.* In: Journal of Psychiatric Research, 119, S. 107–115, 2019, S. 110.
22. Vgl.: Feeney, J. A.: *Adult romantic attachment and couple relationships.* In: Cassidy, J./Shaver, P. R. (Hrsg.): Handbook of attachment: Theory, research, and clinical applications. New York: Guilford Press, 1999, S. 355–377.
23. Kast, Verena: *Sich einlassen und loslassen: Neue Lebensmöglichkeiten bei Trauer und Trennung.* Freiburg: Herder, 2000, S. 16–18.
24. Napp-Peters, Anneke: *Mehrelternfamilien als »Normal«-Familien – Ausgrenzung und Eltern-Kind-Entfremdung nach Trennung und Scheidung.* In: Praxis der Kinderpsychologie und Kinderpsychiatrie 54 (2005) 10, S. 792–801, 2005.
25. Schaan, Violetta K.; Vögele, Claus: *Resilience and rejection sensitivity mediate long-term outcomes of parental divorce.* In: European Child & Adolescent Psychiatry, 25, S. 1267–1269, 2016.
26. Kernstock-Redl, Helga: *Schuldgefühle: Woher sie kommen, welche Ängste sie ver-*

ursachen, wie sie das Leben unterschwellig lenken und wie wir sie ablegen können. Berlin: Goldegg, 2020.

27. Beal, Edward W.; Hochman, Gloria: *Wenn Scheidungskinder erwachsen sind: Psychische Spätfolgen der Trennung.* Frankfurt am Main: Fischer, 2017 (Erstpublikation 1992), S. 74.
28. Figdor, Helmuth: *Praxis der psychoanalytischen Pädagogik 2: Vorträge und Aufsätze.* Gießen: Psychosozial-Verlag, 2007, S. 72.
29. Schaan, V. K; Schulz, A.; Rubel, J. A.; Bernstein, M.; Domes, G.; Schächinger, H.; Vögele, C.: *Childhood Trauma Affects Stress-Related Interoceptive Accuracy.* In: Frontiers in Psychiatry, 10:750, 2019. doi: 10.3389/fpsyt.2019.00750
30. Cummings, Mark E., Bergman, Kathleen N.: *Die Theorie der emotionalen Sicherheit.* In: Brisch, Karl-Heinz (Hrsg.). *Bindung – Scheidung – Neubeginn. Möglichkeiten der Begleitung, Beratung, Psychotherapie und Prävention.* Stuttgart: Klett-Cotta, 2019, S. 49–62. https://shaw.nd.edu/research/family-communication-project/
31. Franz, Matthias: *Wenn der Vater fehlt.* Reichelsheim: Deutsches Institut für Jugend und Gesellschaft, 2015. https://www.dijg.de/ehe-familie/forschung-kinder/vater-bezug/
32. Wallerstein, Judith S.; Lewis, Julia M.; Blakeslee, Sandra: *Scheidungsfolgen – Die Kinder tragen die Last. Eine Langzeitstudie über 25 Jahre.* Weinheim: Beltz, 2002.
33. Franz, Matthias. *Wenn der Vater fehlt.* Reichelsheim: Deutsches Institut für Jugend und Gesellschaft, 2015. https://www.dijg.de/ehe-familie/forschung-kinder/vater-bezug/
34. Beal, Edward W., Hochman, Gloria: *Wenn Scheidungskinder erwachsen sind: Psychische Spätfolgen der Trennung.* Frankfurt am Main: Fischer, 2017 (Erstpublikation 1992), S. 119 f.
35. Lenz, Albert: *Modelle psychischer Störungen des Kindes- und Jugendalters.* In: Borg-Laufs, Michael: *Lehrbuch der Verhaltenstherapie.* Tübingen: Dgvt, 2007, S. 139.
36. Heßler-Kaufmann, Johannes; Neudeck, Peter: *Therapie-Tools Störungsmodelle in der Verhaltenstherapie: Mit E-Book inside und Arbeitsmaterial.* Weinheim: Beltz, 2020.
37. Wauterickx, N.; Gouwy, A.; Bracke, P.: *Parental Divorce and Depression: Long-Term Effects on Adult Children.* In: Journal of Divorce & Remarriage, Vol. 45 (3/4), S. 43–68, 2006. Und: Risch, N.; Herrell, R.; Lehner, T. et al.: *Interaction*

between the serotonin transporter gene (5-HTTLPR), stressful life events, and risk of depression: a meta-analysis. In: Journal of the American Medical Association. 301 (23), S. 2462–2471, 2009.

38. Wolke, D.; Lereya, S. T.: *Long-term effects of bullying.* In: Archives of Disease in Childhood. 100 (9), S. 879–885, 2015. Und: https://www.bundesgesundheitsministerium.de/themen/praevention/gesundheitsgefahren/depression.html
39. Hofmann, Arne (Hrsg.): *EMDR: Praxishandbuch zur Behandlung traumatisierter Menschen.* Stuttgart: Thieme, 2014, S. 141.
40. Ohntrup, J. M.; Pollak, E.; Plaßl-Christl, A.; Wiegand-Grefe, S.: *Parentifizierung. Elternbefragung zur destruktiven Parentifizierung von Kindern psychisch kranker Eltern.* In: Klinik und Forschung. Vandenhoeck & Ruprecht, S. 375–398, 2011, S. 377.
41. Byng-Hall, John: *The significance of children fulfilling parental roles: implications for family therapy.* In: Journal of Family Therapy, 30 (2), S. 147–162, 2008.
42. Albert, Matthias; Hurrelmann, Klaus; Quenzel, Gudrun: *18. Shell Jugendstudie. Jugend 2019. Eine Generation meldet sich zu Wort.*
43. Mierau, Susanne: *New Moms for Rebel Girls: Unsere Töchter für ein gleichberechtigtes Leben stärken.* Weinheim: Beltz, 2022.
44. Bundesministerium für Familien, Senioren und Jugend (Hrsg.): *Alleinerziehende in Deutschland – Lebenssituationen und Lebenswirklichkeiten von Müttern und Kindern. Monitor Familienforschung.* Beiträge aus Forschung, Statistik und Familienpolitik. Ausgabe 28, Juli 2012.
45. Bundesministerium für Familie, Senioren, Frauen und Jugend. Referat Öffentlichkeitsarbeit (Hrsg.): *Zweiter Gleichstellungsbericht der Bundesregierung.* Berlin, 2017.
46. Bönke, Tim; Glaubitz, Rick: *Wer gewinnt? Wer verliert? Die Absicherung von Lebenseinkommen durch Familie und Staat.* Gütersloh: Bertelsmann Stiftung, 2022.
47. Bibel. Matthäus 19, 4–6.
48. Russell, D. E. H.: *Sexual Exploitation, Rape, Child Sexual Abuse, and Sexual Harassment.* Beverly Hills, 1984. In: Herman, Judith: *Die Narben der Gewalt. Traumatische Erfahrungen verstehen und überwinden.* Paderborn: Junfermann, 2018.
49. https://www.bundestag.de/resource/blob/407124/6893b73fe226537fa85e9ccce444dc95/wd-7-307-07-pdf-data.pdf
50. Herman, Judith: *Die Narben der Gewalt. Traumatische Erfahrungen verstehen und überwinden.* Paderborn: Junfermann, 2018.

51. https://www.destatis.de/DE/Themen/Arbeit/Arbeitsmarkt/Qualitaet-Arbeit/Dimension-3/elternzeit.html

52. Amato, P.-R.: *The consequences of divorce for adults and children.* In: Journal of Marriage and the Family, 62, S. 1269–1287, 2000.

53. Della Casa, A.: *Das erzieherische Engagement getrenntlebender Väter.* Diss. University of Zurich. Zürich, 2010.
Engels, Ursula: Arbeit als Suchtmittel. Diplomarbeit. 2005.

54. Bundesministerium für Familie, Senioren, Frauen und Jugend (Hrsg.): *Facetten der Vaterschaft.* Gutachten. Berlin, 2006.

55. Cowan, C. P.; Cowan, P. A: *When partners become parents: The big life change for couples.* Mahwah, US: Lawrence Erlbaum Associates Publishers, 2000.

56. Kempton, Tracy; Armistead, Lisa; Wierson, Michelle; Forehand, Rex: *Presence of a sibling as a potential buffer following parental divorce: An examination of young adolescents.* In: Journal of Clinical Child Psychology, 20/4, S. 434–438, 1991. DOI: 10.1207/s15374424jccp2004_12

57. Bush, J. E.; Ehrenberg, M. F.: *Young persons' perspectives on the influence of family transitions on sibling relationships: A qualitative exploration.* In: Journal of Divorce & Remarriage, 39, S. 1–35, 2003.

58. Roth, Katia; Harkins, Debra; Eng, Lauren: *Parental conflict during divorce as an indicator of adjustment and future relationships: a retrospective sibling study.* In: Journal of Divorce & Remarriage, 55/2, S. 117–138, 2014. DOI: 10.1080/10502556.2013.871951

59. Abbey, Caroline; Dallos, Rudi: *The experience of the impact of divorce on sibling relationship: A qualitative study.* In: Clinical Child Psychology And Psychiatry, 9/2, S. 241–259, 2004. DOI: 10.1177/1359104504041921

60. Poortman, Anne-Rigt; Voorpostel, Marieke: *Parental divorce and sibling relationship.* In: Journal of family issues, 30/1, S. 74–91, 2008. DOI: 10.1177.0192513X08322782

61. Sheehan, Grania; Darlington, Yvonne; Noller, Patricia; Feeney, Judith: *Children's perceptions of their sibling relationship during parental separation and divorce.* Journal of Divorce & Remarriage, 40/1–2, S. 69–94, 2004. DOI: 10.1300/J087v41n01_05

62. Lewandowska-Walter, Aleksandra; Blazek, Magdalena: *Sibling Separation due to parental divorce: Diagnostic Aspects.* In: International Journal of Environmental Research and Public Health, 19, S. 1–22, 2022. DOI: 10.3390/ijerph19106232

63. Kast, Bas: *Die Liebe: und wie sich Leidenschaft erklärt.* Frankfurt am Main: Fischer, 2006, S. 151.
64. Gottmann, John; Schwartz, Julie: *The Love Prescription. Seven Days to More Intimacy, Connection, and Joy*. London: Penguin, 2022, S. 17.
65. Beal, Edward W.; Hochman, Gloria: *Wenn Scheidungskinder erwachsen sind: Psychische Spätfolgen der Trennung.* Frankfurt am Main: Fischer, 2017 (Erstpublikation 1992), S. 58.